U0454390

本成果受到中国人民大学2021年度

"中央高校建设世界一流大学（学科）和特色发展引导专项资金"

支 持

新 闻 传 播 学 文 库

品牌叙事

Brand Narrative

王 菲 ◎ 著

中国人民大学出版社
·北京·

前　言

　　如何构筑品牌？这是经济社会一个无处不在的命题。而这个命题的切入角度可以有很多，这取决于所处的学科视角是如何定义品牌的。如果认为品牌就是形象差异，则品牌构筑就是建设包含视觉、理念、架构的识别体系；如果认为品牌就是区别于竞争者的一系列特点，则品牌构筑就是从定位到管理再到经营的整个商品生产过程；如果认为品牌就是商品与消费者之间的关系，则品牌构筑就是通过各种沟通活动加深彼此的关系；如果认为品牌就是存在于消费者心目中感性的、文化的形象，则品牌构筑就是利用各种社会文化打动消费者……这些定义和视角都是构筑品牌的不同的目的和手段，但都没有解决一个"元问题"，即品牌与消费者之间是如何沟通、如何建立关系和如何产生价值的，也就是说品牌与消费者之间最基础的联系是通过什么样的方式进行的？本书认为，"叙事"就是品牌与消费者之间建立关系的"元方式"。

　　叙事是人类的存在方式，无处不在，人类的生存离不开叙事。"人本质上是讲故事的人"[①]，沃尔特·费雪（Walter Fisher）的这句话就是叙事范式最深层的哲学假定，"讲故事"是人的根本特征。肯尼思·伯克（Kenneth Burke）认为，"人是使

---

　　① FISHER W R. The Narrative Paradigm：An Elaboration [J]. Communication Monographs，1985（52）：347-367.

用符号的动物"①，"使用符号"是人的本质特征。"使用符号"说明人能摆脱物质世界的束缚，用"符号"代替事物本身，用隐喻的形式进行思维。正是"使用符号"这一特征使人们之间的沟通建立在符号之上，"使用符号"也决定了人类社会的历史必定是用符号书写的，人用符号创造了所感知到的现实世界。而"讲故事"是"使用符号"的具体体现。首先，"讲故事"表明人具有天生的叙事能力，"人们对讲给他们的故事以及关于他们的故事肯定会进行判断……他们有理性的能力去做这样的判断"②。其次，人通过叙事进行思考，同时通过叙事与他人沟通交往，用叙事认知外部世界。再次，叙事建构了人类的历史。历史过往和社会文化都以叙事的形式得以留存、传承和发展。最后，叙事建构了人类的世界，在叙事中的择取让人类社会具有了价值取向。所以，叙事是人类的一种深层结构，是根植于基因的人脑的一种能力，与生俱来。"讲故事"的人性论特征决定了人与人的沟通交流方式，决定了只要沟通，就得叙事。

从消费者认知角度来说，品牌是存在于消费者心目中感性的、文化的形象，是通过品牌与消费者持续不断的沟通而建立的，没有沟通，品牌就无法成为消费者大脑中的印象，而品牌现实活动中纷繁复杂的各种营销沟通活动也表明了"沟通"是品牌构筑的根本路径，而"叙事"则是"沟通"的"元方式"。由此，本书认为"如何叙事"是研究品牌构筑的"元问题"，"品牌叙事"则是任何品牌活动从任何角度切入都必须明了的知识体系。

"品牌叙事"的研究与"广告叙事"的研究相比非常匮乏，"广告叙事"是一则广告的叙事，而本书所界定的"品牌叙事"是品牌长期的、整体的叙事，指品牌所有的营销沟通活动所构成的叙事体系。之所以用"营销沟通活动"而没用"广告"一词，是因为在数字技术成为基础应用的今天，在品牌活动中涌现出来了各种创新活动，用"广告"这一带有浓厚单向传播意味的词语，甚至用"传播"这样稍显宽泛的概念，都不能指代企业与消费者之间信息流动、商品流动和资金流动的各种创新方式，只有用"营销沟通活动"才能够传达双向、互动、多样的活动特质。所以"品牌叙事"与品牌"营销沟通活动"所指代的

---

① BURKE K. A Rhetoric of Motives [M]. Berkeley：University of California Press，1950.

② WARNICK B. The Narrative Paradigm：Another Story [J]. Quarterly Journal of Speech，1987 (73)：172 - 182.

现实范畴是一致的，只是"品牌叙事"是从"叙事"这一最根本的逻辑来剖析品牌所有的营销沟通活动的。

本书从叙事学理论切入，在梳理叙事学理论的基础上，将"叙事"的"实然"，即将什么是叙事、叙事具有什么特征等叙事学原理，与品牌营销沟通活动的"实然"相结合，搭建了整体分析框架，并基于品牌活动的实际案例，从各个局部分析了品牌叙事的特征，从整体到局部构建出品牌叙事体系，并在局部根据叙事学原理和品牌现实实践强调了"应然"，即如何进行品牌叙事。本书的目的在于建立一个完整的品牌叙事体系，并将这一体系用于指导品牌活动实践。

本书所建立的品牌叙事体系最核心的思想在于，品牌就是品牌故事世界，品牌叙事是品牌和消费者共同构筑品牌核心价值观、构建品牌故事世界的过程。没有价值观诉求的品牌沟通活动，顶多能在炫目喧哗的围观中获得短暂的关注，而不会成为品牌的一部分价值永久留存。叙事就是构建意义的机制，消费者对品牌价值的认同来自蕴藏在多彩纷呈的品牌叙事中的意义，在品牌核心价值观的沟通中逐渐建立品牌故事世界。品牌叙事就是品牌故事世界不断丰富和拓展的过程。消费者在品牌故事世界中构建出自己的信仰体系，这个体系有自己的价值观、话语、符号、仪式和行为。功能和情感可以被竞争对手替代，但时光沉淀出来的故事世界是永远被替代不了的。

从认知角度来看，品牌故事世界是品牌在与消费者的营销沟通互动中共同构建的心理模型。品牌故事世界包括：时间空间所构成的特殊语境；与目标消费者产生符号联结的主角；主角所秉持的核心价值观；与价值观相符的表征行为。品牌故事世界不是静态的，它是一个品牌与社会互动的动态模型。品牌叙事能被理解，是因为品牌故事世界是一个共享的情态结构，品牌将现实世界中的情境、情节、人物经过虚构、再中心化后，形成新的现实性、可能性的故事世界。故事世界是品牌和消费者共同构建和共有的，通常我们所说的"构筑品牌形象"并不能揭示品牌与消费者的深层次关系，而应该将构筑品牌的过程描述为"构筑品牌故事世界"。

品牌故事世界的建立如同一棵树的成长，树干是核心价值观，恒久、高远，具有哲学性和信仰感；树枝是延伸价值观，灵动、现实，是机会主义式的探索；树叶则是每一个叙事事件，每一次叙事都为品牌故事世界增添了一片闪亮的树叶，并激活品牌。品牌叙事的本质就是建立品牌核心价值观、建构品牌故事世界、延展品牌故事世界的动态过程。

"和消费者一起生活"是品牌叙事的宗旨。急其所急，忧其所忧，乐其所乐，每一次叙事都为消费者解决一个问题，或有关商品的，或有关生活的。在新技术催生出互动叙事的今天，品牌更要设计出好的叙事主题和结构，让消费者参与到故事世界的共同建构中，彼此在叙事中基于对核心价值观的认同、追逐而共同成长。

本书的品牌叙事强调的是叙事的整体结构，并不是单则品牌广告如何叙事。如莎士比亚所说，人生就是一部多幕剧，而品牌的一生也是一部多幕剧，而且企业希望永不谢幕。本品牌叙事体系的核心在于，如何设计一部多幕剧，以及如何处理每一幕剧与整体的关系，其中也对品牌叙事的要素进行系统阐释，剖析剧情如何才能精彩。其具体的结构如下：

第一章梳理了叙事学的相关理论，为品牌叙事奠定基础。这部分内容阅读起来不会太轻松，但对于思考品牌叙事一定会很有启发。

第二章界定了品牌叙事的概念，阐释了品牌叙事的特性和本质，是品牌叙事的基础。品牌叙事就是品牌与消费者之间的叙事沟通，是品牌在与消费者共同构筑品牌核心价值观的沟通中建立彼此共有的品牌故事世界的过程。

品牌叙事的特征包括：品牌叙事是以核心价值观为指向的一个高度完备的故事世界；必须创造一个层次丰富复杂但同时又分享着统一故事世界的不同故事的集合体；要创造性地将现实生活元素转化为主题明确、唤起情感的体验，让消费者感悟生活的真谛；要具有开放性，具备各种衍生的可能性，并实现消费者参与的双向建构；要有供消费者钻研、讨论、传播和实践的丰富信息内容；要有创造性意象，从而激发消费者丰富的联想。

第三章提出品牌叙事的框架——品牌叙事八芒星轮盘，并对其中的 10 个元素详细分解，包括：Why，为什么这是其中一个元素；What，这个元素的特征是什么；How，如何在品牌叙事中应用这一元素。这 10 个元素分别是：核心价值观、延伸价值观、社会情境、目标消费者、感官识别、功能利益、事实、情感利益、个性和故事世界。这部分是品牌叙事的核心主干，可以说掌握了八芒星轮盘，就掌握了品牌叙事的操作框架。

第四章阐述了品牌叙事的要素，包括角色、情节、视角、时空、模态、媒介。这部分结合大量案例从叙事学的语境分析品牌营销沟通活动的具体要素，为品牌活动带来全新的视角。

第五章讨论了品牌叙事的模式。掌握叙事模式的意义在于，在区分不同叙事模式属性的基础上，战略性地组合各种叙事模式，编织出品牌故事世界纵横交错的经纬。这里重点阐述了互动叙事模式，在数字时代智能技术飞速发展的今天，互动叙事将成为最重要的品牌叙事模式，需要进行深入的探索和应用。

第六章阐释了品牌叙事的结构。对结构的掌握是为了实现结构的协同，要处理好功能与利益、沟通与销售、生产与消费、认知与感官、主动与被动、长期与短期、历史与当下等多对协同关系。另外，只有主动驾驭叙事结构，才能形成品牌构筑故事世界的系统合力，而且其间的结构性张力将会让品牌故事世界更生动、完整。

第七章探讨了品牌叙事的创新，包括产品创新、沟通创新、媒介创新和营销创新，从创新案例中解读发展规律和趋势，揭示变革时代品牌叙事应具有的理念。

第八章是案例，从文学艺术流派的角度来整体审视有代表性的品牌的故事世界，并提出应将这种流派观念应用于品牌故事世界的构建，这也是本理论体系的另一开创性理念。

本章选取的案例包括浪漫主义叙事的可口可乐、现实主义叙事的耐克、女性主义叙事的SK-II、自然主义叙事的无印良品、象征主义叙事的Supreme、印象主义叙事的野兽派花店、荒诞主义叙事的富士相机、从浪漫主义叙事到现实主义叙事的维多利亚的秘密、理想主义叙事的爱彼迎。通过对这些代表性案例具体的叙事特征进行剖析，从局部到整体领略品牌故事世界建立的结构、脉络和气韵，为建立品牌叙事的系统性战略规划意识提供参考。

本书认为，品牌叙事存在于任何品牌与消费者发生接触的点，只要消费者与品牌产生关系，产品、终端、平台、实体空间都可产生叙事。而这也是新技术发展带来的改变，它为品牌叙事提供了全新的手段，涌现出全新的应用方式，并生成全新的运行逻辑。因此本书也将最新的人工智能应用纳入并做分析。

本书基于大量案例进行阐释，以求直观、生动地让读者感知所述观点，同时也可提供借鉴和启发。案例择取以有无明晰的品牌核心价值观和有无独特、恒定、丰满的品牌故事世界为依据。

在认知叙事学开创者戴维·赫尔曼（David Herman）看来，叙事理解就是建构和更新大脑中的认知模式的过程。通过品牌叙事在消费者大脑中建构对品牌的认知模式是本书的任务所在。如何通过叙事影响消费者的认知是一切沟通活动的思考起点，即便在未来各种人工智能技术广泛应用的条件下也不例外。希望本书能够帮助每一位在寻找"如何构筑一个品牌"答案的人。

囿于时间和精力，本书尚有诸多未及深入探讨和不完善的地方，之后笔者将会继续思考补充，也请各方提出宝贵意见。

笔者 2020 级的硕士研究生徐小淯、张天逸、曾雪蕊、齐惠奴和 2021 级的硕士研究生野田枫、胥楚琪、谢雨竹、毛佳文参与了资料和案例的搜集、整理工作。

王菲

2022 年 3 月 3 日

目　录

第一章 叙事学理论

叙事与人类历史同在。

——伯特·阿波特（H. Porter Abbott）

理论是实践的先导。为了给品牌叙事奠定理论基础，本章特梳理了叙事学的相关内容。

第一节 叙事与叙事学

叙事作为人的基本能力普遍存在。作为一门研究叙事的学科，叙事学的出现迄今仅有 60 年的时间。

一、叙事

"叙事"的通俗说法就是讲故事。人类之初始就是叙事的发端，人对认知的表达就是叙事。一个眼神、一个表情、一段对话、一组壁画、一段舞蹈、一首歌谣都是叙事。叙事是人的意识、思维的外化呈现，是人类与生俱来的一种基本能力。著名修辞学者卢凯奇（Lucaites）和肯迪特（Condit）认为，叙事代表了一种人类意识的普世媒介，"包括几乎所有话语"[1]。叙事与人类历史同在。[2]

叙事的普遍性是由叙事的功能决定的。[3] 对叙事的普遍性，法国文学评论家罗兰·巴特（Roland Barthes）在 1966 年就有过经典阐述，"不仅每个人、每种文化、每个民族都要使用叙事，甚至每一种语言体裁形式，无论是小说、神

---

[1]　ROWLAND RC. Narrative Mode of Discourse or Paradigm? [J]. Communication Monographs, 1987 (54): 264-274.

[2]　阿波特. 剑桥叙事学导论 [M]. 北京：北京大学出版社，2007.

[3]　邓志勇. 叙事、叙事范式与叙事理性：关于叙事的修辞学研究 [J]. 外语教学，2012 (4): 37-41.

话、戏剧、会话，还是非语言的艺术形式，如电影、绘画等等，都离不开叙事"。费雪（Walter Fisher）认为叙事是人类的普遍现象，"任何说理，不论是社会的、正式的、法律的，还是其他的，都要用叙事"①。在修辞学领域，叙事研究的焦点不是文学作品，而是与诸如政治、经济、科技、军事等领域息息相关的话语。斯特恩（Stern）认为叙事是组织资讯的基模，可落实于文字、图像、舞蹈、音乐等种种表述形式。叙事是一种独立于表述媒介之外的深层结构。因此叙事结构不仅存在于借助于语言文字来表述的叙事中，也存在于不借助于语言文字来表述的叙事中。

新叙事理论综合与认知相关的哲学、心理学、神经科学、计算智能、语言学、管理学等多学科的研究成果认为，叙事是建构和更新大脑中的认知模式的过程②，人们是通过叙事来建构思考和组织资讯的③。生活中的很多信息和知识都是以故事的形式储存、编入和提取的，新的认知也是通过与之前存储的故事相联系而产生的。故事帮助人们了悟生活经验，人们依赖故事去掌握周遭事物与人生各种境遇的意义。④ 戴维·赫尔曼（David Herman）认为，叙事理解过程是以文本提示和这些提示引起的推断为基础的重新建构故事世界的过程。

叙事理论与认知科学相结合的研究表明，叙事是能产生意义的工具，可以作为帮助人类在纷繁复杂的现实世界中找到意义的符号和交际资源。⑤ 肯尼斯·伯克（Kenneth Burke）阐述了故事的机理，他认为，进化的人类心智掌握了故事化的感知方式，进而有能力将庞杂宏大的现实简化为可控、高效、在人类理解范围内的事实。故事结构化的处理方式为虚无混沌的存在赋予了秩序、和谐与意义。有了故事化的思维方式，人类终于学会了如何带着目的生存，达到生活的平衡。⑥ 戴维·赫尔曼在《故事逻辑》一书中将叙事视为一种"认知

---

① FISHER W R. Narrative as a Human Communication Paradigm: The Case of Public Moral Argument [J]. Communication Monographs, 1984 (51): 1-22.

② HERMAN D. Narrative Theory and the Cognitive Sciences [J]. Stanford: CSLI Press, 2003.

③ HOLT D B, Thompson C J. Man-of-Action Heroes: The Pursuit of Heroic Masculinity in everyday consumption [J]. Journal of Consumer Research, 2004, 31: 425-440.

④ LOEBBERT M. Story Management: Der Narrative Ansatz Fü R Management Und Beratung [M]. Taipei: Business Weekly Publications, Inc., 2003.

⑤ 同②.

⑥ BURK K. The Philosophy of Literary Form [M]. Berkeley: University of California Press, 1974.

风格"。在赫尔曼看来，叙事理解就是建构和更新大脑中的认知模式的过程，文中微观和宏观的叙事设计均构成认知策略，是为建构认知模式服务的。可以说叙事理论是认知科学的组成成分。[①]

神经科学通过核磁共振实验表明，故事不仅会刺激大脑的语言和逻辑区域，也会刺激情感和感官区域；阅读一本小说会引起神经变化，生理感受和运动系统都会发生反应，让人与故事主人公感同身受。而事实和数据信息只对大脑的语言区域有所刺激，情感和感官区域则没有反应——这些区域只能由故事触发。这意味着，比起数据，故事更能吸引受众，他们不仅能思考，还能感受和体验这个故事。[②]

2014年神经经济学家保罗·扎克（Paul Zak）在《哈佛商业评论》发表的文章《为什么你的大脑喜欢好故事》中揭示，当我们讲故事时，大脑会分泌"爱的荷尔蒙"催产素，就像我们与喜欢和信任的人待在一起或者拥抱时，这种又被称为"信任荷尔蒙"的激素就会分泌一样。好故事不仅让我们产生不同的情绪，还能让讲故事的人获得信任。2016年神经系统科学家尤里·哈森（Uri Hasson）做了一项研究，他让实验对象观看电视剧《神探夏洛克》，几个月后，参与者被要求讲述当时看到的剧情。结果显示，不但讲故事的人的大脑活动与几个月前他们观看这个片段时的反应是同步的，听故事人的大脑活动也以同样的方式同步。[③] 这一切都证明了聆听一个故事会产生像自己亲身经历了那个故事一样的效果。因此要想让人产生认知和信任，没有比讲故事更好的方法了。

二、叙事学

叙事学研究可追溯到古希腊时期的柏拉图和亚里士多德，在对戏剧与史诗的探究中，柏拉图对叙事要素进行了"模仿"（mimesis）和"叙事"（diegesis）的划分，亚里士多德也曾对"情节"（plot）进行过描述，认为最好的情节应该拥有一个开头、中间和结尾。文艺复兴时期，叙事学研究的对象是小说。而叙

---

① HERMAN D. Story Logic ［M］. Lincoln：University of Nebraska Press，2002.

② 多兰. 做个会讲故事的人：如何在商界讲好故事 ［M］. 唐奇，译. 北京：中国人民大学出版社，2018.

③ 同②.

事学作为一门学科正式出现是在 20 世纪 60 年代。

1969 年，法国著名文学理论家茨维坦·托多罗夫（T. Todorov）的著作《十日谈语法》中第一次提到"Narratology"，译为"关于叙事的学问"，简称"叙事学"。托多罗夫给叙事学的定义是：关于叙事结构的理论。《拉鲁斯百科大词典》将叙事学解释为"研究文学作品结构的科学"①；《罗伯特法语词典》中对"叙事学"一词的解释为"对于叙事作品、叙述、叙事结构以及叙述性的理论"②。

为了发现或描写结构，叙事学研究者将叙事现象分解成组件，然后努力确定它们的功能和相互关系。③ 这一带有浓厚结构主义色彩的定义决定了早期叙事学的研究范式：确定叙事中的行为，然后描写行为的功能和序列关系，以便从中找到支配叙事的结构。

经典叙事学受结构主义影响，主要研究对象是文学，主张对叙事虚构作品主要是小说，进行内在性和抽象性的研究。它"研究所有形式叙事中的共同叙事特征和个体差异特征，旨在描述控制叙事及叙事过程中与叙事相关的规则系统"④。虽然叙事学确立时间还不是很长，但其研究范式已经发生了重大转移：从关注故事/话语的经典叙事学（Classical Narratology）转移到 20 世纪 80 年代末 90 年代初开始的复数叙事学（Narratologies），研究目的也从寻找普世的叙事语法转移到探究叙事与社会、历史、文化、读者及其他学科之间的相互关系。

叙事学界近年一直在重新审视叙事学领域的基本概念，并对其进行扬弃和重构，对叙事、人物、意识、情感等概念的边界进行重新勘定与拓展。认知叙事学界一直在讨论"何谓叙事"这个具有本源性质的重要命题。吕克·赫尔曼（Luc Herman）与巴特·维瓦克（Bart Vervaeck）主张，只要是读者认为连接起来产生意义的事件都是叙事。⑤ 戴维·赫尔曼不仅将认知科学中的建构世界和感受质概念引入叙事定义之中，还在《走向叙事的工作定义》中明确地将叙

---

① 刘丽，闫涛. 浅谈叙事学及其发展 [J]. 文学教育（中），2011（3）：65.
② 欧阳明. 报告文学文体属性的叙述学简析 [J]. 写作（上旬刊），1995（9）：27 - 29.
③ TODOROV T. Grammaire du Décameron [M]. Mouton：The Hague，1969：9.
④ PRINCE G. A Dictionary of Narratology [M]. Nebraska：University of Nebraska Press，1987：65.
⑤ HERMAN L，Vervaeck B. Handbook of Narrative Analysis [M]. Lincoln：University of Nebraska Press，2005：13.

事视为一种认知结构。他在《叙事的基本要素》中对叙事的基本构成要素进行了深度的思考，突破了经典叙事学"二分法"（故事与话语）或"三分法"（故事、文本、叙述）的常规做法，提出叙事的"四分法"（情境、事件序列、建构世界/分裂世界、感受质）概念。玛丽-劳尔·瑞安（Marie-Laure Ryan）提出"模糊子集"的概念，由常量走向变量，其叙事定义涵盖了某些更基础的心理操作，例如再现事件的发生序列、事件引发的变化、事件对人物的意义、人物行动的动机等。①

认知叙事学代表学者戴维·赫尔曼和玛丽-劳尔·瑞安扩大了经典叙事学对于叙事狭窄的认知，强调叙事的跨媒介意识。戴维·赫尔曼在《媒介的基本元素》中涉及了对小说、面对面故事讲述、连环画、电影等跨媒介体裁的分析。瑞安则认为真人秀、超链接网络小说、比赛解说都是叙事，她将叙事视为一个"模糊概念"，叙事可以向跨文类和跨媒介研究开放。

在哲学、修辞学、文学等多学科的影响下产生了叙事范式。叙事范式的创立与文学领域的叙事学有着渊源关系。费雪的叙事范式产生于 20 世纪 80 年代，在叙事学兴起了 20 年之后。

叙事范式的渊源来自韦恩·C. 布斯（Wayne C. Booth）的小说修辞学。布斯认为，小说作者的叙述技巧旨在影响读者，因此小说不是客观的，是带有作者主观意图的，始终浸透着作者的情感、信念和态度。②

叙事范式的产生也受到了伯克修辞学思想的启发，主要表现在两点：其一，伯克认为文学是人生的工具，即文学作品反映了社会生活，因此文学作品中的事件所体现的处事方式可以作为现实生活的向导、航海图，所以叙事应与现实生活息息相关。③ 其二，伯克认为人是使用符号的动物，人的"符号使用"特征最终决定了人的语言是象征行动。④ 费雪根据叙事在人们生活中的作用，在基本保留伯克对人的定义之内核的基础上，对它稍做调整，得到如下关于人的

---

① RYAN M. Toward a Definition of Narrative [C] //D Herman. The Cambridge Companion to Narrative. Cambridge：Cambridge University Press，2007：33.

② BOOTH W. The Rhetoric of Fiction [M]. Chicago：University of Chicago Press，1961.

③ BURKE K. Counter-Statement [M]. Los Altos，California：Hermes Publications，1931.

④ BURKE K. Language as Symbolic Action：Essays on Life，Literature，and Method [M]. Berkeley：University of California Press，1969.

哲学观：人是讲故事的动物。讲故事，当然是人的语言活动，因此也是象征行动。

除了汲取伯克的思想，费雪也受到欧内斯特·鲍曼（Ernest G. Bormann）[①]的幻想主题思想的启发。所谓"幻想"，是指人们对事件创造性和想象性的解释，这种解释满足了人们的心理或修辞需要。鲍曼认为，在集体的交流互动中，幻想主题产生于对曾经发生在一群人身上的事情的回忆，或对一群人将来可能会做某事的想象。费雪将鲍曼的一些概念稍做变通，使之形成戏剧故事，成为社会现实的基本材料。

第二节　叙事学理论流派

叙事学理论随着研究的深入出现了几个有代表性的流派，其中认知叙事学和跨媒体叙事学最适合用于研究品牌叙事。

一、修辞叙事学

从 20 世纪 40 年代开始，以芝加哥大学为中心的一批学者就开始致力于恢复亚里士多德的修辞批评传统，从纯形式批评转向研究文学与读者之间的关系，这批学者被称为新亚里士多德学派，也就是芝加哥学派。

克莱恩（Rorald s. Crane）将亚里士多德的"情节"概念从行动扩展到性格和价值，并在此基础上区分了三种情节成分——行动、性格和思想，认为所有非说教类小说都包含这三种情节成分，它们一起确立小说的质量和效果，但不同的小说"情节"有不同的组织原则，对作品细节做出的解释和评介必须建立在这些组织原则基础上。[②] 这个观点否定了先于作品存在的评判标准，从具体作品的"统一"情感意图出发来研究文本形式及技巧，奠定了芝加哥学派修辞研究的基石。

---

① BORMANN E. Fantasy and Rhetorical Vision：The Rhetorical Criticism of Social Reality ［J］. Quarterly Journal of Speech，1972（58）：396 - 407.

② CRANE R S. The Concept of Plot and the Plot of Tom Jones ［M］. Closure and Frames Columbus：The Ohio State University Press，2002：94 - 101.

詹姆斯·费伦（James Phelan）阐述了叙事交流的多层次性。他认为叙事是"某人在某个场合下为某种目的给某个听众讲述某个故事"①，这个定义含有三个交流层次：隐含作者与隐含读者的交流层次；叙事者与受述者的交流层次；人物与人物的交流层次。同时，该定义既强调"讲述的内容"（the told），也强调"讲述过程"（the telling），即隐含叙述者的叙述策略、叙述技巧和叙述内容对读者的影响。不仅如此，费伦还认为，叙事交流涉及美学、知识、情感、意识形态和伦理等多个层面，读者对叙事成分（技巧、人物、行动、主题、伦理、情感等）的反应和阐释都依赖于叙事进程，而不是先在于"叙事进程"的叙事类型或其他标准。②

二、结构主义叙事学

叙述文体分析的结构主义研究方法可追溯到 20 世纪初俄国的形式主义文学理论，以普洛普③的名著《民间故事形式》为代表。他从俄国民间故事中抽象出 31 种人物行为，并描述了它们在具体故事中的分布规则，这是典型的结构主义方法。叙事学分析的任务就是揭示上述符号系统的构成成分及其组合规则，研究叙述文体如何进行表意的框架模式。由于这样的结构主义渊源和追求目标，早期叙事学研究忽视了语境，描述过于静态，未能反映出语境对于语篇形式和目的的影响。

茨维坦·托多罗夫是结构主义叙事学的代表人物，"叙事学"一词就是由他所提出的。他重视语境的社会语言学研究方法，把社会语言学方法应用于叙述文体分析。一方面叙述被认为有特定的结构形式，另一方面它又是社会过程，具有社会功能。比如，叙述者可通过讲述故事确定、评议事件意义，脱离时空限制传播事件知识等。在大多情况下，讲故事就是为了实现某个或某些社会目的而进行的语言行为。叙述者利用讲述故事达到诸如抱怨、吹嘘、告知、提醒、取笑、解释、证明、娱乐他人、启动互动语境等社会目的。

① PHELAN J. Narrative as Rhetoric：Technique，Audiences，Ethics，Ideology [J]. Columbus：Ohio State University Press，1996：8.
② 唐伟胜. 阅读效果还是心理表征？：修辞叙事学与认知叙事学的分歧与联系 [J]. 外国文学评论，2008（4）：35－44.
③ PROPP V. Morphology of the Folktale [M]. Austin：University of Texas Press，1968：24－64.

托多罗夫在《十日谈语法》一书中将作品分成四个结构层次——故事、命题、序列、词类，其中命题与序列是他论述的两个基本概念。命题是一个叙述句子，它是叙事体的基本单位，例如"y 打算惩罚 x"，这就是一个命题。命题由名词（人物）、动词（动作）、形容词（特征）构成。序列则是一连串命题组成的完整独立的故事，如"x 犯了过错——y 打算惩罚 x——x 力图逃避惩罚——y 误以为 x 没有犯法——y 没有惩罚 x"就是一个完整的序列。《十日谈》中的每个故事就是由这样一个序列或许多序列构成。①

三、后经典主义叙事学

结构主义叙事学将注意力集中在文本内部，由于排斥了文本之外的因素，忽略了读者在文本阅读过程中的阐释作用，20 世纪 80 年代以来，便遭到后结构主义和历史主义的夹攻，因而关注读者和语境的后经典叙事学也应运而生。②相较于对叙事作品之构成成分、结构关系和运作规律等展开研究的经典叙事学，后经典叙事学将注意力转向了文本结构与读者阐释相互作用的规律及对具体叙事作品之意义的探讨，体现出注重跨学科研究、关注社会历史语境、重视读者与文本的交互作用、研究范围扩大等特征。③

首次提出"后经典叙事学"（postclassical narratology）这一概念的是美国叙事学家戴维·赫尔曼。赫尔曼 1997 年在《现代语言学会会报》（PMLA）杂志上发表了题为《认知草案、序列、故事：后经典叙事学的要素》的论文，第一次提出"后经典叙事学"这一概念，并从认知科学的角度大致阐释了后经典叙事学的构成要素。④后经典叙事学超越了经典叙事学的文学、文字叙事，走向了叙事的多元化。"泛叙事性"（pan-narrativity）是后经典叙事学的典型特征。在后经典叙事学家们看来，叙事无处不在，用赫尔曼的话来说就是："'叙事'概念涵盖了一个很大的范畴，包括符号现象、行为现象以及广义的文化现象。例如我们现在所说的性别叙事、历史叙事、民族叙事，更引人注目的是，

---

① 胡亚敏. 结构主义叙事学探讨 [J]. 外国文学研究，1987 (1)：77.
② 申丹. 20 世纪 90 年代以来叙事理论的新发展 [J]. 当代外国文学，2005 (1)：47 - 54.
③ 申丹. 叙事学 [J]. 外国文学，2003 (3)：60 - 65.
④ HERMAN D. Scripts, Sequences, and Stories: Elements of Postclassical Narratology [M]. PMLA, .1997 (10)：1046 - 1059.

甚至出现了地球引力叙事。"① 马克·柯里（Mark Currie）则坦言："如果说当今叙事学还有什么陈词滥调的话，那就是叙事无处不在这一说法。"② 即所谓的泛叙事：文学叙事、心理分析叙事、历史叙事、法律叙事、电影叙事、歌剧叙事、音乐叙事、表演艺术叙事，以及图画叙事等。其次，后经典叙事学对语境化特别关注。另外，后经典叙事学十分注重读者的阅读经历与阐释经验，认为正是读者的参与推动了叙事的进程。更为重要的是，后经典叙事学超越并解构了经典叙事学旨在建构"普遍叙事语法"的乌托邦，叙事不再被看作一个静态的文本，而是一个动态的过程。③

戴维·赫尔曼认为在这方面特别值得一提的是维高斯基（Vygotsky）用"社会历史"方法对理智功能进行的研究。④ 维高斯基强调认知的社会互动基础，认为社会是思想、符号体系的一个基础来源，而这个来源又深置于社会群体之中，在社会交往中体现，并且在社会中扩展。将维高斯基和索绪尔（Ferdinand de Saussure）的观点相结合，整合叙述文体分析和认知科学，可以把叙事分析看作研究"人同时作为语言使用者和有思维的社会人，如何依靠他们的各种能力编织故事"。

后经典叙事学衍生出很多叙事学流派，例如，以苏珊·S. 兰瑟（Susan S. Lanser）为代表的女性主义叙事学、以杰拉德·普林斯（Gerald Prince）为代表的后殖民主义叙事学、以马克·柯里为代表的后现代叙事学、以詹姆斯·费伦为代表的修辞性叙事学、以杜瑞特·科恩（Dorrit Cohen）为代表的可然世界叙事学，以及以戴维·赫尔曼为代表的认知叙事学等。在德国叙事学家安斯加尔·纽宁（Ansgar Nunning）看来，后经典叙事学主要包括新历史主义叙事学、后现代叙事学、女性主义叙事学、伦理与修辞性叙事学、认知叙事学、自然叙事学、可然世界叙事学等。⑤

---

① HERMAN D. Introduction：Narratologies. Narratologies：New Perspectives on Narrative Analysis [M]. Co lumbus：Ohio State University Press，1999：1‐30＋1＋20＋2.

② CURRIE M. Postmodern Narrative Theory [M]. New York：St. Martin's Press，1998：1.

③ 尚必武，胡全生. 经典、后经典、后经典之后：试论叙事学的范畴与走向 [J]. 当代外国文学，2007（3）：123.

④ HERMAN D. Narrative Theory and the Cognitive Science [M]. Chicago：CSLI Publications，2003：29.

⑤ NÜNNING A. Narratology or Narratologies? Taking Stock of Recent Developments，Critique and Modest Proposals for Future Usages of the Term [C] //Tom Kindt，Hans‐Harald Müller. What Is Narratology？Questions and Answers Regarding the Status of a Theory. Berlin：Walter de Gruyter GmbH &Co.，2003：239‐275.

目前叙事学研究的五大焦点分别为非模仿叙事、数字叙事、真实与虚构的区别、叙事空间和修辞美学等。

四、认知叙事学

认知叙事学是叙事学与认知科学相结合的新兴学科，是后经典叙事学的一个重要分支。它萌芽于 20 世纪七八十年代，蓬勃发展于 20 世纪 90 年代中后期。认知叙事学的关注点在于读者对于作品的阐释和接受过程，为叙事学提供了一个新的研究范式。① 它打破经典叙事学专注于文本研究的局限，将叙事研究的重心拉回到人本身，更加关注语境和读者，顺应了西方学术发展历程中最新的语境化潮流。②

在认知叙事学的发展历程中最有影响力的几种研究模式为：戴维·赫尔曼的作为认知风格的叙事、莫妮卡·弗鲁德尼克（Monika Fludernik）的普适认知模式、玛丽-劳尔·瑞安（Marie‐Laure Ryan）的认知地图与叙事空间的建构、玛丽莎·博托卢西（Marisa Bortolussi）和彼得·狄克逊（Peter Dixon）的"三种方法并用"③。学界一般认为曼弗雷德·雅恩（Manfred Jahn）1997 年发表的论文《框架、优先选择与解读第三人称叙事：建构认知叙事学》正式提出了"认知叙事学"的概念。这个学术理念如今已成为当代西方叙事学前沿发展领域中的重要分支，是后经典叙事学发展历史过程中极具生命力的一大理论思潮。认知叙事学同神经科学、心理学、社会学、认知语言学、认知文体学、人工智能等领域交叉渗透，成为学科交叉的研究领域。弗鲁德尼克和格雷塔·奥尔森（Greta Olson）在《当代叙事学潮流》中将认知叙事学作为当代叙事学研究之首，这种研究方法"关注叙事被感知和被识别时读者的心理过程，而不是语言叙事尤其是散文叙事的功能分类"④。认知叙事学的重要特征是跨学科，它关注语言形式的概念，不断汲取认知语言学的理论养分，从一个崭新的理论视

---

① 张万敏. 认知叙事学的引进与文学研究的新拓展 [J]. 思想战线，2011，37（3）：137-138.

② 陈礼珍. 当代西方认知叙事学研究的最新走向与远景展望 [J]. 解放军外国语学院学报，2020，43（1）：51-58+160.

③ 申丹，韩加明，王丽亚. 英美小说叙事理论研究 [M]. 北京：北京大学出版社，2005：310-321.

④ FLUDERNIK M，Olson G. Introduction [C] // G Olson. Current Trends in Narratology. Berlin and New York：De Gruyter，2011：3.

角丰富发展了叙事学理论。

戴维·赫尔曼的认知叙事学研究是公认的权威成果，赫尔曼从认知科学的基本框架开始理论建构，将心理科学的最新发展引入叙事学研究，丰富了叙事学领域基本概念的内涵，具有前瞻意义。他认为，认知叙事学是综合经典叙事学和认知研究相关学科，如心理学、人工智能、心理哲学等的概念及研究方法，旨在为叙事结构及叙事阐释等相关理论建构一个认知基础，以弄清在叙事生成与理解中起作用的符号结构和认知资源之间的关系。[①] 他的《叙事与心理科学》堪称近年认知叙述学领域最具代表性的作品。此书延续了他在《故事逻辑》中关于叙事理解和认知模式的理念。在该书中他系统地阐释了叙事与世界建构理论，开创性地讨论了话语模式提示的认知过程，从认知角度展示叙事世界和现实世界之间的交互作用，为叙事学研究开拓了新领域。赫尔曼的研究体现了研究主题的深度和锐度，从认知科学的角度切入，深入讨论了叙事学中的"行动""叙事交流模式""人称""媒介""角""镶嵌""时空"等重要概念。戴维·赫尔曼指出："认知叙事学的一个关键问题为，是什么清晰地组成了建构世界的叙事实践，这与科学工具、逻辑推理以及其他再现模式的读取方式是相对立的。"[②] 在论文集《叙事理论与认知科学》中，戴维·赫尔曼融合了叙事理论与认知科学，他对"使故事有意义"和"故事作为理解方式"进行了区分，即"认知科学能够更好地理解建构及故事的运行"，或者相反，"叙事也能被看作一个练习的工具或者提高认知能力的工具，而不仅是作为认知的目标"[③]。也就是说，意义往往产生于叙事化的过程。赫尔曼认为，将叙事作为一种"认知工具（资源）"来研究其对人们认知和行为的影响时，既要从人们拥有的语言使用能力、思维能力及社会交往能力来观察故事如何建构，同时也应从逻辑、互动和认知的角度来了解故事如何被接受和传播。[④]

玛丽-劳尔·瑞安是另一位当代最负盛名的认知叙事学代表人物，她倡导的

① HERMAN D. Narrative Theory and the Cognitive Sciences [M]. Stanford：CSLI，2003：Introduction.

② 尚必武. 叙事学研究的新发展：戴维·赫尔曼访谈录 [J]. 外国文学，2009（5）：97-105＋128.

③ HERMAN D. Story as a Tool for Thinking [C] //David Herman. Narrative Theory and the Cognitive Sciences. Stanford：CSLI Publications，2003：185.

④ 同①.

认知地图与叙事空间建构理论从虚拟现实、跨媒介和空间的角度展开研究，为认知叙事学领域开拓出广阔天地。瑞安在《认知地图与叙事空间的建构》中表示她的认知叙事理论以地图与空间作为理论切入点，"关注的是真实或虚构的空间关系之大脑模型，聚焦于阅读时文字所唤起的读者对叙事空间的建构"①。瑞安从地理、叙事空间、叙事空间化以及作为叙事虚拟现实的角度来阐释自己的认知叙事学理念，她还运用实验与调查的方式考察作者的创作如何受到读者认知的制约。

1981 年理查德·比约森（Richard Bjornson）将"认知地图"这一概念运用于文学认知，研究读者对于包括空间关系在内的各种结构和意义的心理再现。② 他对认知地图和叙事空间的研究具有极强的理论内涵和前沿特性，结合了虚拟现实技术等最新科技发展成果。

综上所述可以看出，认知叙事学的任务是研究叙事结构和读者阐释背后的"普遍"认知规律。无论是早期罗兰·巴特解释特定叙事"信息"的生产和阐释的深层符码，20 世纪六七十年代拉波夫（Labov）的社会语言学模式，还是 20 世纪七八十年代认知心理学家和人工智能研究者提出的叙事生产和理解的深层认知结构问题，都致力于研究"故事语法"及"知识表征"，包括叙事动态阅读中读者的"图式"如何被调用、是怎样破裂的或如何被纠正③，读者采取的自上而下和自下而上的叙事处理策略以及优先规则④，读者如何使用各种文本线索推断虚构人物的思想，读者如何建构叙事"可能世界"⑤，读者阐释的认知规律，等等。由此不难发现，认知叙事学虽然强调从读者角度研究叙事，但一般并不关心读者的阐释，而是关心读者阐释产生的过程。玛格丽特·H. 弗里曼（Margaret H. Freeman）的论述在这方面很具代表性。在《建构文学认知理论》

---

① 申丹. 叙事结构与认知过程：认知叙事学评析 [J]. 外语与外语教学，2004（9）：1-8.

② MARIE-LAURE R. Cognitive Maps and the Construction of Narrative Space [C] //Narrative Theory and the Cognitive Sciences. Stanford：CSLI，2003：214-215.

③ COOK G. Discourse and Literature [M]. Oxford：Oxford University Press，1994.

④ JAHN M. Frames, Preferences, and the Reading of Third-person Narratives：Towards a Cognitive narratology [J]. Poetics Today，1997（18）：441-468.

⑤ DOLEZEL L. Herterocosmica：Fiction and Possible Worlds [M]. Baltimore and London：The Johns Hopkins University Press. 1998；Marie-Laure Ryan, Possible Worlds, Artificial Intelligence, and Narrative Theory [M]. Bloomington& Indianapolis：Indiana University Press，1991：23.

一文中，弗里曼借鉴认知语言学中的"隐喻"和"映射"概念，将它们上升为"普遍"的认知规律，然后来研究文学文本中的"认知结构"，以及这种结构对实际读者具体阐释的制约。① 实际上读者无论采用何种框架，比如女性主义、马克思主义、神学等，其阐释都必须符合文学作品脱离了具体阐释语境的原型解读，否则就是错误的。

认知叙事学的探讨从不同角度揭示了"文本提示""文类规约"和"规约性认知框架"之间的交互作用。这三者密切关联，相互依存。"文本提示"是作者依据或参照文类规约和认知框架进行创作的产物；"文类规约"是文类文本特征（作者的创作）和文类认知框架（读者的阐释）交互作用的结果；"规约性认知框架"又有赖于文类文本特征和文类规约的作用。像瑞安那样的研究还很好地揭示了记忆的运作规律，以及读者的想象力在填补文本空白时所起的作用。②

五、跨媒介叙事学

跨媒介叙事学将研究对象拓展到文学文本（即言语形式）之外的媒介类型。玛丽-劳尔·瑞安和维尔纳·沃尔夫（Werner Wolf）是跨媒介叙事学的两位代表人物。

在传统的叙事世界中，故事往往是通过单一媒介——文字、广播、电视、电影等单一形式进行传播。随着媒介技术的发展及受众对文本丰富性需求的提升，传统的通过单一媒介讲故事的方式遭遇了受众和市场的挑战。在此背景下，叙事与媒介前所未有地紧密联系起来，跨媒介叙事应运而生。跨媒介叙事是美国学者亨利·詹金斯（Henry Jenkins）在 2003 年提出的概念，他认为，一个跨媒体故事横跨多种媒体平台展现出来，其中每一个新文本都对整个故事做出独特而有价值的贡献。跨媒体叙事最理想的形式就是每一种媒体都出色地各司其职、各尽其责。③ 詹金斯强调的是媒介及其对故事世界的贡献。而玛丽-劳

---

① FREEMAN M. Poetry and the Scope of Metaphor：Toward a Cognitive Theory of Literature [M] //Antonio Barcelona. Metaphor and Metonymy at the Crossroads：A Cognitive Approach. Berlin and New York：Mouton de Gruyter，2003：256.

② 申丹. 叙事结构与认知过程：认知叙事学评析 [J]，外语与外语教学，2004（9）：1-8.

③ 詹金斯. 融合文化：新媒体和旧媒体的冲突地带 [M]. 杜永明，译. 上海：商务印书馆，2012：157.

尔·瑞安则更强调跨媒介叙事的故事世界本身，她认为"跨媒介叙事不是一个故事系列，它讲述的不是一个单独的故事，而是一些包括各种文本的独立的故事或剧集。而让这些故事汇集起来的原因，正是由于它们都发生在同一个故事世界……跨媒介叙事不是一个像拼图一样把故事拼凑起来的游戏，而更像是引导你进入你所喜爱的世界的一趟旅程"①。戴维·赫尔曼和玛丽-劳尔·瑞安所提出的"故事世界"是指"大脑对被叙事以明确或隐含的方式唤起的世界的再现，无论这一叙事是用印刷文本的形式，还是其他的形式，如电影、漫画小说、手语、日常对话，甚或是被想象但并没有成为有形的艺术品的传说故事"②。可见跨媒介叙事是不同形式（语言、图像等）的文本与媒介形态（电影、小说、电视剧、游戏、戏剧等）的紧密联系。也就是说，文本在制作、传播、流通的过程中与媒介紧密地联系起来，从而促使内容的生产、消费与再创作成为一个互动循环的过程。③

根据亨利·詹金斯对跨媒介叙事的界定，可以发现其概念的核心包括：（1）运用多种媒介来讲述故事，但是这些故事并不是同一个故事，而是互相联系的不同故事并由此形成互文性。（2）故事是一个开放的整体，它是一个可供作者、受众在其源文本基础上不断生发新故事的母体和平台。（3）受众对于故事世界的重要贡献被前所未有地凸显出来，从而使"跨媒介叙事"呈现出互动性、双向性的特点。

马克·沃尔夫（Mark J. P. Wolf）以"想象世界"来描述叙事的跨媒介扩张，"想象世界"指"作者"为其叙事及其故事人物居住和存在所创造的现实世界。这些世界本身乃"动态的实体，本质上是可转换的、跨媒介的、跨作者的"④。

互文性是跨媒介叙事中的一个重要概念。互文性也叫文本间性或互文本性，

---

① 瑞安. 跨媒介叙事：行业流行语还是新的叙事体验 [C] //故事世界：叙事研究学刊. 奥马哈：内布拉斯加大学出版社，2015（7）：336.

② HERMAN D. Basic Elements Elements of Narrative [M]. Chichester：Wiley-Blackwell，2009：106.

③ 祝光明. 试析跨媒介叙事的两种路径：以角色为中心与以故事世界为中心 [J]. 当代电视，2020（8）：29-34.

④ WOLF M J P. Building Imaginary Worlds：The Theory and History of Subcreation [M]. New York：Routledge，2012：3.

这一概念最早由法国符号学家、文艺理论家朱丽娅·克里斯蒂娃（Julia Kriste-va）于 1966 年提出，后经罗兰·巴特、雅克·德里达（Jacques Derrida）、哈罗德·布鲁姆（Harold Bloom）和叙事学家热拉尔·热奈特（Gérard Genette）等从不同角度进行扩展性阐释，逐渐发展为一种涵盖多重意旨、内容丰富的文本理论。文本原意为编织品，互文性里的文本指的是"任何文本"，因为按最初翻译很容易误解成特指纸质媒介文字文本，事实上克里斯蒂娃指的是任何符号编织而成的表意组合都是由引语的镶嵌品构成的，任何文本都是对另一文本的吸收和改编。①互文性理论认为，没有任何文本是真正独创和独立存在的，所有的文本必然是相互参照、彼此牵连的，形成一个连接过去、现在、未来的巨大的可供无限延伸的符号网。② 而这一"符号网"构成了亨利·詹金斯提出的"跨媒介叙事网"。在跨媒介叙事里，不同的媒介讲述的是同一个故事世界里的不同故事，它们相互指涉、相互补充，通过文字、音乐、舞蹈、影像、VR、游戏等不同载体的感性体验来呈现，最终完成读者/观众的想象世界。有研究认为，跨媒介的故事世界建构是一种基于互文性的心理模型建构，存在于不同媒介中的不同故事文本相互关联而互不冲突，并共同创造出新的意义。③ 有学者认为，互文性是贯穿于跨媒介叙事全过程的内在运行机理，从故事世界的内容生产、叙事网络的跨界延展到受众参与的互动框架，都处在一个多维流动、无边无际的互文网络之中，叙事的意义就存在于文本与文本之间不断转换的意指游戏里，在这里，一切文字、话语、符号、数字都变成了德里达所说的"能指的交织物"，都处于互文性中。④

① KRISTEVA J. Word，Dialogueand. Novel ［C］//The Kristeva Reader，TorilMoied. Oxford：Blackwell，1986：36.
② 罗立兰. 符号修辞：基于 IP 电影的跨媒介互文传播解读 ［J］. 东南传播，2017（5）：8 - 10.
③ 李诗语. 从跨文本改编到跨媒介叙事：互文性视角下的故事世界建构 ［J］. 北京电影学院学报，2016（11）：26 - 32.
④ 陈先红，宋发枝. 跨媒介叙事的互文机理研究 ［J］. 新闻界，2019（5）：35 - 41.

第二章　品牌叙事

品牌就是品牌故事世界。

本章界定了品牌叙事的概念，阐释了品牌叙事的特性和本质。

第一节　品牌叙事的概念

品牌资产是如何构筑的？答案是品牌叙事。

一、品牌叙事的存在

品牌叙事的存在是由叙事的普遍性和叙事的价值性所决定的。

首先，叙事的普遍性告诉我们，讲故事无处不在。如费雪所说，人一出生就在叙事中，人对外界甚至对自己的认知都需要通过叙事，叙事就是"在场"。品牌是代表企业或产品的一种感性的、文化的形象，是生产者与消费者之间的关系，是人们对商品印象所形成的认知沉淀。可见，品牌是商品在与消费者的沟通中所形成的印象，而沟通只有通过叙事才能完成。一次一次的营销沟通叙事构成品牌叙事。

其次，叙事是由价值逻辑支配的。费雪在《论好理由的逻辑》一文中说道："……修辞交流是浸透价值的，因为价值是我们通常所说的理由。人既是修辞的动物，也是评价性的、说理的动物。"[①] 既然人的基本特征是"讲故事"，那么其价值趋向必定要通过叙事来体现。"讲故事"本身就蕴涵了价值的选择：讲这个故事还是讲那个故事？把这件事与那件事按何种逻辑联系起来？其中都隐藏

---

① FISHER W R. Toward a Logic of Good Reason [J]. Quarterly Journal of Speech，1978（64）：376–384.

着叙事者的主观意愿和价值趋向。而品牌的存在逻辑是要获得消费者的认同和喜爱，实现购买，所以品牌叙事就要通过价值取向去影响消费者，让消费者在叙事中获得意义，而这种意义有利于消费者对品牌的认同，能够建立排他性。

二、品牌叙事的作用机理

戴维·艾克（David Aaker）的品牌资产五星模型揭示了品牌资产的源泉，即品牌知名度（brand awareness）、品牌认知度（perceived brand quality）、品牌联想度（brand association）、品牌忠诚度（brand loyalty）和其他品牌专有资产等消费者行为效果构筑出品牌资产。知名度、认知度、联想度、忠诚度是在商品与消费者的信息沟通中——无论这些沟通基于何种介质载体——建立的，而沟通基于文本、语义，其间必然呼唤叙事的发生。所以叙事是构筑品牌资产的路径，通过各式各样的叙事，品牌获取知名度、认知度、联想度和忠诚度。品牌叙事的本质是在沟通领域构筑品牌。

根据赫尔曼等学者的认知叙事学理论，品牌在讲一个符合消费者世界观的故事时，会引起消费者产生两种关联性活动：首先，消费者会产生"共鸣加工"[①]的认知过程，设想自己是故事中的主角，经历故事中所描述的体验；其次，消费者从假想的体验中抽身出来后，会将感知到的品牌故事这类"外部故事"与自己的过往经验、回忆等"内部故事"进行联结[②]，这种"内化"过程的结果就是消费者心甘情愿地相信品牌故事，转而再召唤出对品牌的消费欲望，说服自身购买[③]。

品牌叙事可以帮助消费者在纷繁复杂的现实世界中找到意义符号和交际资源，将庞杂宏大的现实简化为可控、高效、易于理解的事实，为混沌杂乱的生活赋予秩序、和谐和意义，让消费者形成价值观认同，为生活提供航行导向。

---

① GERRI G R J，EGIDI G. Cognitive Psychological Foundations of Narrative Experiences ［M］// HERMAN D. Narrative Theory and the Cognitive Sciences. Stanford：CSLI Press，2003.

② JAHN M. Awake! Open Your Eyes! The Cognitive Logic of External and Internal Stories ［M］//David Herman. Narrative Theory and the Cognitive Sciences. Stanford：CSLI Press，2003.

③ 维森特. 传奇品牌：诠释叙事魅力，打造致胜市场战略 ［M］. 钱勇. 张超群，译. 浙江：浙江人民出版社，2004.

通过叙事，品牌构建出象征意义，消费者会趋向于通过故事来体验品牌，因为这些故事展现了他们的生活方式，创造了他们购买的附加价值①，消费甚至使他们的生活变得有意义②。

除了产生意义，叙事还能生发情感，产生情感联结。一个故事是一系列或真实或虚构的事件的叙事，它与事实的区别在于人们会在对故事的储存和加工中附加上自己的情感成分。③ 因此，故事不仅可帮助人们理解世界，也可以帮助人们体会、评价与处理情感。④ 品牌通过叙事与消费者建立情感联结，这是品牌构建的基石。

三、品牌叙事的定义

结合叙事学理论以及品牌活动的现实特征可以这样定义：品牌叙事就是品牌与消费者之间的叙事沟通，是品牌在与消费者共同构筑品牌核心价值观的沟通中，建立彼此共有的品牌故事世界的过程。

品牌叙事将商品的信息和知识以故事的形式储存、编入，消费者又以故事的形式提取。品牌叙事的生命力在于价值观，消费者在品牌叙事中获得的意义不仅源于理性的理解，更源于情感的共鸣。品牌叙事将品牌的信念、情感和态度触入与消费者生动、深刻的沟通中，在构建的故事世界中建立消费者的信仰体系，这个体系有自己的价值观、话语、符号、仪式和行为。

需要强调的是，品牌叙事不是广告叙事，广告叙事是一个广告文本一次性的叙事，即一次营销沟通活动的叙事，而品牌叙事是在品牌发展中由一个个广告叙事构成的整体叙事。

四、品牌叙事的特征

根据品牌资产构成来源，以及跨媒介叙事学中关于故事世界与互文性的论

---

① FANNING J. Tell Me a Story：The Future of Branding［J］. Irish Marketing Review，1999（2）：3 - 15.

② SHANKAR A，ELLIOTT R，GOULDING C. Understanding Consumption：Contributions from A Narrative Perspective［J］. Journal of Marketing Management，2001（17）：429 - 453.

③ 汪涛，周玲，彭传新，等. 讲故事 塑品牌：建构和传播故事的品牌叙事理论——基于达芙妮品牌的案例研究［J］. 管理世界，2011（3）：112 - 123.

④ ESCALAS J E. Narrative Processing：Building Consumer Connections to Brands［J］. Journal of Consumer Psychology，2004（14）：168 - 180.

点，作为构建商品与消费者之间关系的品牌叙事需要具有以下特征：

第一，品牌叙事必须形成一个高度完备的故事世界，有着明晰的品牌核心价值观，以及以该价值观为核心的品牌叙事体系，消费者能随意引用叙事情节表达品牌所要传达的精神。

第二，品牌叙事必须创造一个层次丰富复杂但同时又分享着统一故事世界的不同故事的集合体。不同的叙事单元沟通不同的主题，实现不同的目的，其间的一切文字、话语、符号、情节、行为都要彼此交织，处于互文性中，所有叙事单元必须统一于整体故事世界。而遵循同一核心价值观就能实现互文性、关联性，实现统一。

第三，品牌叙事要有创造性，各种沟通活动要创造性地将现实生活元素转化为主题明确、唤起情感的体验，让消费者感悟生活的真谛。

第四，品牌叙事要具有开放性，具备各种衍生的可能性，并且只有这样才能吸引消费者的参与，实现双向建构。

第五，品牌叙事必须涵盖与商品认知相关的多种知识领域，要包含可供痴迷其中的消费者钻研、讨论、传播和实践的丰富信息内容。

第六，品牌叙事要有创造性意象，从而激发消费者丰富的联想，满足人们对故事创造性和想象性的解释。

只有具备这些条件，品牌叙事才能吸引消费者参与到营销沟通中，在多个品牌叙事单元的 AIIAS 营销沟通过程中建立品牌的知名度、认知度、联想度、忠诚度，不断提升品牌资产。AIIAS 即由注意（attention）—兴趣（interesting）—互动（interaction）—行为（action）—分享（share）构成的消费者营销沟通过程，这过程基于日本电通公司研发的 AISAS 消费者行为模型修改而成，根据现行营销沟通的实际特征，AIIAS 将 AISAS 中的"search"（搜索）改为"interaction"（互动），更具普遍性。

五、品牌叙事与营销沟通活动的关系

品牌叙事是沟通领域的品牌战略。一次实现一定目标的广告活动（campaign）被称为一个叙事单元，每一个叙事单元都有着自己的叙事主题，这些叙事主题都是对品牌核心价值观的阐释，经年累月的叙事单元共同构成了品牌叙事。可见，一个叙事单元就是一项营销沟通策略，为品牌解决一定时期的特定问题；一个叙事单元下又包含多个与消费者沟通的活动。

例如，"Just do it"（尽管去做）是耐克品牌叙事的核心价值观，每年在世界不同地域为解决不同问题会有各种主题的广告活动，主题可能是 Don't give up（不要放弃）、Be yourself（做自己）、Stand together（团结起来）、Fly away（远走高飞）等等，这些主题可称为品牌叙事的延伸价值观，每一个延伸价值观都如同品牌树上的一根树枝；每一个主题活动或者说每一个延伸价值观的诉求又包含各种沟通活动，如户外广告、电视广告、杂志广告、网络视频广告、自媒体病毒营销、线下互动活动、销售促进等，每一个沟通活动就如同延伸价值观树枝上的一片树叶。而大树的树干就是品牌的核心价值观，品牌树则扎根于社会情境中。

第二节　品牌叙事的本质

品牌叙事的本质就是基于核心价值观的建立构建故事世界，然后在漫漫发展长河中延展故事世界。

一、建立核心价值观

尼采对科学理性采取批判的态度，他认为，对自然现象的科学的、数学式的描写是没有意义的，应该避免那种因果链式的思维，甚至不仅应该抛弃理性，而且还要质疑理性的过程。[①] 他还认为现象世界并不是独立于主体且不与主体发生关系的，相反，它是相对于主体而存在并由主体赋予意义的世界。[②]

主体对意义的赋予就是核心价值观的注入。核心价值观即故事世界运行的一系列价值法则，或"预设结构"（intended structure）[③]，包括故事世界的价值观、时空场域、叙事逻辑、运行准则等。价值观必须具有普适性和共享性，如爱、真善美、自由、勇敢、坚强等，这样才不会因时间、地域、宗教、种族的

---

① SOUTHWELL S B. Kenneth Burke and Martin Heidegger [M]. Madison：University of Wisconsin Press，1987.

② 刘放桐. 新编现代西方哲学 [M]. 北京：人民出版社，2006.

③ THON J N. Converging Worlds：From Transmedial Storyworlds to Transmedial Universes [J]. Storyworlds：A Journal of Narrative Studies，2015，7（2）：21-53.

变化而发生冲突。

品牌叙事的理性逻辑产生于蕴含其间的价值观，所以品牌叙事需要做到：叙事中隐含价值观；价值观对消费者有吸引力；价值观与消费抉择有关联；叙事与消费者相信的事物一致；消费者相信坚持这些价值观的结果。

二、建构故事世界

戴维·赫尔曼用"建构世界"这个术语指涉叙事在阐释者心中生成世界的能力，阐释者可以轻松或费力地以想象的方式居住在这些世界当中。赫尔曼在《故事逻辑》一书中将"故事世界"界定为由叙事或明或暗地投射的世界，包括无论是书面形式的叙事，还是电影、绘本小说、手语、日常对话，甚至是还没有成为具体艺术的故事，也就是说故事世界可被定义为由叙事唤起的世界。相应地，叙事可被定义成为世界创造的特定方式而设置的蓝图。[1]他认为，故事世界是"在那个与参与者重新定位的世界，谁对谁在什么时间、什么地点、以什么方式、为什么、做了什么的心理模型"[2]。当读者为故事世界建构心理表征时，高层次的文学动力会引起人们的讨论。他将故事世界分为"微观设计"和"宏观设计"，即建构和理解这样一些世界的局部性策略和全局性策略。[3] 故事的微观层面具体包括：各种事件的区别；表征行为和事件的方法；认知框架的基本理论问题；行动素的形成发展以及动词间性的表征。而故事的宏观层面则包含四个尺度：时间、空间、视角概念化的能力以及将故事世界定位于某一特殊语境的能力。叙事逻辑及故事讲述的关键则在于认知建构（或重构）的优先原则和处理策略。[4]

赫尔曼对"故事世界"和"故事"进行了区分：相较于仅强调时间维度的经典叙事学，"故事世界"中不仅有时间维度，还有空间维度与因果维度。在归因的过程中，区分叙事主体的作用是重要的一步。"故事世界"符合读者阅读的

① 尚必武. 叙事学研究的新发展：戴维·赫尔曼访谈录［J］. 外国文学，2009（5）：97-105＋128.

② HERMAN D. Story Logic：Problems and Possibilities of Narrative［M］. Lincoln，NE：University of Nebraska Press，2002：5.

③ SCHOLES R，et al. The Nature of Narrative［M］. New York：Oxford University Press，2006：291-292.

④ JAHN M. "Cognitive Narratology"［C］// David Herman，et al. The Routldge Encyclopedia of Narrative Theory. London：Routledge，2005：70.

实际状态，这是"故事世界"较"故事"的优点之一。① 可见，"故事世界"较"故事"更具沉浸感。"故事"是作者的构思，它是不变的，而"故事世界"是变化的，读者能够进入"故事世界"同人物一起体验。赫尔曼指出："叙事制造世界的能力对沉浸感的产生有很大的帮助，它有能力将阐释者运送到他们为了叙事阐释的目的去占据的时空体。"

玛丽-劳尔·瑞安认为，"世界"这个隐喻可以用来描述文本所投射的语义域，"故事世界是历经全面变化的想象的时空总体，故事是该世界里发生的状态变化即事件，而叙事则是故事的文本化"②。瑞安指出："故事世界不止是故事所提到的客体的一个静态容器，它是情境演化的一个动态模型。"由此她进一步指出，叙事被理解是因为它是一个共享的情态结构。此结构由两部分组成，一部分是"文本真实世界"；另一部分便是"可能世界"。这个情态结构是虚构再中心化后得到的产物。所谓"再中心化"，瑞安认为，沉浸在虚构作品里，可能性的领域就围绕叙述者表现为现实世界的领域被再中心化。这种再中心化将读者推进到一个新的现实性和可能性的系统中。③

结合叙事学中有关故事世界的论述和品牌活动的现实特征，可以认为，品牌故事世界是品牌在和消费者的营销沟通互动中共同构建的心理模型。品牌故事世界包括：由时间空间所构成的特殊语境；与目标消费者产生符号联结的主角；主角所秉持的核心价值观；与价值观相符的表征行为。品牌故事世界不是静态的，它是品牌与社会互动的一个动态模型。品牌叙事能被理解，是因为品牌故事世界是一个共享的情态结构，品牌将现实世界中的情境、情节、人物经过虚构、再中心化后形成新的现实性、可能性的故事世界。

通过持续叙事构筑出的品牌故事世界能够让消费者沉浸其中，共同经历故事世界的发展变化。同时，品牌故事世界所构筑的整体情态，能够将品牌阐释者送到任意为实现叙事目的而需占据的时空体，即在品牌整体叙事中任意开启一次营销沟通活动，并且能够成为品牌体系中的一个环节。品牌故事世界保证了庞杂的

① HERMAN D. Story Logic：Problems and Possibilities of Narrative [M]. Lincoln，NE：University of Nebraska Press，2002：5.

② 瑞安. 文本、世界、故事：作为认知和本体概念的故事世界 [J]. 杨晓霖，译. 叙事（中国版），2015：32-42.

③ 张新军. 数字时代的叙事学：玛丽-劳尔·瑞安叙事理论研究 [M]. 成都：四川大学出版社，2017.

品牌叙事的互文性，保证了品牌体系的一体化，保证了品牌发展中的承接关联。

品牌故事世界是品牌最终的资产，品牌通过叙事在年复一年与消费者的沟通中所建立起来的关系就是彼此所拥有的品牌故事世界。所以构筑品牌就是构筑品牌故事世界。

三、延展故事世界

品牌的发展在沟通层面就是品牌故事世界的延展。

玛丽-劳拉·瑞安提出叙事作品有三个维度：情节性、媒介运用、世界性，而故事延展相应地也包括三个层面：一是故事内容情节上的叙事延展；二是在小说、音乐、戏剧、影视、动漫、游戏等不同媒介运用上进行媒介延展；三是故事世界性的延展。前两个延展是后一个延展的基础，三个方向上的延展都需要互文性去实现。

相应地，品牌故事世界的延展包括三个维度。

首先是基于主题的内容情节的延展。伯特提（P. Bertetti）认为，叙述者可延续故事世界里的故事角色、主题、行动、轴线、价值等，开发出更多插曲及情节，去"补白""延续"和"展开"。[1] 这里的叙述者既包括创作者也包括粉丝和受众。这一过程是通过互文性实现的。如热拉尔·热奈特所说的"羊皮纸文献"一样，文本背后亦有文本，跨媒介的故事背后仍有故事，任何故事都不会是一座孤岛[2]，品牌叙事必然要将过去、现在、未来的各种故事相互关联、指涉，在叙事的编织中延展品牌故事世界，不断吸引消费者参与到叙事中来，成为品牌故事世界的共创者、信仰者、维护者。而叙事编织是围绕核心价值观的各种主题的沟通阐释。

其次是基于消费者接触和主题沟通的媒介延展。亨利·詹金斯认为，"跨媒介叙事是创造世界的艺术，其故事世界丰富得如同一本百科全书"[3]。只有应用

---

① BERTETTI P. Conan the barbarian：Transmedia adventures of a pulp hero［C］//CA Scolari，P Bertetti，M Freeman. Transmedia archaeology：Storytelling in the borderlines of science fiction，comics and pulp magazines. New York，NY：Palgrave Macmillan，2014：15-38.

② 施畅. 跨媒体叙事：盗猎计与召唤术［J］. 北京电影学院学报，2015（21）：98-104.

③ Thon J N. Converging Worlds：From Transmedial Story worlds to Transmedial Universes［J］. Story worlds A Journal of Narrative Studies，2015：180-181.

不同属性的媒体才能实现不同的叙事意图。而不同媒体的应用要具有互媒性。互媒性（intermediality）是隶属于互文性（intertextuality）的概念，专指媒介形式相互模仿、指涉与整合①，这并不是简单的"cross media"，而是"trans media"。"cross"只是指简单地从一个媒介到另一个媒介，是将同一系列广告作品用不同的媒体发布出去，也就是传统媒体时代的广告媒介策略。而"trans"是指通过不同的媒介承载关联的内容创意，带给消费者不同的叙事体验。詹金斯也认为跨媒介叙事最理想的形式是"每一种媒体出色地各司其职，各尽其责，以其独特的优势为故事的叙述做出贡献，创造完整的叙事体验和更大的叙事体系"②。新技术带来的虚拟世界和现实世界的交融释放出无限的广告沟通空间，任何物品都有可能成为富有创意的广告媒介，因为线下有限空间的沟通活动可以通过互联网二次传播出去，实现大范围传播，所以内容创意可以寻求各种各样的创新媒介载体。近年涌现出的各种创造性的沟通活动，都是内容与媒介实现了珠联璧合的创新。品牌叙事要根据互媒性串联叙事网络，并运用不同的媒介诠释品牌价值观，打破传统媒体时代召唤式、祈使式的单向叙事方式，结合内容创新媒介应用。

最后是故事世界要有世界性的延展。品牌叙事就是要不断实现故事世界自身内部结构的延展。詹金斯认为延展要对故事世界产生独特而有价值的贡献。朗（Long）用四个问题来检验这种"独特而有价值的贡献"：第一，新文本保持着故事世界的风格吗？第二，新文本回答了之前留下的问题吗？第三，新文本提出了新的问题吗？第四，新文本丰富故事世界了吗？③参考跨媒体叙事学者们的这些论述，品牌故事世界的世界性延展要做到以下几点：

第一，新叙事要保持着品牌故事世界的风格；当然，偶尔也可以破界焕新一下，但主体风格要稳定。

第二，新叙事在解决新的问题的同时，要与之前的叙事承接。

① GRISHAKOVA M, Ryan M. Editors' preface [M] //M Grishakova, M Ryan. Intermediality and storytelling. New York, NY, De Gruyter, 2010: 1-7.
② 詹金斯. 融合文化：新媒体和旧媒体的冲突地带 [M]. 杜永明，译. 北京：商务印书馆，2015：157.
③ LONG G A. Transmedia Storytelling: Bussiness, Aesthetics and Production at the Jim Henson Company [C]. http://dspace.mit.edu/handle/1721.1/39152.

第三，新叙事要提出新的主题，即新的延伸价值观，而新的延伸价值观要与品牌核心价值观相关联，是对核心价值观的解读和阐释。

第四，新叙事要能丰富品牌故事世界，而不是重复陈词滥调，主题要新，情境要新，方式要新。

好的品牌叙事能触抵消费者的灵魂，将人的思考引向广袤之处。

著名学者杰罗姆·布鲁纳（Jerome S. Bruner）较全面地概括了叙事的特征：叙事历时性、具体性、意向状态内涵性、解释的创作性、经典性与违背、所指性、体裁性、常规性、情境敏感性与可协商性、叙事增加性。"叙事历时性"是指叙事中的事件不是同时发生的，或者说，叙事中的事件是一段时间内发生的不同事件。"具体性"是说叙事是关于具体事物的叙事。"意向状态内涵性"的意思是说，在某一场合下人们的行为总是有意向性的，他们身上发生的事情应该与其当时的意向状态，如信念、愿望、价值、观点等有关。"解释的创作性"是指叙事文本表达的意义与人们对该文本的阐释不一定相同，即一个叙事文本可能具有不同意义，或者说对相同的叙事文本，不同的人可能具有不同的理解。"经典性与违背"是指有些发生的事情没有必要讲述，讲了也未必像故事；之所以是叙事，是因为它有必要；但要有必要性，故事就必须违背某种隐含的经典脚本，或在某种程度上偏离这种经典的脚本。"所指性"的意思是说，叙事不指涉"现实世界"，它本身可能创造现实世界，有自己的指涉世界。"体裁性"是指叙事不仅是一种本文样式，更重要的它还是一种帮助人们理解事物的工具。"常规性"是指叙事作为一种话语形式是以传统的或习惯性的期待为基础的，但这种传统也可能会随着时代的变迁而变化。"情境敏感性与可协商性"是指叙事的解释在很大程度上取决于情境，这种对情境的敏感性使叙事话语成为一种行之有效的文化协商的工具，使社会的团结和人际相互依靠成为可能。"叙事增加性"是指不同的故事可以拼凑起来组成一个整体，甚至组成一种文化或历史。[①]

---

① 邓志勇. 叙事、叙事范式与叙事理性：关于叙事的修辞学研究 [J]. 外语教学，2012 (4)：37-41.

第三章　品牌叙事的框架

每一棵大树，都曾只是一粒种子。

本章首先提出品牌叙事的框架——品牌叙事八芒星轮盘，然后详细分解了它的 10 个构成元素，从而为品牌叙事提供了操作框架。

第一节　品牌叙事八芒星轮盘

根据叙事的构成要素和品牌实践，本书创造了一个"八芒星轮盘"的概念，将品牌叙事的 10 个构成要素予以结构化呈现，以直观地展示品牌叙事的框架。

一、叙事构成要素

古希腊哲学家亚里士多德认为成功说服和影响他人的要素有三个：理性，即由数据、事实支撑的逻辑；人格，即被人信任的程度；情感，即与别人相互联系的程度。[①] 詹姆斯·费伦认为叙事成分包括技巧、人物、行动、主题、伦理、情感等。茨维坦·托多罗夫将作品分为四个结构层次：故事、命题、序列、词类。克莱恩将情节划分为行动、性格和思想。综合上述观点可以发现，主题、理性、情感、人格、行动是构成叙事的基本要素。

二、品牌叙事八芒星轮盘

品牌叙事和普通叙事最本质的区别在于品牌叙事中包含对商品的推销，需要注入功能诉求。马斯洛需求层次理论也揭示了人类需求包含从生存、安全、

---

① 多兰. 做个会讲故事的人：如何在商界讲好故事 [M]. 唐奇，译. 北京：中国人民大学出版社，2018.

情感、价值认同到自我实现五个进阶阶段，这也是品牌满足消费者的所有目标。结合以上叙事的构成要素可以认为，品牌叙事包含哲学诉求、功能诉求和情感诉求。同时，品牌叙事是向特定目标对象的叙事，是以目标消费者为中心的自洽系统。根据品牌活动的实践特征，品牌叙事的基本元素应该包括：目标消费者、核心价值观、延伸价值观、感官识别、个性、情感利益点、功能利益点和事实支持。基于这些元素的品牌叙事构筑出品牌故事世界，而这一切都是根据社会文化情境生发的。因此，可以将这些要素绘制成一个八芒星式的结构图形，称为"品牌叙事八芒星轮盘"。社会情境、目标消费者、核心价值观、延伸价值观、感官识别、个性、情感利益点、功能利益点、事实支持、故事世界成为品牌叙事八芒星轮盘的十大构成要素（见图3-1）。

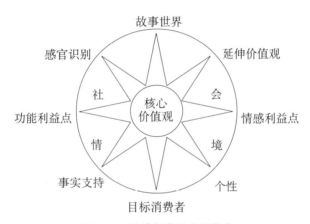

图3-1 品牌叙事八芒星轮盘

从图3-1可以看到，核心价值观位于八芒星中心，故事世界是对品牌叙事所产生结果的总述。外围圆盘代表社会情境，是八芒星的基座，圆盘能够转动，转动的含义代表社会情境是随时变幻的，八芒星上的任何一个品牌叙事元素都可根据社会情境的变化进行调整。例如，嬉皮士文化褪去，摩托车品牌哈雷·戴维森的目标对象群体扩展至白领男性，故事世界也随即发生变化；传统葡萄酒文化的刻板印象与现代社会的随性社交发生了冲突，ROI葡萄酒以年轻消费者为目标对象的创意则横空出世。

我们可以将品牌叙事八芒星轮盘概括为"一个核心，八个基本点，一个底盘"，一个核心即核心价值观，一个底盘即社会情境，八个基本点即目标消费者、延伸价值观、感官识别、个性、情感利益点、功能利益点、事实支持、故事世界。其实这八个要素准确地说应该是七个基本点＋一个世界，因为故事世界应该是最终形成的叙事系统整体，但为了符合八芒星的形状和便于记忆，就归入"八个基本点"中。

第二节　核心价值观

核心价值观是品牌的灵魂，没有核心价值观就没有真正意义上的品牌。品牌叙事只能是基于核心价值观的叙事。

一、价值观

价值观是个体的选择倾向，体现了个体态度和观念的深层结构。同时，它还是群体认同的共享的符号系统，因此还是群体社会的心理现象。在社会变迁的背景下，个体和群体的价值观都会表现出很大的变化，所以它还是重要的社会心理标志。

在人类发展史上，有关价值观的论述可追溯到西方的"希腊三贤"和中国的"诸子百家"。[①] 对价值观的研究可以追溯到 20 世纪二三十年代，1926 年 Perry 对价值观进行了分类，但对价值观是什么，一直众说纷纭、莫衷一是。直到 20 世纪 50 年代，研究者们才对其基本定义达成了共识，这就是在区分了"值得的"（the desirable）和"想要的"（the desired）两个概念之后，将价值观定位于与"以人为中心的""值得的"有关的东西。[②] 这一共识的经典表达就是著名的克莱德·克拉克洪（Lyde K. M Kluckhohn）价值观定义：价值是一种外显的或内隐的，有关什么是"值得的"的看法，它是个人或群体的特征，它影响人们对行为方式、手段和目的的选择。[③] 20 世纪 70 年代罗科奇（M. Rokeach）开创性地将价值观定义为"一个持久的信念，认为一种具体的行为方式或存在的

---

① 郭爱丽，翁立平，顾立行 . 国外跨文化价值观理论发展评述 [J]. 国外社会科学，2016（6）：34 - 43.

② BRITEWAITE V A，Scott W A. Values [C] //Robinson J P Shaver P R. Wrightsman L S. Measures of Personality and Social Psychological Attitudes. San Diego，CA：Academic Press，Inc. 1990.

③ KLUCKHOHN C K M. Value and Value Orientation in the Theory of Action：An Exploration in Definition and Classification [C] //T Parsons，E A Shils. Toward a General Theory of Action. Cambridge，MA：Harvard University Press，1951.

终极状态，对个人或社会而言，比与之相反的行为方式或存在的终极状态更可取"①。他认为，价值观是一般性的信念，它具有动机功能，它不仅是评价性的，还是规范性的和禁止性的，是行动和态度的指导，是个人的也是社会的现象。② 社会学家帕森斯（Parsons）则把价值观视为社会成员共享的符号系统。③ 施瓦茨（S. H. Schwartz）等则强调，价值观是某种令人向往的状态、对象、目标或思想，它是为一系列行为模式提供判断和选择的标准。④ 克莱德·克拉克洪认为，"价值观是一种显性或隐性的、对于什么是值得的意识与观点，是个体或群体的显著特征，影响着人们对于行为方式及其带来的事物最终状态的选择"⑤。他认为价值观不仅存在于个人内心，也存在于群体之中；既表征个体的价值选择倾向，又是群体共享的符号系统。⑥

从个体角度来看，价值观是人用于区别好坏、分辨是非及其重要性的心理倾向体系，它是驱动并指引个体或群体采取行动和决策的准则，价值观决定、调节、制约个性倾向中的需求、动机、愿望等，它支配着人的动机和行为模式。从社会角度来看，价值观是一整套具有普遍性的、有组织的构念系统，这套构念系统是有关人自身发展、人与自然的关系、人与社会、人与人的关系的看法，即价值取向，是社会成员合理的信念体系。

可见，价值观是社会运行的核心和根本，因为它指导个体行动和社会态度，是个体和社会决策系统的根源性要素。品牌作为企业社会活动的终极产物，在与社会成员建立关系的过程中，必然要以价值观作为系统运行的根源性要素。

二、人类基本价值观

1961 年，弗洛伦斯·克拉克洪（F. R. Kluckhohn）和斯托特贝克

① ROKEACH M. The Nature of Human Values [M]. New york：New York Free Press，1973.

② 同①.

③ PARSONS T. The Social System [M]. NY：Free Press，1951.

④ SCHWARTZ S H. BILSKY W. Toward a Universal Psychological Structure of Human Values [J]. Journal of Personality and Social Psychology，1987，53（3）：550.

⑤ KLUCKHOHN C. Values and Value-orientations in the Theory of Action：An Exploration in Definition and Classification [C] //Talcott Parsons，Edward Shils. Toward a General Theory of Action. Cambridge，MA：Harvard University Press，1951：388－433.

⑥ KLUCKHOHN C. Values and Value-Orientations in the Theory of Action：An Exploration in Definition and Classification [M]. Cambridge：Harvard University Press，1951.

(F. L. Strodtbeck) 在《价值取向差异》中最先提出了价值观理论框架。他们认为,人类社会共同面临五个基本问题,分别对应五个价值取向(人的本性取向,人与自然/超自然关系取向,时间取向,活动取向,关系取向),而每个问题分别有三种可能的回答。① 这五个基本问题如下:

(1)人生来具有的本性是什么?

回答:人生来是善良的;是邪恶的;是善与恶并存的。

(2)人与自然/超自然的关系是什么?

回答:人应该服从自然;征服自然;与自然和谐相处。

(3)人类生活应该关注什么?

回答:人类生活应该关注现在;关注过去;关注未来。

(4)人类活动的模式是什么?

回答:人类活动应该注重享受过程;注重活动本身;注重活动结果。

(5)人与人之间的关系模式是什么?

回答:人与人之间是平等的;是有等级的;是相互独立的。

罗科奇将价值观分为"终极状态"与"行为方式",即终极性价值观(terminal values)和工具性价值观(instrumental values),其中的每一类都由18项价值信念组成(见表3-1)。这种划分体现了价值观作为"深层建构"和"信仰体系"与"行为选择"之间相互体现与依存的性质和关系。②

表 3-1　　　　　　　　　　　　罗科奇价值观量表

终极性价值观	工具性价值观
舒适自在的生活	有抱负的
令人兴奋的生活	心胸开阔的
有成就感	有能力
和平的世界	欢愉的
美丽的世界	干净的
平等	有勇气的
家庭安全	宽容的
自由	愿助人

---

① KLUCKHOHN F R, STRODTBECK F L. Variations in Value Orientations [M]. Chicago, IL: Row & Peterson, 1961: 10-11.

② ROKEACH M. The Nature of Human Values [M]. New york: New York Free Press, 1973.

续表

内心的和谐	富于想象的
幸福	诚实的
成人的爱	独立的
国家安全	智识的
快感	有逻辑
得救	有爱心的
自我尊重	服从的
社会认可	礼貌的
真正的友谊	负责的
智慧	有自制能力的

霍夫斯泰德（Hofstede）以大数据、统计分析和文化对比进行了跨文化价值观研究，最终提出六个维度的国别价值，内涵如表3-2所示。

表3-2　　　　　　　　　　霍夫斯泰德的六个国别价值观维度

权势距离	指社会中权势较小的组织成员期待和接受权势不平等分配的程度。 在高权势距离社会中，人们期望人与人之间的不平等，低权势群体往往具有依赖性。在低权势距离社会中，人与人之间的不平等应该尽量减少，高权势群体和低权势群体之间相互依赖。
个人主义/ 集体主义	指社会中的成员与其所生存的社会组织之间的关联程度。 在个人主义社会中，个体之间的联系较为松散，所有人都应该照顾好自己及其核心家庭成员。而在集体主义社会中，人们自从出生开始便与其集体成员强烈而紧密地结合在一起，集体成员为其提供一生的保护，作为回报，个人对集体应该保持忠诚。
男性气质/ 女性气质	指社会中性别角色分工的程度。 男性气质社会男女角色分工较为明确，男性应该比较强势、粗犷并关注物质上的成功，而女性应该谦和、温柔并关注生活的质量。在女性气质社会中男性和女性的这种角色分工不明显。
不确定性 规避	指社会中的成员因为事情的模糊性和未知性而感到威胁或回避不确定的程度。 高不确定性规避取向强调对事物的预测性和书面的规则，否则人们就会感到紧张和压力。低不确定性规避社会则不注重事情的预测性或书面规定，人们感觉比较从容和惬意，不表露强势的姿态和自己的情感。
长期取向/ 短期取向	指社会中人们对待过去、现在和将来的态度。 长期取向指与长远回报美德相关的培养，尤其是坚韧和节俭。而短期价值取向指对过去和当前相关美德的培养，尤其是尊重历史和履行社会义务。

续表

放纵/节制	指社会中对人的需要和欲望克制或满足的态度。 放纵价值取向认为与享受相关的人类欲望应该自由地得到满足。节制价值取向认为享受需求和欲望应该受到克制或者受到社会道德的严格制约。

资料来源: HOFSTEDE et al. Cultures and Organizations: Software of the Mind [M]. Ankara: Imge Publishing, 2010: 61-281.

　　施瓦茨通过对众多国家学生和教师的调查，提出了"人类基本价值观理论"（theory of basic human values），2012 年新修订的施瓦茨价值观量表把人类基本价值观维度增加到 19 个，是目前公认最全面的量表（见表 3-3）。

表 3-3　　　　　　　　　　　施瓦茨价值观量表

10 个人类基本价值观维度 (1992)	19 个人类基本价值观维度及其动机目标的定义 (2012)
自我导向	自我导向—思想：培养自己观点和能力的自由
	自我导向—行为：决定自己行为的自由
刺激	刺激：兴奋、新颖和变化
享乐	享乐：快乐和感官的满足
成就	成就：社会标准下的满足
权势	权势—控制：通过掌控他人带来的权力
	权势—资源：通过掌控物质和社会资源带来的权力
	面子：通过维持个人的公共形象和避免受辱带来的安全和权力
安全	安全—个人：自己在当前环境中的安全
	安全—社会：在更大的社会环境中的安全和稳定
传统	传统：对文化、家庭和宗教传统的保持和维护
遵从	遵从—规则：对规则、法律和礼仪义务的遵从
	遵从—人：避免伤害他人
	谦虚：对自己在较大事务的策划能力方面不大认同
仁慈	仁慈—可信任：做一个在群体中可以信赖的人
	仁慈—关爱他人：对群体中其他成员的贡献
普遍主义	普遍主义—关爱人与社会：致力于平等、正义和保护所有人的贡献
	普遍主义—关爱自然：对自然环境的保护
	普遍主义—容忍：对与自己观点不同的人的接受和理解

资料来源: SCHWARTZ S H et al. Refining the Theory of Basic Individual Values [J]. Journal of Personality and Social Psychology, 2012, 103 (4): 663-688.

　　近年的一项跨国研究显示，当要求消费者用人类基本价值观框架表征品牌价值观时，除了少数个人价值项，品牌价值观的内容框架与表 3-3 大体相似。这表明，品牌价值观以人类价值观为隐喻来源，在反映和体现不同文化体系中的价值观存在的基本差异之外，更是具备跨文化间的普适性。各种价值观体系对品牌树立价值观具有指导意义，品牌根据社会情境和目标消费者的群体行为特征，参看这些人类基本的价值观，树立属于品牌自己的价值观，目的是获得消费者的认同。

品牌在故事世界构建之初建立其核心价值观时可以把这些价值观量表作为参照和启发，有了大的方向后，再通过实证研究得出更精细的价值观假设。例如奥美公司曾对中国市场做过调查，得出年轻人的六大价值观：我就是我，颜值即正义，才华皆一切，孤独需治愈，为兴趣买单，掌握命运。不同群体的价值观会随社会情境的变化而不同，对消费者的理解应该以研究其价值观为核心，而不是停留在行为表象。

三、品牌核心价值观

根据品牌活动的特征和价值观的内涵可以这样定义，品牌核心价值观就是品牌基于对世界的看法，为自己和消费者建立的一个价值取向，是一个指引双方行动的信念，是品牌故事世界的核心。这里需要重点强调，品牌价值观不仅引导消费者，也能引导品牌自己的成长。

一个好的品牌核心价值观应有如下特点：

- 高远的哲学感，源自人类的普世价值。
- 直击目标消费者的内心，也是消费者所追求的信念。
- 对消费者的生活和行动是有利的。
- 富有创见，是其他品牌没有提出过的。
- 不仅能够指引消费者的行动，也能够指引企业内部及品牌的行动。
- 通俗易懂。

品牌核心价值观是品牌的灵魂，承载着品牌的思想和激情，也承载着消费者的精神需求和愿望，是品牌包含的信念，以及与目标消费者真诚地共持的生活密钥。

四、品牌核心价值观的功能

品牌核心价值观对消费者自我认同和外部连接都具有重要功能。

（一）价值认同

品牌核心价值观最重要的功能就是建立品牌与消费者之间共同的价值认同，为品牌故事世界确立根本。例如路虎汽车（Land Rover）诉求好奇、冒险，正是向外寻求美好世界的消费者的价值认同。

（二）认知世界

品牌价值观要阐释对世间道理的理解、对事物意义的追问，为人们呈现一个有角度、有思想、有深度的世界。

（三）教化引导

品牌价值观或启发消费者的思考，或点燃消费者的希望，或触动消费者的心弦，成为目标消费者人生前行中秉持的座右铭，无论激扬、平淡抑或放松，无论恢弘、普通抑或渺小，都会成为某一族群的精神皈依、人生旅途中的灯盏和港湾，能够在心灵上陪伴、在行动上指引。好丽友一直是小朋友成长的价值观引导者，耐克将面对困难险阻的永不退却铭刻于消费者心中，成功的品牌都是消费者人生道路上的一面旗帜。

（四）社会连接

品牌价值观在广泛传播和时光更迭中将认同者聚合起来，使他们成为品牌的信仰者，成为品牌故事世界的居民。

（五）特立独行

品牌最重要的就是差异性，由核心价值观、功能利益、情感利益、个性、权威事实共同构成的品牌故事世界必须做到独树一帜，才能占据消费者的心智，实现故事世界的定位。

五、优秀的品牌核心价值观

优秀的品牌核心价值观要满足之前所述的特点，如哲学感、直击人心、指引人生、有利、独特、通俗易懂。表 3-4 是一些著名品牌的优秀核心价值观，这些价值观既是细微的洞见，又是高远的哲思，为品牌构筑独一无二的故事世界提供了源泉。为了便于理解，本表根据施瓦茨量表的价值观维度标注了各个品牌价值观的动机类型。

表 3 - 4　　　　　　　　　　　　著名品牌的优秀核心价值观

品类	品牌	核心价值观	动机类型
饮品	可口可乐	Share happiness（独乐乐不如众乐乐）	享乐
	红牛	你的能量超乎你想象	刺激
	依云	Live young（活得年轻）	享乐
	喜力啤酒	Open your world（打开你的世界）	自我导向
	科罗娜啤酒	Find your beach（找到你的沙滩）	自我导向
	雪碧	Obey your thirst（遵从你的渴望）	自我导向
	轩尼诗酒	To me，the past is black and white，but the future is always color（对我而言，过去平淡无奇；而未来，却是绚烂缤纷）	自我导向
	百事可乐	Live for now（渴望，就现在）	享乐
运动、服饰	耐克	Just do it（尽管去做）	自我导向
	Vans	Off the wall（疯狂荒诞）	刺激
	阿迪达斯	Nothing is impossible（一切皆有可能）	自我导向
	锐步	I am what I am（我就是我）	自我导向
	安踏	Keep moving（永不止步）	刺激
	美特斯邦威	不走寻常路	自我导向
	361°	多一度热爱	自我导向
	爱慕	Rule yourself（要自律）	遵从
	Keep	自律给我自由	遵从
汽车	奔驰	The best or nothing（要做就做最好）	成就
	捷豹	Don't dream it. Drive it（告别梦想，尽情驰骋）	成就
	现代	Drive your way（走自己的路）	自我导向
	路虎	Above and beyond（向上超越）	成就
	福特	Go further（更进一步）	刺激
	大众甲壳虫	Think small（从小处思考）	自我导向
	日产	Innovation that excites（激发创新）	自我导向
	别克	心静，思远，志在千里	成就、权力
电子产品及服务	苹果	Think different（非同凡"想"）	自我导向（创新）
	佳能	Delighting you always（感动常在）	享乐
	英特尔	Experience what's inside（体验内在）	自我导向
	IBM	Let's put smart to work（将智慧注入工作）	自我导向
	微软	Empowering us all（赋予我们所有）	传统
	索尼	Make believe（造就信仰）	传统
	松下	A better life，a better world（更好的生活，更好的世界）	普遍主义
	惠普	Expanding possibilities（延伸无限可能）	自我导向

续表

品类	品牌	核心价值观	动机类型
电子产品及服务	戴尔	Every little thing is everything（每件小事都是事）	传统
	三星	Imagine the possibilities（无穷想象，无尽可能）	自我导向
	诺基亚	科技以人为本	遵从
	飞利浦	精于心，简于形	遵从
	思科	The bridge to possible（成就无限可能）	自我导向
	小米	为发烧而生	自我导向
香烟	万宝路	自由和冒险的味道	刺激
化妆品	欧莱雅	Because you're worth it（因为你值得拥有）	成就
奢侈品	博柏利	Good things in life never change（生活中的美好事物永存不移）	享乐
	蒂芙尼	Believe in dreams（相信梦）	自我导向
	路易威登	Life is a journey（人生是一场旅行）	自我导向
视力保健	博士伦	看见，更有远见	成就
	强生	因爱而生	善意
游戏和玩具人工智能	KONAMI（科乐美）	Born from fun（生来有趣）	享乐
	Play Station	Play has no limits（玩耍无限）	享乐
	乐高	Play well（玩得快乐）	享乐
社交平台	Twitter	Follow your interests, discover your world（跟随你的兴趣，发现你的世界）	自我导向
	Facebook	More together（常在一起）	自我导向
	QQ	每一天，乐在沟通	享乐
移动支付	万事达卡	Start something priceless（万事皆可达，唯有情无价）	善意
媒体娱乐	Discovery	Explore your world（探索你的世界）	自我导向
	腾讯视频	不负好时光	享乐
	土豆	每个人都是生活的导演	自我导向

　　这些价值观之所以被广泛接受并历久弥新，是因为它们都唤醒了目标消费者内心深处的价值认同，引导消费者找到生活的方向。这些具有哲学感的价值认同是普遍存在的正向价值取向，并揭示了客观规律，不会因为时间的变化、地域的变化而发生改变。例如耐克"Just do it"的核心价值观之所以影响广泛，是因为其所蕴含的进取、自我精神是人类普遍追求的正向价值，而且还含有颠覆和反抗因素，满足了目标群体的精神诉求。

对照施瓦茨价值观维度及动机类型，运用文本分析法对各大品牌的口号进行价值观分析，得出这些价值观相应的动机类型。在 12 个品类共 56 个品牌中，属于"对变化的开放性态度"维度的品牌达到 30 个，其中分属"自我导向"动机类型的有 25 个，分属"刺激"动机类型的有 5 个，分属"享乐"动机类型的有 10 个。可见随着社会的发展和生活水平的提高，消费者更加注重产品带来的自身体验，品牌倾向于展现"思想行为独立""激动人心的、新奇的和挑战性的""个人的快乐或感官上的满足"等价值观内涵。

同品类间的价值观较为一致，不同品类间的价值观存在一定差异。饮品类多为"自我导向""刺激"及"享乐"，属于"对变化的开放性态度"维度，重视对消费者自我需求的满足以及对自身感受的体验，如雪碧"Obey your thirst"（遵从你的渴望）、百事可乐"Live for now"（渴望，就现在）。运动及运动服饰品类在"刺激"与"自我导向"之余还体现了"遵从"的动机类型，在突出冒险、变化和刺激的同时，也强调运动中的自律性，如耐克"Just do it"（尽管去做）、Keep"自律给我自由"。汽车品类则更多地集中体现成就与权力，属于"自我提高"维度，更加注重汽车给消费者带来的社会权力、财富、权威等社会地位，及成功的、有影响力的、有抱负的等能力证明，如奔驰"The best or nothing"（要做就做最好）、路虎"Above and beyond"（向上超越）。游戏品类则注重个人的快乐或感官上的满足，品牌价值观多体现"刺激"，如科美乐"Born from fun"（生来有趣）、Play Station"Play has no limits"（玩耍无限）。

六、定位不是价值观

需要强调的是，许多广为传颂的广告口号并不是品牌价值观，有的口号是功能利益诉求，有的口号是情感利益诉求，只有是价值观诉求的才是品牌核心价值观。以下这些卓越的口号只能称为定位口号，且几乎都是功能定位，而那句著名的"钻石恒久远，一颗永流传"则是情感定位。

宝马：The ultimate driving machine（终极驾驶机器）

奥迪：突破科技，启迪未来

迪士尼：The happiest place on earth（地球上最开心的地方）

埃索润滑油：Put a tiger in your tank（放只老虎在你车里）

M&M 豆：Melt in your mouth，not in your hand（只溶在口，不溶在手）

汉堡王：Home of the whopper（皇堡之家）

赛百味：Eat fresh（吃得新鲜）

保时捷：多数人知道，少数人了解

拼多多：三亿人都在拼

王老吉：怕上火喝王老吉

戴尔比斯：A diamond is forever（钻石恒久远，一颗永流传）

百达翡丽：没人能拥有百达翡丽，只不过为下一代保管而已

香奈尔 5 号：I wear nothing but a few drops of Chanel No. 5.（除了几滴香奈儿 5 号，我什么都不穿）

农夫山泉：我们不生产水，我们只是大自然的搬运工

百岁山：水中贵族

海澜之家：男人的衣柜

今日头条：你关心的，才是头条

天猫：上天猫，就够了

新浪微博：随时随地，发现新鲜事

快手：记录世界，记录你

抖音：记录美好生活

美团：美团外卖，送啥都快

豆瓣：我们的精神角落

携程：携程在手，说走就走

喜茶：灵感之茶

德芙：牛奶香浓，丝般感受

雀巢咖啡：味道好极了

麦斯威尔咖啡：Good to the last drop（滴滴香浓，意犹未尽）

阿里巴巴：天下没有难做的生意

当当：阅读丈量世界

　　这些广告口号只是在诉求优势或功能，表达定位，并不是支撑起故事世界的价值观。这类诉求对于商品在导入期和成长期通过差异化定位形成认知具有

良好的作用，但对于品牌的可持续发展意义不大，甚至会限制品牌的发展，因为这类诉求无论从功能利益点还是情感利益点上都不能代替价值观，无法支撑起广袤灵动的品牌故事世界。核心价值观的缺失将导致品牌叙事没有源头，不成体系，零散的广告活动无法在消费者心中形成品牌故事世界，这也是诸多中国品牌虽然拼搏了多年，但品牌形象单一或者单薄，甚至没有品牌形象的原因。品牌形象就是品牌故事世界在消费者心中所形成的印象，只有围绕明晰的品牌核心价值观不断与消费者共同叙事，才能建立品牌故事世界，形成品牌印象。

例如耐克三十多年来一直以"Just do it"为核心价值观叙事，迄今为止所建立的品牌故事世界无可替代。但一些国产品牌虽然做了几十年甚至是上百年，货卖得也很好，但却没有一个清晰的、丰富的、和消费者共有的故事世界，根本原因就在于没有核心价值观。所以品牌需要审视自己有无核心价值观，如果只是有耳熟能详的非哲学感的广告口号，则需要尽快创立出让人信仰的价值观念。例如喜茶目前的口号叫"灵感之茶"，但这只是产品定位，虽然目前喜茶的品牌活动都以"灵感"为诉求，但需要将具象的诉求提升为抽象的诉求作为品牌核心价值观。如果在此基础上以"追随灵感"之类的理念作为品牌核心价值观，则才真正具有了构建品牌故事世界的核心。

还需强调的是，品牌的核心价值观并不是一成不变的，当然，最好的情况是一开始就找到一个宏大的、高远的、有信仰感的终极普世价值，如"因爱而生"这样的，但有时价值观确实会因社会文化的变化需要调整，许多有悠久历史的品牌其发展也是在摸索中不断成熟的，需要更换已经不合时宜的核心价值观也是正常的。例如喜力啤酒从"男人的尖叫"更换为近年的"打开你的世界"，获得更为广阔的叙事空间。雪碧在 2020 年把"透心凉，心飞扬"改为"透心凉，渴释放"，更能有力地应和当下年轻人对释放自我的渴望。

七、创立品牌核心价值观的方法

如何创造出一个卓越的品牌核心价值观？

第一步，深刻分析社会文化，洞察目标消费者在社会生存中的各种需求、动机、愿望，发现这些需求、愿望与现实之间的"沟壑"，挖掘隐藏在社会各个领域的矛盾冲突及背后的思潮。

第二步，结合企业/品牌的使命、愿景，思考品牌可以以什么样的信念带领自己和社会跨越沟壑，实现愿望，并且，这个信念是具有普世性的，不会随着社会文化的变化、地域的变化变得不适宜。比如当下社会压力太大，可以用"Let it be（顺其自然）"作为核心价值观带领对象群体跨越沟壑。

以多芬为例，2004 年多芬针对全球 10 个国家 18～64 岁的 3 200 名女性进行调研，探索美的定义对当时的女性意味着什么。当时的女性营销有一种向往式的营销风潮，广告和时尚界一样，热衷于打造完美和性感的女性形象。多芬的调研基于这样一个认知：女性和美的关系是复杂的，它既可能催生强大和鼓舞人心的积极影响，也可能是难以表述和令人沮丧的，而多芬愿意进一步探讨这种错综复杂的微妙关系。调研结果显示，真实美是一种根植于全球女性心中的观念，却很少在流行文化和大众媒体中被提及和肯定。在受访者的反馈中，美除了意味着外表吸引力（physical attractiveness）外，还有更多含义和表达方式，包含幸福、善良、智慧、尊严、爱、真实和自我实现等。由此多芬发布了第一份美丽白皮书，拓宽对美的定义，开始了"Real beauty"（真美）行动，从此，Real beauty 成为多芬的品牌核心价值观。

好的核心价值观的提出都是基于对社会文化发展中出现的矛盾的思考。苹果电脑在电脑技术的发展即将带来社会变革的萌动初期，提出"Think different"（非同凡"想"）的核心价值观，成为引领一个变革时代的旗帜。强生作为健康领域的生产者，提出"因爱而生"这一普世性价值，既饱含企业/品牌的信念和使命，又对社会大众进行了价值昭示，具有温暖而有力的哲学感、信仰感。

品牌核心价值观要与品牌的特性具有关联性，无论是功能利益、感性利益还是个性。例如多芬，作为日化用品，其基本功能就是让人美丽，所以与功能利益相关联的"真美"的核心价值观能更有机地构筑品牌故事世界。苹果作为高科技企业，创新是其根本，所以"Think different"也是苹果公司的竞争优势所在。飞利浦"精于心，简于形"的核心价值观既是对生活的启迪，也是品牌的设计理念。大众甲壳虫"Think small"（从小处思考）既是自身产品设计的理念，又是对什么都往大处着手的日常逻辑的一种颠覆，是一种适应现代社会向纵深发展的崭新行为准则。雪碧"遵从你的渴望"既暗合了年轻人释放自我的天性，又与产品功能关联。佳能的"感动常在"既关联了相机的功能利益，又表达了相机为生活所带来的情感利益。

许多品牌多年来做了大量的品牌叙事活动，但未曾察觉缺失核心价值观。例如故宫文创，虽然联名跨界、文物元素创新等有影响力的营销沟通活动不少，但却未确立一个品牌核心价值观以形成有机体系。

八、品牌核心价值观的演进趋势

随着商业社会的发展和互联网技术的崛起，品牌的核心价值观呈现出一些演进趋势。

首先是解构主流。过去品牌追逐主流群体的主流价值观，例如像"Just do it"这样积极向上、一呼天下应的。但在亚文化崛起的新时代，非主流价值观成为一些特立独行的品牌的选择，而且获得了目标群体的热爱，例如迪赛尔（Diesel）的"Be stupid"（做个愚人）。价值观不再以社会共有为取向，而是更注重目标对象的特点，也更有勇气与主流文化分道扬镳。

其次是思考更深邃，价值观的哲学感更高远。当购买能力已经不再是区分社会阶层的手段，知识成为阶层间区分的新方式，品牌要让自己看上去对社会有着更深刻的见解，对人生有着更深邃的思考。品牌希望所提的价值观更能付诸行动，引领社会大众，并形成新的文化思潮。例如路易威登（LOUIS VUIT-TON，LV）2008年提出的"生命本身就是一场旅行"① 开启了其新的品牌故事世界，文案句句悠远，提出了生命的意义在于认识自己的诉求。路易威登在自身历史与消费者之间建立了高远的价值观联系，使其成为奢侈品中最早的思考者，彰显了其150年旅行品牌先驱的地位。

再有就是体现社会责任。数字化解构了企业和媒体的中心化地位，靠信息垄断做生意的模式已经失效，企业、产品在互联网世界中都能被大众一目了然，企业的过错和产品的缺点很容易被传播开来，企业更需要承担社会责任，为自身构筑一堵避险墙，否则从长远来看将会受到威胁。消费者所需要的不仅仅是一瓶洗发水或者一台电脑，而是在生产过程中没有过度污染环境、没有雇佣童工、没有不公平，否则大家就会抵制企业和商品，而这种抵制在互联网时代在

---

① 视频见：https://v.qq.com/x/page/j0198supfpq.html。

短时间就会形成跨国界的广泛规模。

第三节　延伸价值观

延伸价值观是具体社会情境和品牌阶段目标相互作用而生发的，每一个延伸价值观都要能阐释核心价值观。

一、品牌延伸价值观与核心价值观的关系

俄国形式主义提出"故事"（fabula）和"情节"（sjuzet）两个概念指代叙事作品的素材和表达形式，这大致相当于叙事学中区分的故事（story）和话语（discourse）[①]。品牌叙事也需要通过各种丰富的情节构成，它如同多幕剧，整部剧的中心思想是品牌核心价值观，而每一幕的主题就是品牌延伸价值观。延伸价值观是基于品牌核心价值观、对核心价值观进行多角度阐述的理念，是品牌在不同发展阶段针对社会情境的变化或者品牌所面临的问题所提出的子题。核心价值观是品牌之树的树干，延伸价值观是树枝。品牌不断灵动地吸收社会文化根基中的动因形成延伸价值观，通过创新性营销沟通活动沟通延伸价值观，不断激活品牌，丰富品牌故事世界，延展品牌的生命力。

品牌核心价值观必须是远大、有信仰感甚至是哲学感的观念，为品牌指出清楚的愿景和方向。品牌核心价值观在品牌发展过程中恒定、保守，不能轻易更换，而且要严格控制，不能随着地域、时间的变化随便更改。它是品牌故事世界的核心，是不同子品牌、所有品牌叙事的灯塔。

品牌延伸价值观是根据具体地域、具体社会情境的日常执行的，是机会主义式的摸索和实验，是对核心价值观的渐进式演变。通过延伸价值观的不断变革，激活核心价值观，使品牌不断进步。和核心价值观的"不变"相反，延伸价值观要大胆、果断、冒险地"变"，这样才能让品牌随时汲取社会养分，保持鲜活。各国家、地区的不同执行者在保证核心价值观不变的前提下，可根据地域实际情况自主运作延伸价值观（见表3-5）。

---

① 申丹. 叙述学与小说文体学研究［M］. 北京：北京大学出版社，2001：6.

表 3-5   核心价值观与延伸价值观

核心价值观	延伸价值观
远大	渐进式的演变和进步
信仰	日常执行
清楚的愿景和方向	机会主义式的摸索和实验
恒定	不断变革
保守	大胆、果断、冒险
严格控制	运作的自主性

核心价值观是"不易之恒",核心不能变;延伸价值观是"不已之恒",要因时、因地、因时制宜地变,变了才能长久。品牌叙事就是处理好"变"与"不变"的关系,所谓"日月得天而能久照,四时变化而能久成",不变中有变,变是为了不变。

二、延伸价值观的功能

首先是阐释功能。延伸价值观根据当下的社会情境对核心价值观进行阐释,利用时机丰富核心价值观内涵。例如 2022 年三星提出崭新的口号"Together for tomorrow"(一起向明天),这是三星承担社会责任、推动人类文明进步的宣言。

其次是激活功能。延伸价值观可以防止核心价值观僵化或者不合时宜,不断激活核心价值观。三星 2017 年提出"Do what you can't"(做你不能做的),2021 年提出"You make your own rules"(制定属于你自己的规则),配合手机定制化设计。

耐克的延伸价值观维度很开阔,也是因为"Just do it"这个核心价值观的普适性很强,哲学感很高,所以具备高包容性。例如近年它在我国台湾地区推出的两个延伸价值观的广告片,"犹豫,是对自己太客气""不客气了",鼓励年轻人跳出舒适圈,挑战自我。"哪儿挡得了运动",通过专业运动员展示坚持不懈的精神。[1]"梦想疯子"延伸价值观是女性对社会偏见的高能回击,展示了女性无穷的力量。[2] 耐克的每一个延伸价值观都是对"Just do it"的生动诠释和再激活。

再次是调节功能。延伸价值观可以帮助核心价值观在社会文化变革的潮流

---

[1] 视频见:https://v.qq.com/x/page/g3125hmqaki.html。

[2] 视频见:https://v.qq.com/x/page/k08424ze516.html。

中调整方向，不至于格格不入。迪赛尔牛仔服在社会大众特别是年轻人寻求反主流的个性化生存，社会去中心化的背景下，提出"Be stupid"的延伸价值观，对主流"做正确聪明的事"进行了解构。

最后是串联功能。品牌叙事就是一个个沟通故事构成的河流，每一个故事都要有一个沟通的主题，即品牌延伸价值观，延伸价值观像树枝一样串起系列活动，并与核心价值观相关联，与其他延伸价值观相呼应。

三、延伸价值观示范

精彩的品牌故事世界都是通过丰富的延伸价值观构筑出来的。

（一）可口可乐的延伸价值观

可口可乐的核心价值观是"Share happiness（独乐乐不如众乐乐）"，它在100多年的发展历史中，根据各种社会情境、竞争状况、自身发展推出过丰富多彩的延伸价值观。但无论哪种价值延伸价值观，都是对核心价值观的阐释。

> Always and Only Coca（永远的可口可乐）
>
> Coca-Cola Always the Real Thing（可口可乐永远的真实）
>
> Enjoy（享受）
>
> Life Tastes Good（生活的味道很好）
>
> Real（真实）
>
> Make It Real（让它成真）
>
> The Coke Side of Life（可口可乐陪伴生活）
>
> Open Happiness（打开快乐）
>
> Share A Coke（分享一瓶可乐）
>
> Choose Happiness（选择快乐）
>
> Kiss Happiness（亲吻快乐）

2010年开始，在"Open happiness"的延伸价值观下，可口可乐在全球推出了一系列主题活动，如在美国的"Happy machine"（快乐贩卖机）、在奥地利的"Happy truck"（快乐卡车），到全球范围的"Expedia 206"（快乐征程206）、在澳大利亚的"Share a Coke"（分享快乐的可乐）、在巴西的"Happiness refill"（快乐灌装机）、在新加坡的"Happy hug"（快乐的拥抱）、在菲律宾的"Happiness is home"(快乐是回家)等。

可口可乐公司还在中国、泰国等地推出"Coca-Cola 2nd lives"(快乐重造)活动,制造了16种创意瓶盖,免费送给消费者,只要将其拧到旧可乐瓶上,空瓶瞬间就变身为杠铃、水枪、喷壶、笔刷、调味瓶或者吹泡泡的玩具,赋予空可乐瓶第二次生命,在传达环保概念的同时给人们带来快乐。[①]

"Share a Coke"也是近年推出的一种延伸价值观,因为可口可乐多年的发展,"Coke"已经具有"快乐"的符号意义,在这一延伸价值观下各国进行了许多创新互动营销沟通。例如2011年在澳大利亚推出瓶子上印有人气明星名字的可口可乐,在网络上引起粉丝关注,进而普通粉丝也可以报名将自己的名字印在瓶子上,并在悉尼繁华路口的户外广告显示屏上滚动播出。[②]

2015年"Share a Coke"活动在宾夕法尼亚机场放置了一个自动贩卖机,顾客付出一瓶的钱会出来两瓶可乐。当不明所以的顾客把多出来的可乐分享给陌生人后,航空公司的工作人员就前来赠送一张免费机票,机票上写着"Good things come to those who share"(博爱者,必有福)。[③]

可口可乐公司在"Share a Coke"这一延伸价值观下还开展了主题为"Share a Coke and a song"(分享可乐和歌曲)的活动,推出印着歌词的包装,瓶身上包含70首不同类型的歌曲,消费者可从中挑选一首在社交媒体上播放,然后通过应用软件扫描瓶身上的歌词,并录下对口型表演视频在网络上分享。

2016年可口可乐公司推出"Taste the feeling"的延伸价值观,从"欢乐"寻求一些深层次的意义,以表达亲情、友情和爱情。

(二)喜力的延伸价值观

喜力延伸价值观的原则为大胆、冒险、机会主义式的探索,并会根据当下的社会文化潮流对核心价值做出富有创新性的延展。例如喜力啤酒在2020年推出了一则视频广告,内容为酒吧服务生把鸡尾酒、葡萄酒等女性常规点的酒错误地端给了女性顾客,但其实女顾客们点的是啤酒,这是喜力啤酒在全球发起的一场名为"Cheers to all"(为所有人干杯)的运动,旨在打破两性刻板印象,

---

① 视频见:https://v.qq.com/x/page/t0729erwg08.html。
② 视频见:https://v.qq.com/x/page/a0141nm2moa.html。
③ 视频见:https://v.qq.com/x/page/m0163gn84uh.html。

并探索目标市场扩大的可能性。喜力想提醒大家，每个人都应该自由地享用他们喜欢的饮品。①

"Sharing the drama, since 2005"（赛场如戏）是喜力在欧洲冠军杯联赛期间推出的一个主题。②

喜力广为流传的"让男人尖叫"创意系列，其主题是"Serving the planet"（服务于地球）。③

喜力 2014 年推出"Open your city"（城市再发现）主题，在全球范围内具有夜都的代表性城市发售城市限量瓶，并举办了一系列神秘的线下活动，在中国上海还打造了一所城市实景体验馆。④

2016 年喜力推出"There's more behind the star"（总有"星"发现）营销沟通主题，这个"星"拥有双重含义，既指喜力的品牌标识、传奇历史和醇净品质，也指喜力的新代言人，进取又严谨的男神其实也可以是自黑又幽默的男神。

喜力在 2020 年新冠肺炎疫情期间推出一则视频广告："在如此不一样的一年之后，幸运的是同样的事依旧不变——快乐家庭团聚"。

喜力的延伸价值观还有"Be fresh""Made to entertain"（见图 3 - 2）。

图 3 - 2　喜力的延伸价值观"Made to entertain"

---

① 视频见：https://v.qq.com/x/page/l30670gif3n.html。
② 视频见：https://v.qq.com/x/page/v0559cxjm9a.html。
③ 视频见：https://v.youku.com/v_show/id_XNDI2MDQ5Nzg4.html。
④ 视频见：https://v.qq.com/x/page/u0141lpxpjn.html。
　视频见：https://v.qq.com/x/page/w0152lqklkj.html。

（三）迪赛尔的延伸价值观

迪赛尔是意大利牛仔服装品牌，品牌核心价值观是 1991 年推出的"For successful living"（为了成功的生活），意在鼓励年轻人追随自己的内心，不用循规蹈矩，学会以不同的角度去看待世界，自由畅想。其在 2010 年推出了新的品牌延伸价值观"Be stupid"，当时所面临的困境是品牌老化，社会主流价值观遭遇解构。从文案可看出"Be stupid"背后的欲擒故纵、大智若愚，从中感受愚人视角带给人们的生活感悟，塑造出品牌不畏世俗、大胆尝试、活出自己的率真个性。文案如下：

> Smart critiques. Stupid creates. （聪明人批判，愚人创造。）
>
> Smart may have the answers，but stupid has all the interesting questions. （聪明人可能知道答案，但愚人有很多有趣的问题。）
>
> Stupid might fall. Smart doesn't even try. （愚人或许会失败，但是聪明人甚至不敢尝试。）
>
> Smart sees what there is. Stupid sees what there could be. （聪明人看现在，愚人看以后。）
>
> Smart listen to the head. Stupid listen to the heart. （智慧经过头脑，愚蠢叩问心灵。）

从中可看出，愚蠢的人并不愚蠢，而是有着一股执着的傻劲儿，未来可期。

迪赛尔知道年轻人在选择有计划还是有故事时，都会倾向于后者。2017 年推出延伸价值观"Go with the flaw"（不完美随性活），鼓励不完美的人接受自己，率性而活。[①]

迪赛尔 2018 年还推出了"Go with the fake"的山寨店铺（见图 3-3），在店内售卖各种故意拼错的"DEISEL"标志的 T 恤，等待着毫无戒心的消费者前往选购。此恶搞项目并非讽刺前往店铺的消费者，而是肯定那些勇于冒险追寻自己独特风格的人，赞扬他们接纳自己的不完美，可以随意穿上任何他们喜欢的服饰，因为放松正是当下的流行风格。

2019 年迪赛尔推出延伸价值观"Make your way，the successful way"〔敢

---

① 视频见：https://v.qq.com/x/page/t0547xk44sr.html。

图 3-3　迪赛尔 2018 年推出 "Go with the fake" 的山寨店铺

活敢怂（从心）〕。迪赛尔认为，当下年轻人在社会固有的观念下，对所谓"成功"和"完美生活"的渴求及压力与日俱增，而成功从来不是只有一种可能，无须默守成规，而是要从"本心"看待真实的自己，敢于追求内心的梦想，活出属于自己的精彩人生。精准捕捉年轻群体的时代特征，挖掘精神需求，不断赋予品牌和时代同步的延伸价值观，品牌才能不断吐故纳新，生机勃勃。

四、创作延伸价值观的方法

第一步，需要深刻地分析社会文化。和创作核心价值观一样，创作延伸价值观先要洞察目标消费者在社会生存中的各种需求、动机、愿望与现实之间的"沟壑"，例如，通过调查发现年轻群体存在如下沟壑：压力太大，希望能轻松一些；生活太单调，希望多彩一点；对象难找，希望缘分降临；人与人之间太冷漠，希望社会温暖一点；宇宙广袤无际，觉得自己太渺小，希望明白自己的价值……

第二步，将与核心价值观有关联性的矛盾挑出来。比如核心价值观是"Let it be（顺其自然）"，则"对象难找，希望缘分降临"，以及"宇宙广袤，觉得自己太渺小，希望明白自己价值"这两个矛盾就可以用来挖掘延伸价值观。

第三步，思考要跨越这些现实与理想之间的沟壑，实现需求、愿望需要什么样的行动原则，并将这些原则用简洁明晰的短语表达出来，比如"缘分天注定""一花一世界"可以作为延伸价值观，既是对核心价值观"顺其自然"的细节化阐释，又可以在此延伸价值观下开展一系列沟通活动。例如，在"缘分天注定"的延伸价值观下，以"缘，妙不可言"为主题在网络上发起已婚幸福人士回忆自己美好姻缘的过往；还可发起虚拟漂流瓶找缘分活动；如果是服装品牌，可以在限量的男女款服装上绣上对应的图案，一件男服一件女服，等服装售出后看图案对应上的一对对男女能否有缘继续走下去。在"缘分天注定"的延伸价值观下，还可以"好饭不怕晚"为主题开展沟通活动；例如，让各领域的优秀女性阐释如何积极对待单身生活，并对缘分充满信心，还可让生活中的大龄男性展示自己不显露的才华等等。在"一花一世界"这一延伸价值观下可以"天生我材必有用""我就是我"等为主题开展活动。总之，每一个沟通活动都是对"Let it be"这一核心价值观的阐释，也是对延伸价值观的表达（见表3-6）。

表3-6　　　　　　　　　　　Let it be 的延伸价值观

核心价值观	延伸价值观	主题
Let it be （顺其自然）	缘分天注定	缘，妙不可言 好饭不怕晚 ……
	一花一世界	天生我材必有用 我就是我 ……
	……	……

核心价值观、延伸价值观、主题的关系可用图3-4"海葵图"表示，三个节点依次为从上至下的关系。

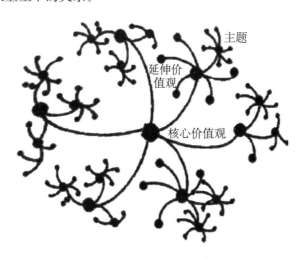

图3-4　核心价值观、延伸价值观、主题关系图

创立品牌核心价值观和延伸价值观要秉持"与消费者一起生活"的原则，"急其所急、忧其所忧、乐其所乐"，站在目标消费者的角度感受他们的迷失，找到他们生活中的矛盾、冲突，带领他们走出心中的沟壑。浮夸、空洞的口号不能捕获人心，只有根植于生活的土壤，洞悉社会文化，与目标群体感同身受，找到行动法则，才能施以陪伴，一同前行。

例如李维斯（Levi's）的核心价值观是"Go forth"（向前闯），2010 年它推出了"Ready to work"（准备好开始工作）活动，活动以宾夕法尼亚州的布拉多克镇为中心，讲述了该镇居民在结束了钢铁小镇的繁荣岁月后，为重建小镇所做的努力。创始人李维·斯特劳斯（Levi Strauss）与布拉多克镇长以及许多市民一起重建社区中心和城市社区农场项目，体现了李维斯"急其所急，忧其所忧"的品牌情怀，并付诸实践。该活动用纪录片形式通过电视、YouTube、平面广告和其他数字渠道进行传播。[①]

第四节　社会情境

费雪（Fisher）对叙事理性的观点表明，人们是否接受当下的叙事，是根据它是否与他们信以为真的故事以及该故事所隐含的信念和行为在道义上正确与否来进行判断的。因此，理性与人的社会文化分不开。[②] 品牌叙事必然是基于社会文化的叙事，必然要映射出消费者所处生活中的真实。

一、社会情境的内涵

社会情境是指与人密切相关的语言、知识、心理、情感、文化、习俗、经济、政治等环境因素。品牌叙事中的社会情境强调在一定时期出现的变化、矛盾和冲突，并且聚焦于价值观念、行为规范、生活方式、审美观念、宗教信仰、风俗习惯等，它影响着人们的消费观念、需求欲望、生活方式和购买行为。品牌叙事基于对当下社会情境的思考和洞察，寻找社会中价值观念、生活方式、

---

① 视频见：https://v.qq.com/x/page/u0132w28ujp.html.

② Fisher W R. Rationality and the Logic of Good Reasons [J]. Philosophy and Rhetoric，1980（13）：211-130.

审美观念、消费行为的变化和冲突，思考变化与消费者未被满足的愿望之间的沟壑，通过品牌叙事引领受阻的目标消费者走出心中的沟壑，走向精神栖息或放飞的领地。

二、社会情境的功能

社会情境作为品牌叙事的基础，具有两个功能，一是作为土壤滋养品牌之树，是品牌叙事各要素的源泉；二是作为轮盘控制和调整品牌叙事。当社会情境发生变化时，品牌叙事相关要素就要相应调整。例如，女性主义兴起，需要调整品牌核心价值观及相应的叙事内容；环保主义崛起，需要革新功能利益，将绿色环保纳入产品设计；疫情突起，需要注入互爱互助的情感利益；智能技术成熟，需要调整事实支持；天然审美兴起，需要改变原来的唯美、梦幻的个性……随时注视社会情境的微妙变化，洞悉其中蕴含的变革趋势，甚至前瞻性地把握变革规律，会为品牌赢得巨大的先机，能赋予品牌先发制人的竞争优势。因为"定位"就是抢先占领消费者的心智，最早洞察出社会文化的暗流，分析出消费者心中的沟壑，就能够最早成为引领消费者的旗帜。

三、社会情境调节的案例

耐克品牌创立于 1971 年，但是"Just do it"这一家喻户晓的广告口号却诞生于 1988 年，并成为耐克的品牌核心价值观。和其他运动品牌一样，当时耐克仅专注于针对专业体育竞技项目开发创新产品，并用明星运动员的体育神话作为营销元素，忽略了大众市场，面临着市场停滞不前的问题。同时期，20 世纪 80 年代的美国在经历战后 30 年的高速发展后经济停滞，美国人不得不告别舒适、高薪的生活，极其渴望找到新的人生方向。这时，最具个人主义色彩的体育运动——跑步开始兴起，人们需要改变过去久坐不动的生活方式，通过锻炼身体应对新环境下的工作，并找回竞争精神。耐克率先领悟到了社会情境的这种变化，把握住了大众消费者在功能和精神上的需求契机，用跑步鞋去开拓大众市场，并以"Just do it"这一口号激励人们去努力，对未来充满希望。之后耐克一直通过触动普通人内心深处的焦虑和渴望并提供强烈的励志隐喻构建出独特的、属于普通人的故事神话。

20 世纪 90 年代，李维斯牛仔服占据了欧洲 75％的市场，让创立于 1978 年的意大利品牌迪赛尔面临巨大困境。为创建一个全新的品牌形象，迪赛尔推出了一场具有反叛精神的广告运动 "For successful living"（活好），通过疯狂、荒诞、幽默、不明所以的图片讽刺了各类社会问题——宗教、种族、性……表达了年轻一代的反叛与质疑，以及与老一代人的微妙关系，并恶搞了大牌引导下的消费主义。当代年轻人热爱反讽、解构常识、主张松弛的生活态度成为迪赛尔故事世界的社会情境。

在品牌核心价值观还能适应不断变化的社会文化时，需要通过品牌延伸价值观来应对各种社会情境的变化，以满足消费者的需求。例如在女性主义兴起的背景下，许多品牌都延伸出女性主义延伸价值观分支。苹果电脑曾推出"致 Mac 背后的你"主题，在 2020 年三八妇女节推出广告片，致敬"推动我们前进的每一代女性"，包括因女童教育工作而获诺贝尔奖的最年轻女性、反对种族歧视和民权运动题材的电影导演、畅销书作家、著名导演、女权活动家、奥斯卡获奖艺术家、女足世界杯冠军、Me too（我也是）运动的发起人等。[1]

杜蕾斯在 2019 年品牌创立 90 周年之际推出"再向前一步"的活动主题，在主题广告片中，杜蕾斯讲述了四个勇敢的爱情故事，它们皆改编自真实的故事（见图 3-5）。这些故事告诉人们，在历史长河中无数爱的故事里都有一个强大的对手，或者是种族鸿沟，或者是死亡的诅咒，或者是内心的胆怯，或者是时间的囚笼。而为了爱，他们战胜一切，再向前一步。广告片结束时发问道："今天，我们的对手是谁？"[2]

20 世纪 80 年代，世界经济增长陷入低迷，日本也经历了非常严重的能源危机。当时的消费者不仅要求商品有好的品质，更希望其价格从优。因此人们开始反思欧美商业文化的重度营销，包装简单、价格优惠的商品开始受到青睐，"反品牌""反流行"的无印良品就此诞生。在之后的发展中，无印良品也不断根据社会情境进行叙事调整。

"维多利亚的秘密"（简称"维密"）女士内衣创立于 1977 年，之后的 40 年里都是基于父权凝视的社会文化构筑品牌故事世界，"性感、美丽、青春、梦

---

① 视频见：https://v. qq. com/x/page/d3076amhbd8. html。
② 视频见：https://mp. weixin. qq. com/s/PkTYkdMWxpqunrJUU_hyEA。

图 3 - 5　杜蕾斯"再向前一步"活动主题海报

幻"是维密的鲜明个性，最终成为美国第一女性内衣品牌。但在平权运动兴起之后，维密原来所基于的社会根基发生了根本性的变化，女性主义崛起，性感、完美身材的概念被抛弃，Z 时代新消费主力开始追求舒适、自我。从 2015 年开始，维密秀收视率连年下跌，从 2017 年开始，维密的销量也出现持续下降。2019 年维密秀因高达数千万美元的举办成本、不断下降的收视率和持续涌入的负面舆论而被迫宣告取消。2020 年 5 月，维密永久关闭北美 250 家门店。同年 6 月，维密英国公司因疫情关闭所有门店，并宣布进入破产程序。

当然，维密没有听天由命，而是努力抓住机遇，奋力一搏，从立足"他想要什么"，转而关注"她想要什么"，进行了品牌叙事的变革。维密与性感、天使脱钩，其全新代言人"The VS Collective"阵营由七名女性组成，其中包括跨性别者、LGBT 群体成员、大码模特、有色人群成员、运动员、记者，充分体现了当下多元、平权的"政治正确"价值观。产品也一改以往重蕾丝的设计，推出了无钢圈、无尺码式内衣，大力开发运动系列，并推出哺乳文胸。

百威啤酒在 20 世纪五六十年代的广告里还是男权社会的价值观视角，在广告中，贤惠的妻子为丈夫准备晚餐、为丈夫倒啤酒，还有一句"她发现她嫁了两个男人"的广告语（见图 3-6）。

图 3-6　百威啤酒 20 世纪五六十年代的广告海报

2019 年妇女节，百威重新修改了这组广告内容，将原先广告中照顾家庭、支持丈夫的女性角色转变成享受生活、取悦自己的形象（见图 3-7）。同时还投放了一则体现巾帼不让须眉的广告，女主在桌球、飞镖、拳击、扳手腕的游戏

图 3-7　百威啤酒 2019 年的广告海报

中大获全胜，并且另一只手端着的百威啤酒没洒一滴。①

喜力啤酒通过各种叙事内容来表达其"Open your world"的核心价值观。在2019年美国两党选民冲突加剧的情境下，喜力做了一则社会实验广告，让三对观念对立的人一起合作搭建一个吧台。第一对是大男子主义的男人和女权主义的女人；第二对是气候变化理论的拥护者和反对者；第三对是厌恶变性人的男性和一位变性人。喜力通过这个实验表达了自己的观点：即便信仰不同，但还是能做朋友的。

四、利用社会情境调整叙事的方法

利用社会情境调整叙事的方法首先要求随时关注社会文化的变化，无论是宏大的还是细微的，都要仔细思考其中的矛盾、冲突，及这些矛盾冲突后面隐含的发展规律，把握变革的潮流和方向。然后，根据社会情境的变化，思考品牌叙事轮盘中的各要素如何调整或创新，以适应已经显化或即将显化的社会潮流。如果核心价值观已经彻底不适应社会变化，则要及时更换；利用新出现的沟壑创作崭新、适宜的延伸价值观，基于此开展丰富的营销沟通活动；感官识别需要动态地增加、更换元素，作为激活品牌、配合价值观延伸的手段；功能利益根据技术潮流、消费者需求、竞争需求等进行调整，并调整支持功能利益的事实；情感利益根据现实社会情境增加或调整；个性在延续、明晰中丰富、细化或调整。最终让整个品牌故事世界一直与社会情境保持一致，和谐共生。之所以说"共生"，是因为品牌文化会对社会文化产生反作用力。

第五节　目标消费者

消费者是品牌叙事的对象和参与者，消费者的精神需求、物质需求、情感需求决定了品牌的故事世界。

一、品牌与消费者的关系

品牌在满足消费者的过程中建立了和消费者的关系，品牌是商品和消费者

---

① 视频见：https://v.qq.com/x/page/f0840m430lc.html。

之间关系的总和。

戴森（Dyson）、法尔（Farr）和霍利斯（Hollis）认为品牌与消费者关系的动态发展具有金字塔形层级关系，提出了品牌动态金字塔模型，包含存在、相关、功能、优点和联结五个层级，体现了产品从功能到情感对消费者需求的满足过程。克罗斯（Cross）和史密斯（Smith）提出品牌关系五阶段论，包括认知、认同、关系、族群、拥护，出现了消费者彼此间的交流。富尼耶（Fournier）提出的品牌关系动态模型包括注意、了解、共生、相伴、分裂和复合六个阶段，指出品牌与消费者的关系也有可能破裂，但可以通过补救复合。①

品牌关系质量（brand relationship quality，BRQ）是指品牌关系的状态及其强度。富尼耶指出，BRQ可分解为六个维度：爱与激情、自我联结、相互依赖、个人承诺、亲密感情以及品牌的伴侣品质。② 品牌通过叙事，建立消费者对品牌故事世界认同、信任、联结、热爱、拥护的关系。

戴维·赫尔曼认为，叙事形式的意义只有在读者的阐释框架中才能体现出来，从而将叙事意义的确定权交给了读者。③ 品牌叙事的意义并不来自企业，而是来自消费者，因此一定要从消费者角度去构建品牌故事世界。

二、品牌叙事是品牌与消费者价值共创的过程

传统的价值创造理论认为，消费者并不创造价值，他们最多就是影响价值的创造，但随着营销活动的发展，价值创造正由企业主导向消费者主导转变。"价值共创"概念由瓦戈（Vargo）和卢施（Lusch）于2004年提出④，同年，普拉哈拉德（Prahalad）和拉马斯瓦米（Ramaswamy）⑤ 在"消费者体验"视角下提出应联合企业与消费者，通过多项服务整合资源以实现价值创造的观点。⑥ 互

---

① 周志民. 品牌关系研究述评 [J]. 外国经济与管理，2007 (4)：46-54.
② 卢泰宏，周志民. 基于品牌关系的品牌理论 [J]. 商业经济与管理，2003 (2)：4-9.
③ 赫尔曼. 新叙事学 [M]. 马海良，译. 北京：北京大学出版社，2002：12-13.
④ VARGO S L, LUSCH R F. Evolving to a New Dominant Logic for Marketing [J]. Journal of Marketing，2004，68 (1)：1-17.
⑤ PRAHALAD C K, RAMASWAMY V. Co-creation Experiences：The Next Practice in Value Creation [J]. Journal of Interactive Marketing，2004，18 (3)：5-14.
⑥ 武文珍，陈启杰. 价值共创理论形成路径探析与未来研究展望 [J]. 外国经济与管理，2012，34 (6)：66-73+81.

联网连接了生产者与消费者，消费者可以参与商品设计、生产、销售，参与内容生产、传播，生产者与消费者在沟通中实现价值共创。消费者不仅可以在生产领域进行价值共创，还能在消费领域进行价值共创，消费者和企业共同生产、彼此沟通，产生了共创的功能价值、情感价值和精神价值。

在传统媒体时代，品牌先通过视频广告、平面广告等抛出品牌价值观，消费者在接触广告的过程中形成价值认同，并在不断接触广告诉求之后产生价值共情。但由于消费者不能参与逆向商品生产、信息生产和信息传播，所以不存在价值共创。而到了互联网时代，消费者在商品生产之初就可以参与产品设计和品牌核心价值观创立，开始价值共创；或者在生产之初消费者尚未参与共创，只是对品牌抛出的价值观形成认同，在之后持续的营销沟通活动中，消费者不断增强价值共情，并在沟通活动中产生价值共创。可以说品牌叙事过程就是消费者价值共创的过程。如图 3-8 所示，消费者受品牌抛出的价值观启发，观念觉醒，形成信念认同，与品牌形成共识；或者在与品牌共创价值观的过程中观念觉醒，形成认同。品牌在价值共识的基础上，在之后发展的过程中通过其所设计的活动与消费者互动沟通，增强了情感共鸣，形成价值共情，而价值共情同时又反过来增强了价值共识。基于价值共情和价值共识，消费者参与价值共创，在共创中获得了情感收益、精神收益或者物质收益。价值认同、价值共情、价值共创协同共生，相互作用，强化了品牌与消费者的关系。

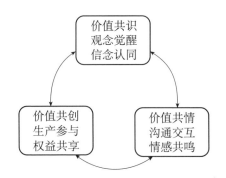

图 3-8　品牌叙事过程即消费者价值共创过程

所以，品牌叙事要以开放性的结构让消费者参与到商品/品牌的设计、生产、沟通、销售中来，满足双方的需求，实现双方价值的最大化。建立共生关系，是品牌与消费者沟通的最高境界，也是品牌叙事的底层逻辑。

三、消费者价值共创模式

消费者价值共创存在于价值链的各个环节，为品牌叙事创新提供了多种模式。

（一）产品生产共创

产品生产共创又可分为核心产品共创、附加产品共创、延伸产品共创。

1. 核心产品共创就是产品功能的共创

例如，耐克推出的"耐克 By You"个性化球鞋定制服务，消费者可以根据个人喜好选择运动鞋的皮料、颜色、文字标志等，打造出独一无二的运动鞋。

宜家 SAGOSKATT 玩具系列每年邀请全球各地的小朋友画出自己心目中的玩具，并选出最特别的 5 幅画，做成真正的玩具抱枕出售，孩子天马行空的想象力加上天真的笔触创造了非常多奇妙的玩具画（见图 3-9）。

图 3-9 宜家 SAGOSKATT 玩具抱枕图案

蔚来汽车邀请消费者参与产品开发，并推出了能够决定消费者在重大事件中话语权的"蔚来值"。

2. 附加产品共创就是消费者参与包装设计

例如，札幌啤酒推出了一项针对年轻女性的活动，活动主题是"Photo, Beer & Smiles"（照片、啤酒和微笑）。札幌啤酒邀请女性朋友来分享照片，然后把这些照片变成商品标签贴在啤酒瓶上，并设定了每箱不同的瓶数以满足不同消费者的需求。之后消费者会收到印有这些照片的啤酒。这一活动设定了三个不同的应用场景，比如和父亲（父亲节）、和恋人（情人节）、和朋友（圣诞节）等，通过印有彼此合影的啤酒来传达心意。①

绝对伏特加酒邀请全世界的艺术家来为空白的瓶子进行设计，由此产生了艺术、口味、话题等多个系列作品（见图 3 - 10）。②

图 3 - 10　绝对伏特加酒的艺术画酒瓶

3. 延伸产品共创就是服务共创

例如星巴克 My Starbucks Idea（我为星巴克出主意）网站就是一个与消费者价值共创的社区，征集的主意分为三类：一类与产品有关，例如新产品、咖啡味道等；一类与体验有关，例如店铺环境、音乐、付款方式等；还有一类是卷入类的，例如社会责任、社区互动等。

（二）品牌价值观共创

这种方式目前还比较少见，但其实是一种富有创新性的方式，它通过消费

① 视频见 https://v.qq.com/x/page/e3242llp2ld.html。
② 视频见 https://v.qq.com/x/page/i0343vasllt.html。

者参与讨论或者价值观搜集，找到彼此能形成共识和认同的价值观作为品牌的核心价值观，从品牌诞生就和消费者建立共生关系。

（三）沟通价值共创

沟通价值共创就是消费者与品牌在沟通活动中共同创造出价值意义。星巴克在 Instagram 上有着几千万张照片索引，全都是顾客自发贴图，没有一张是花了钱的广告，消费者在感受彼此中共创品牌叙事意义。

韩国星巴克在"世界地球日"推出一项活动，购买咖啡会随杯附赠一包种子和混合了咖啡残渣的种植土，并可通过扫码获得详细的种植教程。这个具有环保理念的小玩法立即吸引了大批顾客，之后在全球 51 个国家推行，最终有数亿消费者参与，并有大量照片自发在网络上晒出，表达自己是可爱、时尚的环保达人。星巴克几乎没在大众媒体做过广告，但却构筑出一个体验独特的咖啡品牌世界。通过社会营销方式将消费者卷入公益活动中来，也是一种基于社会价值的价值共创。

2016 年欧洲冠军联赛决赛前，喜力啤酒给到餐厅吃饭的男性球迷及其女朋友分别送上欧冠决赛的邀请和水疗门票。不过当男球迷们用心哄骗女朋友去做水疗，自己欢天喜地参加喜力欧冠派对时，女朋友们却也去了欧冠比赛现场，正要开始狂欢的男球迷们纷纷傻了眼。其实这是喜力对男球迷们进行的测试，希望他们不要有性别偏见，说不定女朋友也可以喜欢看足球，最终还送上了下一年欧冠的双人门票。消费者在参与这一"惊喜"事件中共同完成了"不要有性别偏见"这一意义共创。

迪赛尔通过招募网站寻找正在发生的愚蠢行为，用于 2010 年 MV 的创作，并以白色条纹乐队（The White Stripes）所唱的《七国军》（*Seven nation army*）作为集体愚人的立誓宣言。

三星 Galaxy 手机 2020 年在韩国开展了"Galaxy to go"的活动，让年轻消费者体验新款手机后自己拍摄广告上传至社交媒体。活动不仅让更多的人能接触到新产品，还能在广告中表现日常感，让消费者倍感熟悉亲切。

（四）销售价值共创

即消费者参与销售。星巴克存在许多隐藏菜单，消费者经常可以在网上看到其他消费者发的不同的隐藏配方，甚至有许多其实是消费者自己琢磨出来的比较好喝的配方。而这样的"隐藏款""自订制配方""小众喝法""高阶版"大多会在网上流行，让更多消费者看到并到店购买同款。一些消费者还从中研究出了更加贴合现代消费者心理的"低卡隐藏菜单""季节限定"等。

Supreme 保持产品的稀缺性，其产品在二手市场上的售价会高出原价很多倍，刺激消费者从买家转变为卖家。但一手市场的 Supreme 价格却没有上涨，促使买卖生态圈持续发展，扩大了 Supreme 的市场规模。

达美乐披萨为了吸引更多人成为常客计划会员，自 2015 年 9 月起每月会从新加入常客计划的会员里抽选出 25 人，送出 10 股的公司股票。以 2015 年 12 月 9 日的开盘价为例，10 股相当于 1 677.3 美元。对于那些"常客计划"的老会员，则邀请他们在 Instagram、Twitter 等社交媒体参加摄影大赛，主题非常直接明了：表达对于达美乐披萨的热爱。之后达美乐会选出 50 位参加者，每人送出一张一万美元的支票。除此之外，达美乐还给所有幸运儿送出一款高级披萨盒：烫金红色皮质外盒，里面有一张吃货表彰证书和一把 24K 纯金披萨刀。这项活动虽然总成本超过 100 万美元，但回报也是丰厚的，直接刺激了达美乐披萨的股价和市场规模。

澳大利亚达美乐披萨推出了一个众包 App，消费者在上面可以设计自己喜欢的披萨，并为披萨命名，之后再分享给好友，邀请他们来购买试吃。只要披萨销售出去，那么设计者就可以从中收取一定的费用。这一过程使生产、沟通到销售都实现了共创。[①]

四、作为叙事对象的目标消费者

拉比诺维茨（Peter J. Rabinowitz）将读者分为四个维度：有血有肉的个体读者，其对作品的反应受自己的社会身份和生活经历的影响；作者的读者，处于与作者相对应的接受位置，对作品人物的虚构性有清醒的认识；叙述读者，处于与叙述者相对应的接受位置，认为人物和事件是真实的；理想的叙述读者，即叙述者心目中的理想读者，完全相信叙述者的言辞。[②] 这对品牌叙

---

① 视频见：https://v.qq.com/x/page/o32502xzvod.html。

② RABINOWITZ P. Truth in Fiction：A Reexamination of Audiences [J]. Critical Inquiry，1977：121-141；RABINOWITZ P. Before Reading [M]. Ithaca：Cornell Univ. Press，1987.

事的启示是，因为个体认知、情感的不同，其对目标消费者的影响可以分层次、分强弱地进行，先影响理想的消费者，然后再通过他们创新扩散至其他目标消费者。

修辞叙事学的代表人物詹姆斯·费伦认为，叙事阅读是一项多层次的活动，涉及读者的知识、情感、意识形态和伦理等方面。他借鉴拉比诺维茨的相关理论，将读者分为"叙事的读者""作者的读者"和"实际的读者"三个阅读位置①，读者不同，其位置与叙事的交流方式也不同："叙事的读者"将叙事世界视为真实存在，"作者的读者"能充分意识到叙事的虚构性和修辞性，而"实际的读者"则会与"作者的读者"进行对话。基于此，费伦描写了修辞阅读的两个步骤：第一步是"作者的读者"的阅读，第二步是"实际的读者"和"作者的读者"的对话。在这里，费伦认为，读者面对叙事时首先会自动进入"作者的读者"位置，努力和"隐含作者"进行交流，他在阅读时拥有"双重意识"（double consciousness），既将叙事视为"真实的"，同时也将其视为"虚构的"：只有将叙事视为"真实的"，读者才能融入叙事世界中；只有将叙事视为"虚构的"，读者才能讨论其修辞性。②

斯多克维尔（P. Stockwell）在其《认知诗学入门》中将文学阅读过程描述成"指示转移"的过程。他认为，文学文本世界由多个构筑在"人物、叙述者或受述者周围"的指示场组成。读者在阅读时，必须从现实世界转移到文本中的叙事者或人物的"指示场"，并在文本建构的各种"指示场"中不停转移，最终再从文本的"指示场"回到现实世界，而读者发现和识别文本的"反讽"意义正是通过这最后一步才能实现。③

从叙事学对读者划分的逻辑和对读者阅读过程的分析可以看出，品牌叙事需要将消费者从现实世界转移到品牌故事世界中，再从故事世界回到现实世界，即在故事世界中发现和识别了品牌价值观的意义后，再回到现实中指导生活。

---

① RABINOWITZ P Truth in Fiction：A Reexamination of Audiences ［J］. Critical Inquiry，1977 (4)：121‑141.

② PHELAN J. Reading People，Reading Plots：Character，Progression，and the Interpretation of Narrative ［M］. Chicago and London：The University of Chicago Press，1989：8.

③ STOCKWELL P. Cognitive Poetics：An Introduction ［M］. London and New York：Rout ledge，2002：46‑48.

五、目标消费者的调整

目标消费者是一个动态调整的过程，例如以年龄定位目标市场的品牌，终究当下的消费者都会老去；或者因为环境变化、产品自身调整等都需进行目标消费者的调整。目标消费者在社会情境变化或品牌延伸需求下可以延伸。例如，哈雷·戴维森摩托车的拥趸一直是桀骜不驯、崇尚自我的人，后来随着嬉皮士文化的消失，哈雷·戴维森将目标消费者延伸至白领男性。耐克也推出女性系列、儿童系列，其"别叫我宝贝"为主题的广告是孩子向独立迈进的宣言。①喜力啤酒近年来将目标消费者由男性向女性延伸。在以女性为主角的广告片《英雄大搜捕》中女性吐槽心目中的男神难觅，横眉冷对以往以男性为主角的故事世界。②

另外潜在目标消费者也需纳入目标体系。2020年宝马汽车在哔哩哔哩投放了一则拼接语言和波普风格的广告，清奇有趣地讲述了宝马的发展历史，用"Z世代"喜欢的方式沟通，突破了现有目标消费者圈层。③"世代"是当下一种重要的消费者划分方式。威廉·斯特劳斯（William Strauss）和尼尔·豪（Neil Howe）认为，世代即一个群体，长度大约等于一个生命阶段，其界限由同龄个性（peer personality）来界定。④出生于同一历史时期的人经历过共同的社会、政治、经济、文化环境，会具有相似的观点和行为，这一同时期群体可称为一个世代，代表着有一定共性的消费群体。寻求纳入不同世代的消费者，也是当前目标消费者调整的一种趋势。

第六节　感官识别

感官识别是指由视觉、听觉、嗅觉、味觉、触觉所构成的品牌识别体系。大众传播时代媒介与人的分离使得品牌沟通依赖视觉和听觉沟通，注重商品形

---

① 视频见：https://v.qq.com/x/page/k06610rb1kk.html；https://v.qq.com/x/page/n0661xlxcu3.html。
② 视频见：https://v.qq.com/x/page/z0306kk5ep2.html。以年轻男性为主角的广告片视频见：https://v.qq.com/x/page/m0146lgf3tu.html。
③ 视频见：https://v.qq.com/x/page/r3206txumgo.html。
④ STRAUSS W，HOWE N. America's 13th Generation［N］. New York Times，1991（23）.

状、颜色、logo 等视觉识别，最多加上听觉识别。但智能技术的成熟使得嗅觉、味觉、触觉识别成为可能。未来的品牌叙事一定是五感的立体化沟通，而品牌识别将从五感寻求创新。

一、感觉世界和感官识别

感觉世界是由我们四周不断变化着的事件或刺激以及我们或人以外的动物对它们做出反应两方面所构成的，它是以永远变化着的一系列光、色、形、声、味、气息和触感为其特征的。但只有那些被我们感知到并对它们做出了反应的事物，才可以说是进入了我们的感觉世界。所以，"感觉世界就是感觉和知觉的世界。感觉即将感觉到的信息（即环境中变化着的信息）传达到脑的手段。感觉信息一经感觉器官传达到脑，知觉就随之产生。知觉是人对传入的刺激的注意和从种种刺激中绅绎出信息能力的警觉，知觉可以看成是信息处理的同义词"①。通常，感觉和眼、耳、鼻、舌、身等感官联系在一起，而知觉则涉及大脑中的一整套知觉系统，和"意"联系到一起。感觉和知觉如影随形、不可分离，所以一般用"感知"指代。感觉和知觉的关系就像是一个连通器：眼、耳、鼻、舌、身等感觉器官和大脑中的知觉系统连通在一起。佛经中的"六根互用"和创作中的"通感"就是基于感觉和知觉的关系提出的概念。

感官识别就是对感觉世界的识别反应，消费者通过视觉、听觉、嗅觉、味觉、触觉认知品牌特性。品牌的感官识别要能体现品牌故事世界的特点，要能够与品牌叙事八芒星轮盘中的某些要素有所呼应，让消费者能够轻松识别、接受、理解和喜爱。品牌识别要和故事世界融为一体，与叙事体系中的各要素有关联性。

二、视觉识别

亚里士多德有一句名言"一切源于眼睛"，心理学研究也表明人对图形具有非常强的记忆力，因为图形由比较复杂的各种元素构成，比文字具有更高的区分度，总能传达出一些新的暗示信息。品牌视觉识别包括命名、标志、字体、

---

① 贝纳特. 感觉世界：感觉和知觉导论 [M]. 旦明，译. 北京：科学出版社，1985：1.

颜色等。

（一）品牌命名和品牌标志

好的品牌命名和品牌标志不仅能因独特而吸引注意，还能传递品牌的核心价值观。与消费者直接接触的命名和标志就能映射品牌故事世界的特性，这无疑是与消费者最直接、最省钱的沟通界面。乐高（LEGO）是丹麦字"Leg Godt"的缩写，意思是"玩得痛快"，它的品牌价值观就是寓教于乐。"星巴克"这一名字来自美国文坛大师赫尔曼·梅尔维尔的小说《白鲸》中的大副斯达巴克（Starbuck）的名字，这位处事冷静、不断思索生命意义、极富冒险精神的大副的嗜好就是喝咖啡，而且这个名字能让人联想到海洋的浪漫和航海经商的早期传统。该品牌的美人鱼标志源自古希腊神话的海妖塞壬，神秘、美丽，具有极大的诱惑力。思科公司（Cisico）的标志从该公司所在城市旧金山的金门大桥中汲取灵感，并象征着过去与未来的联系，蕴含了品牌故事世界的核心。亚马逊公司（Amazon）的标志有一条黄色曲线箭头从单词 amazon 的字母"a"一直跨越到字母"z"，表达了亚马逊能提供多样性的平台功能利益。英国石油公司 BP（British P）配合品牌叙事的调整，将品牌标志改为太阳形状，代表太阳的能量，绿色的底色代表环保（见图 3-11）。BP 作为全球领先的石油能源公司，在地球变暖的背景下，将公司战略从石油领域转向太阳能和替代能源，使命也调整为"为人类和地球重新构想能源"。

扫码观看
高清彩图

图 3-11　英国石油公司 BP 品牌标志

苹果公司被咬了一口的苹果标志，形象地再现了旧约圣经的基本故事，对知识树的果实咬下的第一口是人类最大的反叛举动，而这也正是苹果的品牌核心价值观——Think different，崇尚自由，抗拒服从，崇尚创新思维，抗拒墨守成规，正如在苹果《1984》广告片中所昭示的那样，摧毁象征 IBM 专职权威的老大哥，从而获得思想的解放。

Johnnie Walker（尊尼获加）的标志是一个行走的绅士，其品牌核心价值观是"Keep walking"（永远向前），从外及内的统一让叙事富有效率。

万事达卡红黄两个交叉重叠的圆通过基于品牌核心价值观"Believe in Experiences"（相信体验）的创意诠释，让这个 logo 深入人心，并与品牌核心价值观建立了关联（见图 3 - 12）。

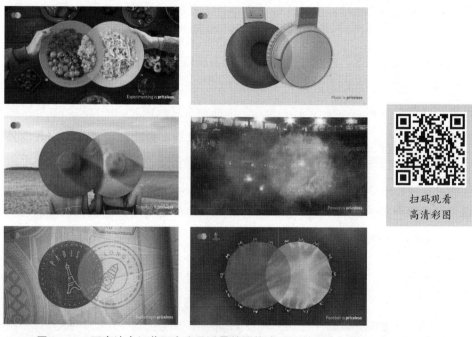

扫码观看
高清彩图

图 3 - 12　万事达卡红黄两个交叉重叠的圆构成 logo 标记

（二）颜色

识别体系中的色彩也可成为故事的一部分。例如 BP 更换后的标志主体色是绿色，就体现了开发绿色能源的战略转向。爱马仕（Hermes，见图 3 - 13）的橙色，高调艳丽之中又涌动着张扬活力，时尚奢华中透露出充分的自信。因此，许多人都分不清是因为这抹橙色而爱上了爱马仕，还是因为爱马仕爱上了这抹橙色。

扫码观看
高清彩图

图 3-13　爱马仕的橙色

　　东方以红色代表喜庆，西方传统婚礼则以蓝色作为幸福的象征，这是源于19 世纪蓝色品相的绿松石广泛流行于西方，在维多利亚时期深受新娘喜爱。蒂芙尼（Tiffany）所选定的蓝色有一个美好的名字叫做 Robin's egg blue（知更鸟蛋蓝），因为在西方知更鸟代表着幸福（见图 3-14）。

扫码观看
高清彩图

图 3-14　蒂芙尼的知更鸟蛋蓝

　　因此在商品设计之初，就应该用独特的主体色形成视觉差异，同时设计好与品牌故事世界的关联。

三、听觉识别

　　听觉识别是指通过听觉刺激传达品牌的特征。中国古代用特殊腔调沿街叫卖是最早的听觉营销识别。声音可以在 0.05 秒内传到大脑，瞬间带来特殊的心境和回忆，具有惊人的力量。根据心理学上的联觉效应，人的感官是相通的，通过听觉可以刺激联想，产生情感体验。听觉识别可以分为语音类、音乐类和音效类。听觉识别要与品牌故事世界关联。

三星各系列产品中所植入的以 The Voyage、Over the Horizon、Beyond the Horizon 命名的主题提示音，就能带来大胆、现代、有趣的感觉，展现了品牌故事世界的特点。

当打开电脑，你可能会听到英特尔独特的开机音效。出身电子乐团的沃尔特·威尔佐瓦（Walter Werzowa）认为英特尔的产品广告音效要能传达品牌可靠、创新的感觉，给人以信任。刺激他灵感迸发并写下第一个音符的，正是 "Intel Inside"（内含英特尔）这个口号。之后他花了大量时间来研究编排那五个音符，每一个音符都用木琴、马林巴琴等多种乐器合成，于是我们听到了"灯，等灯等灯"的声音。

1992 年，诺基亚将一段音乐置于一则电视广告中，1994 年诺基亚 2110 面世时选取了其中的一小段作为铃声，这段旋律正式以 Nokia Tune 的名字流传。此后，诺基亚将这段经典旋律作为品牌模因，广泛内置于每一部诺基亚手机中作为识别铃声。除此之外，它还频繁出现在《特务 A》《真爱至上》等影视作品当中，甚至在《杀死比尔》中成为情节元素。1999—2000 年间，诺基亚经典铃声被欧盟、美国及芬兰的商标管理机构接受为注册商标。

苹果 Mac "咚"的开机声一度采用的是被苹果工程师修改过的版本，乔布斯在 1997 年回归苹果后恢复使用原版，才使得这一声音成为经典。2012 年，苹果为这个"咚"的开机声注册了商标。但这个用来提示用户电脑系统工作正常的提示音，在伴随了苹果笔记本将近 20 年之后，却在 2016 年的新 MacBook Pro 中消失了，原因是有部分人投诉，在教室、会议室等公共场所开机时，这个开机声会带来满场的尴尬。不过，这并不代表讲究极致的苹果要放弃强有力的声音记忆。除了标志性的 Mac 开机声，在 iPhone 邮件发送成功后，苹果会在手机屏幕右上方设置飞机图标，而且伴有飞机飞翔而过的声音，这一特征也成了苹果公司独享的专利。

Visa（维萨）推出多重感官识别，以动画、声音和触感振动的方式来表现品牌的特点。在经过了包含焦点小组讨论和多轮淘汰等大范围的创作和筛选程序之后，Visa 锁定了一种"活力四射"和"积极乐观"的声音。这段不超过 1 秒、由两个音节组成的音效，被应用在刷卡、手机支付、智能手表支付、语音购物等万事达卡的消费场景里。Visa 的首席营销官在一份声明中说，"声音为我们的品牌标识增添了一个强大的新维度"。加上与之相辅相成的动画和触感振动，其感官识别非常独特。①

Zippo（芝宝）打火机在 2018 年为其标志性的开闭声音拿到了注册商标。Zippo 打火机活跃在《X 战警》《夺宝奇兵》等 2 000 多部电影、电视剧、舞台剧中，而它的标志性的声效俨然成为流行文化的一部分。Zippo 也围绕着新获得的声效商标推出了一系列以 ASMR② 的短片为核心的营销活动，试图取悦观众的耳朵。比如，在经典的开闭声音外，还可以用手敲击外壳、刮擦等制造更多的声效。

经过四年申请、两次驳回、两场诉讼后，腾讯 QQ 才在 2018 年拿到了"嘀嘀嘀嘀嘀嘀"的声音商标，这也是国内首个经司法确认的声音商标。

四、嗅觉识别

嗅觉是人类感官中最为精致的部分，人类能识别并记住 10 000 多种气味。当气味分子接触到鼻腔黏膜上的嗅觉感受器时，所引发的神经冲动将嗅觉信息传递到位于大脑边缘系统的嗅球。③ 有研究认为，嗅觉冲动比起视觉的和听觉的信息，能够以更短更直接的路线到达大脑半球，这样嗅觉就能比其他感官系统更快地在更多的脑区域进行交换。④ 所以嗅觉感知的途径既短又单纯，记忆也较为持久。同时，气味是一种物质粒子，它会影响生物体（包括人类）的生理和心理⑤，进而影响人们的情感和喜好。嗅觉是人类最敏锐的感官之一，并能引起"感官联想"，产生情感。而嗅觉记忆的高精准度很容易形成认知差异，非常有利于品牌识别。

有研究显示，企业传播活动中有 83％依靠视觉进行传达，虽然气味影响着人们每天 75％的日常生活的情感反应，但有意识地运用嗅觉来传达信息的案例

---

① 视频见：https://v. qq. com/x/page/d0837a4jo5p. html。
② 即自发性知觉高潮反应（automous sensory meridian response，ASMR），又称颅内高潮。
③ 帕克. 人体：人体结构、功能与疾病图解［M］. 左焕琛，主译. 上海：上海科学技术出版社，2008.
④ 恩格. 气味记忆为何长久不衰［J］. 施华芸，译. 陕西师范大学学报（自然科学版），1981（Z1）：357 - 358.
⑤ 戈拜. 情感化的品牌［M］. 王毅，等译. 上海：上海人民美术出版社，2003.

仅占 2%，嗅觉是一直被低估的人类感官。①

嗅觉标识指以气味作为标识符号，使消费者能够通过气味来辨识不同的产品或服务。嗅觉标识使某个品牌存储在消费者的记忆中，以一种无形的印记长期影响消费者对该品牌的产品或服务的感知。② 嗅觉识别能为品牌故事世界增添独特的魅力。

乘坐新加坡航空公司的班机可感受到一种特殊香味，它们来自新航空姐身上的香水味、热毛巾上的香水味以及整个机舱的各个角落……这种名为"史蒂芬佛罗里达水"（Stefan Floridian Waters）的特制香味已成为新航的专利香味，它是新加坡航空公司形象的一部分，已经被注册为新加坡航空公司独一无二的商标。索尼爱立信推出过一款使用时会发出淡淡清香、让人闻了心情平静的新款手机，LG 的"巧克力"系列手机则散发出巧克力香味，三星则在店内散布清甜的蜜瓜香味……

从 2005 年 10 月开始，喜达屋（Starwood）集团就开始推广香气战略，在旗下酒店的大堂散布独特的香味，借此加深顾客对酒店的印象，成为独特的"香气名片"，令顾客难以忘怀，吸引他们再度光临。喜来登酒店大堂的香气则混合了无花果、薄荷、茉莉和小苍兰香，让人觉得宾至如归。在全球任何一家威斯汀酒店顾客所感受到的是同一种芳香，即一种高雅的白茶香，混合着天竺葵和小苍兰的味道，与香味所配合的是全球统一风格的灯光和背景音乐，这使得满世界跑的商人在任何一家威斯汀酒店都能在自己熟悉的空间和氛围中工作，使人平静、放松。福朋酒店采用的则是萃取自苹果和桂皮的香气，一闻到阵阵幽香，就会使人想起苹果派，让人感受酒店朴实的风格。

1965 年劳斯莱斯银云在气味上花了大价钱。20 世纪初劳斯莱斯在推出某款车型后收到了很多客户的抱怨，说他们的新车型不如上一代的好。后来他们发现，新款和旧款的唯一区别就是香味。旧款劳斯莱斯的内室有一种自然的气味，混合了木头、皮革、亚麻和羊毛的气味。但是根据现代的安全标准和生产技术，这些原材料被泡沫和塑料代替，劳斯莱斯只能通过人造的方法重现这种气味。

① MORRIN M，Ratneshwar S. Does it Make Sense to Use Scents to Enhance Brand Memory？[J]. Journal of Marketing Research，2003，40（1），10-25.

② ARDEN T P. Protection of Nontraditional Marks：Trademarks Rights in Sounds，Scents，Colors，Motions and Product Designs in the U. S [J]. 2006.

现在，在每辆劳斯莱斯汽车出厂之前，这种独特的气味都会被加进座椅下面，以重现经典。

三菱汽车曾在主流报纸上喷洒专属自家新品 Lancer Evo X 赛车的"新车味"，该型新车上世两周内脱销并且拉动集团销售额上涨 16%。

五、触觉识别

触觉也是重要的感官，可以帮助故事世界增加叙事元素，带来独特的创新效果。

好时（Hershey's）巧克力很早就发现，人们在剥开"好时之吻"巧克力的锡箔包装过程中会获得很多触觉的乐趣，这种乐趣让享用"好时之吻"成为一种特殊体验。

芬达汽水的瓶面布满很多小凸起，意在通过触觉加深消费者的手感和使用印象。他们便在候车亭旁的户外广告上，以瓶子的造型，加上大量小凸起，让人有一种触感，从而增加对商品本身的记忆联想。

Wholesale Wine & Spirits 申请的触摸标志专利，其描述为"葡萄酒瓶表面覆盖天鹅绒一样的纹理"。

丹麦高端电子产品公司班安欧（Bang & Olufsen）在产品设计特别是触觉上花费的心思和在音质上下的工夫一样多。该公司的集成遥控器相比较于其他品牌产品重而结实，手感深得消费者喜爱，让人觉得有"庄严感"。

当前，AR 增强现实技术为触觉识别提供了新的应用可能，戴上触觉手套就能在虚拟世界感知商品的手感，品牌识别将迎来颠覆性的时代。

味觉识别主要在食品领域发挥作用，这里就不展开讨论。不过 VR（虚拟现实）、AR、MR（混合现实）技术通过融合物理世界与虚拟世界，勾连现实中的味觉与虚拟中的视觉听觉体，组合出新的感官体验，这也是智能技术时代品牌叙事的新手段。

围绕品牌故事世界构建，系统设计感官识别，会让消费者注意、产生兴趣与欲望及记忆过程浓缩，效果强烈。星巴克通过咖啡的香味强化消费者的嗅觉记忆，通过播放自主研发的音乐，营造轻松、舒适的空间。与诸如麦当劳之类高度强调 VI 的连锁店不同，星巴克根据环境特征，门店内外装饰都强调个性化，尽量融入建筑环境中，如上海城隍庙旁的门店外观就是一座具有时代感的庙，而选址在黄浦江边的门店则采用了花园玻璃帷幕等设计。

第七节　功能利益

功能利益和情感利益是消费者从品牌消费中获得的一组价值。功能利益是品牌叙事的有机组成部分，通常会有两种认识误区：一种认为品牌就是功能独特和品质优秀的产品，一种认为品牌就是纯粹的情感附加价值。但作为商品和消费者关系总和的品牌，其叙事离不开消费者的功能体验和情感体验。所以品牌故事世界要有功能利益这个小世界作为重要支撑。同时，功能利益需要与其他要素有机关联，共同支撑品牌故事世界。

一、中心说服路径和边缘说服路径

心理学家派蒂（Richard E. Pety）和卡乔鲍（John T. Cacioppo）在 20 世纪80 年代提出了一个影响态度改变的理论，即精细加工可能性模型（the elaboration likelihood model，ELM），该模型将受众的态度改变分为中心路径（central route）和边缘路径（peripheral route）。中心路径指个体通过详细的认知加工过程，仔细审查信息论据和其他相关线索，即个体进行思考的可能性比较高；边缘路径则指认知的改变是通过便捷、快速的路径发生的。[①]

当消费者有足够的动机和信息处理能力时，则会采用中心路径处理信息，例如事实搜索、逻辑思考等；当消费者缺乏处理信息的动机和能力时，则采用边缘路径，例如感官刺激、明星代言、情感唤起等。从这个角度说，品牌需要从功能利益和情感利益两大部分给消费者提供信息素材。

二、功能利益

功能利益指消费者从商品中获得的功能价值。一个品牌所提供的功能利益

---

① PETY R E, CACIOPPO J T, SCHUMANN D. Central and Peripheral Routes to Advertising Efectiveness: The Moderating Role of Involvement [J]. The Journal of Consumer Research, 1983, 10 (2), 135-146.

应该是独特的，或者是别人没有提出过的，即满足 USP（unique selling point，独特的销售主张）的条件。例如，7-11 连锁店提供便利，宝马汽车提供终极驾驶体验，沃尔沃汽车提供安全，佳洁士提供牙齿健康，海飞丝提供去头屑，沃尔玛提供省钱省心好生活的商品。但是再独特的功能利益也容易被竞争者替代，可是如果功能利益与品牌故事世界融为一体，配合情感利益、个性等元素，就能作为品牌故事世界的有机构成屹立于消费者心中。

三、功能利益在品牌故事世界中的关联

功能利益要与价值观、情感利益、个性产生关联，才能让品牌故事世界有机运作。

（一）功能利益与价值观关联

功能利益要与品牌核心价值观关联，这样才能在每一次与消费者沟通时激活品牌，在品牌叙事体系中形成有机合力。

IBM 的品牌叙事侧重功能利益诉求，将其领先的科技能力作为最重要的品牌基石。20 世纪 90 年代享誉全球的"无论是一小步，还是一大步，总是带动世界的脚步"刻画出了 IBM 的行业领袖形象。IBM 在诉求功能利益时不忘紧扣品牌价值观。例如，"Smart loves problems"（智者乐见困难）系列广告片在表达 IBM 如何将智慧科技用于推动社会进步时，也是紧扣"Let's put smart to work"（将智慧注入工作）这一延伸价值的。[1]

当 IBM 诉求自身在人工智能领域的领先优势时，与"无限可能""共驭混合之势"的延伸价值相呼应。IBM 通过员工讲述其在中国致力于科技服务社会的理念，传达了"科技向善"的延伸价值。此外还有"停止空谈，开始工作""什么让你与众不同""让我们共建智慧的地球"等主题，通过创作一些避雨、暂坐、上坡的小装置（见图 3-15），IBM 传达了"智慧创意点亮智慧城市"的延伸价值观。

（二）功能利益与情感利益关联

功能利益要和情感利益一起统合于核心价值观之下，例如"农夫山泉有点

---

[1] 视频见：https://www.bilibili.com/video/BV1TJ411M7kZ? t＝236.0；https://www.bilibili.com/video/BV1Ms411w7mH? t＝3.7。

图 3 - 15　IBM 创作的避雨、暂坐、上坡的小装置

甜"中的一个"甜"字就蕴含着功能利益和情感利益，但农夫山泉至今还缺乏一个基于哲学层面的核心价值观。

（三）功能利益与个性关联

功能利益要与品牌的个性风格相吻合。例如，无印良品的产品就是提供简约、舒适的功能利益，与其自然主义的品牌个性相吻合，与其追求本真的品牌故事世界相一致。

四、功能利益创新要融入故事世界

产品分为核心产品、附加产品和延伸产品三个层次，相应地，产品功能可分为核心功能、附加功能和延伸功能。功能利益要洞察到消费者深层次的需求，而不是表面的需求。星巴克在核心功能上将卖咖啡转化为一个为消费者提供舒适、有范、充满香醇咖啡味的场所，让人们将星巴克当成家和公司之外的第三个去处。

星巴克通过新技术改善顾客体验，2008 年推出 My Starbucks Idea 网站，通过互联网搜集用户意见，改善服务，增强顾客体验。它还推出移动 App，结合奖励计划（也即 Social CRM）、POS 系统、预付卡、移动支付等功能，给予消费者快速、方便的体验，所产生的数据也非常珍贵。

维珍航空的服务与其追求乐趣、创新的故事世界相吻合。维珍在候机室开辟了一块场地，里面可以淋浴、小憩，还配有按摩师、美容师；航班为头等舱乘客在终点准备了手工缝制的衬衫；乘客甚至还可以选择特别窗口像把汽车开进麦当劳餐厅那样的方便地登机。

宝马 M4 GTS 推出一则《久违了，李小龙》的广告片，将宝马汽车追求极致的产品哲学和李小龙执着的武学探索进行了嫁接，在意象上表达了产品功能。

五、功能利益表达的原则

首先，功能利益点的表达要遵从共情原则。例如 Discover Card（发现卡）的一则电视广告为消费者给客服打电话，结果接电话的人居然和他们一模一样，意即要站在对方的角度思考问题。

其次，功能利益点的表达要有故事性。苹果电脑 2006—2009 年间开展了"来个苹果机"的营销传播活动，将苹果电脑（一个着休闲装的男人饰演）与普通 PC（一个穿西装革履的男人饰演）进行比较，拍成 66 个 30 秒的小故事，在每个故事中，两台"电脑"之间产生矛盾，然后经过反转，最终苹果电脑完胜。

丰田旗下的新车型 AYGO，其中一个卖点就是大天窗。为了强调这个天窗，丰田在欧洲地区推出了一个叫"看看天气预报员报得准不准"的活动，活动分别在米兰、布鲁塞尔、马德里开展，与当地的知名天气播报员合作，免费为他们提供汽车开，但是汽车的天窗是根据预报员自己的天气预报决定开或是关的。另外，营销人员还为他们准备了每天对应天气的服饰，车内的摄像头会记录所有的一切。因为天气预报常常不准，这些预报员就常会"遭遇不测"了。这个恶搞的故事一定让人记住了大天窗，并且在品牌故事世界里增添了富有个性的一笔。[①]

寄居蟹，顾名思义，是通过蚕食海洋软体动物，将它们的贝壳霸占为自己的栖居屋。日本最大的房产网站 SUUMO 以援助海洋软体"弱势群体"的名义，用以淀粉为主的有机材料为寄居蟹设计了一款舒适的"房屋"。与狭小的贝壳相比，寄居蟹更愿意搬进新"房子"。在精准表达了自身服务功能优势的同

---

① 视频见：https://v.qq.com/x/page/o3245e1itqr.html。

时，这个活动为品牌故事世界增添了趣味和鲜活的生命力。①

宝马汽车在一个大厅铺上大面积的曲线图案，给人造成凸凹不平的感觉，并在上面印有一句文案：顺滑驾乘，即使在不平的地面。这一创意原来是在展现宝马汽车的平稳驾驶功能。②

最后，功能利益点的表达要有互动性。如果能让消费者卷入活动，通过互动认知商品或服务的功能，则效果更好。巴拉圭汉堡王在新冠肺炎疫情期间因为政府严格的防疫隔离措施不允许堂食，于是将业务重心转移到外卖，它根据送货范围推出一系列地形图，邀请消费者在地形图上创作，最具创意的作品将获得奖励。这个活动让消费者在体验快乐和获得价值的同时，又熟悉了汉堡王每家店的送货范围。③

第八节　事实

在功能利益点的诉求中，叙事要形成"因为……所以……"的说服逻辑闭环，通过对客观因素的展示取得消费者的信任。这些事实因素可分为直接因素和间接因素。直接因素如产品层面的成分、技术、工艺和产地等，企业层面的历史、成就和理念等。间接因素如口碑、推荐和证言等。

一、品牌信任

事实的提供是为了获得消费者对品牌的信任。A. 乔杜里（A. Chaudhuri）和 M. B. 霍尔布鲁克（M. B. Holbrook）将品牌信任定义为"大多数消费者相信品牌具备履行其承诺的能力"④。可见品牌信任由两个部分构成：可信度和专业性。可信度是指消费者对品牌提供优质产品、服务的信心。专业性是指品牌履行承诺的专业能力。库尔特（Coulter）等认为信任与真诚性等相关联。⑤ 所

---

① 视频见：https://v.qq.com/x/page/q0190l4gok5.html。
② 视频见：https://v.qq.com/x/page/r3237e2yf0u.html。
③ 视频见：https://v.qq.com/x/page/o3119my0ffq.html。
④ CHAUDHURI A, Holbrook M B. The Chain of Effects from Brand Trust and Brand Affect to Brand Performance [J]. The Role of Brand Loyalty, 2001.
⑤ COULTER K S, Coulter R A. Determinants of Trust in a Service Provider: The Moderating role of Length of Relationship [J]. Journal of Service Marketing, 2002 (16): 35-50.

以，在品牌叙事中，秉持可信度和专业性是赢得消费者信任的关键。

另外，事实要能体现品牌核心价值观，要与功能利益、情感利益和个性等元素有机协同于品牌故事世界中。

二、历史事实

历史是厚重的功能利益和情感利益的支撑，如果品牌历史足够悠久的话，可以向消费者传达出竞争者只是一位模仿者的意思。例如，李维斯牛仔裤在每一个口袋上都印着"源自 1873 年"，表明其生产出世界上第一条牛仔裤的历史地位。可口可乐则不厌其烦地用其"神秘配方"的故事向消费者传递一个信息：可口可乐作为可乐鼻祖，不含防腐剂和人工香料。产品的起源、发展、传承、创始人或原产地都是历史事实。

杰克丹尼（Jack Daniel's）威士忌推出一款 AR 应用，用手机扫描瓶子标签，就会弹出一系列书籍式立体模型，让消费者走入杰克丹尼酿酒厂的虚拟旅程，在独特的视觉体验中感受品牌 150 年悠久的历史、酒的酿造过程和创始人杰克·丹尼的故事，内容超过 10 分钟。[①]

三、生产事实

产地、工艺、原料等生产事实，可以创造性地融入品牌故事世界。

喜力啤酒的故事世界里除了个性和情感利益，还离不开事实和功能利益。喜力啤酒用的是来自 4 000 英尺地下的纯水；酿酒的酵母经过 1 018 次试验，风味独特；酒瓶经过 4 次高温消毒……这些都是喜力啤酒在品牌叙事中对事实的借力。当喜力啤酒告诉消费者它是世界上第一种精酿啤酒时，这款家喻户晓的品牌又令消费者刮目相看。

百威啤酒也在各大品牌纷纷以自己悠久的历史传承和产品故事争取消费者的时候推出了《来之不易》（*Born the hard way*）的广告，展示了其啤酒酿造者以及酿造原料。

具备高附加值的爱马仕如果离开了殿堂级的品质追求，则无法成为奢侈品中的王者。爱马仕所选用的产品原料都极为稀有，有马来西亚的蜥蜴皮，有桑

---

① 视频见：https://v.qq.com/x/page/j08672v5rfi.html。

树蚕的蚕丝。其工艺不仅耗时，且都是由资深工匠手工制作。对传世手工技术的挚爱成为爱马仕叙事里最硬核的部分，甚至超越了感性利益部分，使得品牌历经170多年而声誉愈隆。

星巴克在与上游咖农和下游消费者之间践行核心价值观。首先，星巴克原材料选用的是等级较高的"阿拉比卡"咖啡豆，品质有保证。其次，制订了从采购、烘焙到前台咖啡制作的行业标准，并建立了完整的供应商数据库和评价系统，以从源头保证产品品质。最后，在全球主要咖啡产地建立"种植者支持中心"，通过溢价收购的模式，推行"道德采购"方案，保障咖农能够持续提供优质咖啡豆。

四、理念事实

理念事实就是将企业独特的经营理念展现出来，揭示品牌的价值观。1982年张瑞敏刚成为海尔首席执行官时，经营陷入困境的海尔有五分之一的库存冰箱是有缺陷的。张瑞敏把这些冰箱摆成一排，在全厂员工面前抡起大锤砸了它们，并且告诉员工，海尔再也不会容忍低劣的品质。这个故事为海尔定义了全新的战略理念，从此开启了新的征程，最终拥有了全球家电领导者的地位。

"日落原则"是沃尔玛公司的服务准则，指今日的工作必须在今日日落之前完成，对于顾客的服务要求要在当天予以满足，做到日清日结，绝不拖延。"日落原则"源于公司创始人山姆·沃尔顿的名言："你今天能够完成的工作为什么要拖到明天呢？"现在，"日落原则"已成为沃尔玛企业文化的重要部分，并受到消费者的赞赏。

关于"日落原则"有一个经典故事：一个周日的早晨，阿肯色州哈里逊沃尔玛商店的药剂师杰夫接到店里同事打来的电话，说有一个糖尿病患者顾客不小心将胰岛素扔进垃圾箱处理掉了。杰夫知道糖尿病患者如果没有胰岛素就会有生命危险，于是他立即赶到店里药房，为这位顾客重开了胰岛素。事实上，这只是公司员工实现沃尔玛所遵循的"日落原则"的众多事例之一。

五、企业员工事实

企业员工事实指通过员工的故事来体现品牌的服务能力及价值观。友邦保险在员工和代理人中发起了主题为"'真生活，真伙伴'由你成就"的一系列真实故事的分享活动，通过展现友邦员工如何敬业和尽心尽力地关怀顾客，以及友邦如何支持他们应对生活中各种高低起伏的挑战，诠释了"真生活，真伙伴"的品牌延伸价值观。

鞋子在线销售平台 zappos.com 围绕其价值观制作了一系列的故事短片。其中一个故事是 zappos.com 呼叫中心的接线员在凌晨 3 点接到消费者的电话，说自己找不到还在营业的披萨店。接线员并没有婉拒客户的"跨界"要求，而是联系到一家正在营业的披萨店为客户送去了外卖。

作为品牌拥有者，企业内部的人们共享品牌价值观和品牌愿景，是品牌最大的"主张者"和"粉丝"，他们必须把品牌的灵魂融入自己的日常工作中，若非如此，他们就不可能与外部的人们共享品牌价值，将他们发展为品牌的粉丝。将员工共创品牌的事实与消费者沟通，具有天然的感染力。

六、消费者事实

领英（LinkedIn）制作了许多一分钟故事短片，内容都是领英用户讲述的真实故事。例如，查韦斯博士告诉大家，他的梦想就是让宠物不用再吃加工食品，并通过领英分享了他的巧妙创意。珍妮在金融危机期间失去了工作，通过领英数月就建起了密切的人际网络，最终找到了一个营销的职位。这些短片诠释的主题为：借助领英"创造自己的成功"。这正是领英的功能利益和品牌价值观。

三星近年来一直在三星欧洲论坛发放主题为"重塑传统"的长达 80 页的精美纸质及数字杂志。该杂志涵盖了前沿趋势和真实的消费者故事，记录了人们在日常生活中如何与科技产品共同相处，以及关于科技未来的专家访谈内容。该杂志还被广泛用于组织内部以教育和启迪三星员工。

第九节　情感利益

功能利益很容易被竞争者所替代，所以品牌还需为消费者提供情感利益。同时，说服的边缘路径也利用了情感利益进行表达，用以构建品牌与消费者的关系。

一、品牌情感

心理学认为，情感是人对客观事物是否满足自己的需要而产生的态度体验。

扎荣茨（Zajonc）指出，当人们试图从记忆中检索某个对象（如某一个故事或一个名字）时，情感特征是第一个出现的元素。[①] 同样鲍尔（G. Bower）和福加斯（J. Forgas）的研究结果指出，情感在消费者品牌的回忆和识别中起着重要的作用。乔杜里和霍布鲁克认为品牌情感是指"消费者因其使用品牌产品而在大多数消费者中引发积极情绪的潜力"[②]。

品牌叙事的目的，其实就是让消费者在接受品牌叙事的过程中认同和接受品牌核心价值观，这一目的的达成不仅需要实现时空沉浸，更需要实现更深层面的沉浸即情感沉浸，以使消费者不仅进入、理解故事世界，还可以实现情感的唤起，从而实现对品牌价值观的体验。

二、情感利益

品牌的情感利益指消费者从品牌获得的心理满足程度，是品牌给予消费者的情感满足。用感性诉求将故事的意义包裹其中会破除消费者的疑虑，这种心理作用的根源是移情认同。一旦消费者在瞬间将自己的感觉和主角联系起来，感同身受，情感和意义就会自然地融为一体，无须多言。这一顿悟激发的愉悦体验将被消费者铭记，从这一刻起，积极的记忆在潜意识里像光环一样围绕着品牌，进而对消费者的购买决策产生影响，在消费者心中树立起具有意义的品牌形象。[③]

情感利益是品牌和消费者之间的情感纽带，能够形成消费者的品牌依恋，建立与品牌之间长久的关系。功能利益很容易被竞争对手替代或超越，如果操作得当的话情感利益却是独特的。当然，功能利益也是情感利益的保证。

情感利益还能产生品牌忠诚，以情感为纽带的品牌忠诚持续时间更长。

情感利益在品牌延伸中具有纽带作用，对品牌架构中某一子品牌的情感会

① ZAJONC R. Feeling and Thinking：Preferences Need no Inferences［J］. American Psychologist，1980，35：151-175.

② CHAUDHURI A，HOLBROOK M B. The Chain of Effects from Brand Trust and Brand Affect to Brand Performance［J］. The Role of Brand Loyalty，2001.

③ 麦基，格雷斯.故事经济学［M］.陶曚，译.天津：天津人民出版社，2021：138.

转嫁到新的子品牌上。

人类都有什么样的情感呢？沃森（D. Watson）等以情感二维理论为基础，于 1988 年制定了积极情感消极情感量表（Positive Affect and Negative Affect Scale）①，即 PANAS 量表，后成为使用最多的测量幸福感的工具。后来有学者又进行了扩充，得出 17 个积极情感体验描述词：活跃的、警觉的、专注的、坚定的、充满热情的、兴奋的、受鼓舞的、感兴趣的、自豪的、强大的、兴高采烈的、精神充沛的、欣喜的、惊讶的、欣快的、快乐的、感激的；还有 15 个消极体验描述词：害怕的、惊恐的、战战兢兢的、易怒的、敌意的、内疚的、羞愧的、难过的、苦恼的、畏惧的、轻蔑的、愤怒的、失意的、恼怒的、焦虑的。②

通过品牌叙事给予消费者的情感利益就是要让消费者获得积极的情感体验，去除消极的情感体验。

三、情感沉浸

瑞安列举了三类有助于沉浸的情感类型，按感受强度的升序排列，分别为：对人物的主观反应以及对他们行为的判断；移情式情感，即并非对自己而是对他人感受的情感；对自己而非他人感受的情感，例如害怕、惊恐、厌恶、性唤起。③

以可口可乐为例，其近年加强了情感营销的实践，力图唤起消费者的情感共鸣，通过使消费者沉浸于故事世界中，达到现实世界与虚构世界的融合，从而唤起消费者对于可口可乐的品牌价值观的体验。以 2018 年《礼物》短片的情感营销为例，可口可乐一反常态，不仅限于传递快乐情绪，更致力于去真正帮助那些需要帮助的人。可口可乐从体察消费者的生活入手，关注到身边人的苦楚，将感情融入广告中，力图引起每个观众的共鸣。广告向人们展示了那些生活在基层的劳动者们，对于他们来说努力工作带给家人更好的生活比享受圣诞节更加重要，因而会在圣诞夜晚辛勤打拼。可口可乐在圣诞节这个特殊的日子，

---

① WATSON D, CLARK L A, TELLEGEN A. Development and Validation of Brief Measures of Positive and Negative Affect：The PANAS Scales［J］. Journal of Personality and Social Psychology，1988，54（6）：1063 – 1070.

② 邱林，郑雪，王雁飞. 积极情感消极情感量表（PANAS）的修订［J］. 应用心理学，2008，14（3）：249 – 254.

③ 张新军. 数字时代的叙事学：玛丽-劳尔·瑞安叙事理论研究［M］. 成都：四川大学出版社，2017.

为这些辛苦劳动的工作者送去了下班前的一份惊喜和关怀。

可口可乐这次情感营销实现了瑞安所列举的三类有助于沉浸的情感类型中的第一类和第二类——对故事中的人物的主观反应和移情式情感。一方面,消费者对于短片中在圣诞夜仍在辛苦工作的劳动者们感到钦佩和感激;另一方面,消费者对于短片中的劳动者们的心酸以及获得可口可乐的惊喜之后的感动也感同身受。通过两个层面的情感唤起,可口可乐较好地实现了消费者的情感沉浸,因而可以认为这则广告片所传递的可口可乐"关怀"的品牌延伸价值得到消费者的共鸣。

瑞安所提出的第三种有助于沉浸的情感类型,是广告短片较难唤起的。瑞安认为,第三种即以自我为中心的情感是最难解释的,因为它影响到读者个人(或其虚构世界里的替身),要求最深入的沉浸。为探讨虚构产生自我中心情感的能力,瑞安通过调查,发现许多例子都可以解释为现实世界与虚构世界的融合。因此品牌方可以通过优化设置叙事情境、叙事时空以及叙事主体,开发更多的互动模式,然后通过品牌与消费者的互动来加强消费者的叙事沉浸,从而唤起第三类沉浸情感,加强价值体验。

四、情感利益要融入品牌故事世界

情感利益源自品牌的核心价值观和延伸价值观,当消费者感知到品牌所闪耀的意义时,情感就产生了。高露洁的品牌核心价值观是"每个人都值得拥有一个可以微笑面对的未来"。高露洁通过调研发现,在中国市场,新一代消费者更关注当下,更务实,希望让生活更美好,但因为种种原因,往往没有将热爱付诸行动,于是它将"放开笑,放手做"作为延伸价值观进行叙事。消费者从中感受到了意义和情感。

在诉诸情感利益时,如果能与功能利益相关,与品牌核心价值观呼应,则可谓达到了"上乘境界"。微软 Xbox 游戏主机一则广告用夸张的手法表现了一个人从婴儿出生到死亡的短暂时光,其"Life is short,play more"(人生苦短,及时行乐)的感性诉求与产品功能关联,让受众在看到这则夸张但诉求精准的广告片时不禁莞尔。[①]

---

① 视频见:https://v.qq.com/x/page/d0840dyqjf5.html。

三星在 2017 年了提出 "Do what you can't" 的延伸价值观。作为奥运会的正式全球合作伙伴，三星为奥运会提供全方位的技术支持，上述口号体现了三星服务每个人的生活、推动人类社会进步的功能诉求。同时，通过系列广告片也体现了三星帮助每个人实现梦想的情感诉求。

五、互动叙事产生情感利益

单向叙事能产生面向他人的情感，互动叙事则可以产生面向自我的情感，例如激动、好奇、愉快、胜利、挫败和沮丧等。万豪推出"万豪小护照"项目，让孩子们能在度假村和城市酒店中收集印戳和贴纸，然后换取冰淇淋、饼干、当地纪念品等多种奖品。这一活动加深了万豪与小消费者的感情，也诠释了万豪"Inspiring brilliance"（启迪不凡）的品牌核心价值观。

丰田汽车也面向小朋友推出过一款手机 AR 应用：当父母驾驶汽车时，坐在后面的小朋友可以同步和父母一起"开车"。

消费者不仅可以通过互动沉浸体验获得自我的情感，还可以在与其他消费者的互动中获得情感归属。

百威啤酒在 2013 年圣诞节时搞了一个活动，用户在 Twitter 上发送带有关键字＃jumpers4des 的信息，每发一条信息，线下的一台毛衣机就会跳线一次（见图 3-16），越多人发，毛衣就越快完成。其活动的目的是提倡节假日适度饮酒，特别是开车人士，并为这些特别的人送去一件温暖的毛衣。

图 3-16 百威啤酒圣诞节活动：Twitter 织毛衣

第十节 个性

品牌如同一个人，人具有性格，品牌也具有性格。品牌给予消费者的内在感知就是品牌个性，个性承载了品牌的价值观、行为风格和审美等，是品牌与品牌之间最直观的差异。所以每一个品牌都要先问一问自己"有没有个性?"。

一、性格

"性格"（personality）这个单词起源于拉丁语，首先给出其定义的是心理学家弗洛伊德（Sigmund Freud）及其创立的精神分析学派，他将性格解释为一种累积的内驱力，在长时间内具有持久性和稳定性。后期的精神分析学派学者沙利文（H. S. Sullivan）将性格进一步详细解释为一种固定的、个体与他人互动的反复发生的反应，他将这一连串反复发生的反应称为心动力（Dynamism），这种心动力在人的一生当中都具有持久性和累积性。[①]

二、经典人格模型

在心理学领域，通过多个分类维度和测量问卷[②]对人的人格状况建模，形成了几种不同的人格模型。

大五模型（Big-Five）：这是心理学中最具影响力的模型之一，由美国著名心理学家麦凯尔（McCrae）等[③]提出，被广泛用来描述人的人格。该模型通过五个维度描述人类的人格，包括开放性（openness, O）：包括艺术性、好奇心、想象力、洞察力、独创性、广泛兴趣等；尽责性（conscientiousness, C）：包括高效、有组织、有计划、可靠、负责任、彻底等；外向性（extroversion,

---

① SULLIVAN H S. The Interpersonal Theory of Psychiatry [M]. New York W. W. Norton & Company, 1953: 123.

② MATTHEWS G, DEARY I J, WHITEMAN M C. Personality Traits [M]. 2nd ed. Cambridge: Cambridge University Press, 2003.

③ KARSON S, O'DELL J W. A Guide to the Clinical Use of the 16 PF [M]. Champaign, IL: Institute for Personality & Ability Testing, 1976.

E）：包括积极、自信、精力充沛、外向、健谈等；宜人性（agreeableness，A）：包括欣赏、善良、慷慨、宽容、富有同情心、信任他人等；神经质（neuroticism，N）：焦虑、自怜、紧张、敏感、不稳定、令人担忧等。通过对五项指标的评分值进行加权求和得出五项人格因素的最终评分。

卡特尔（Cattell）16 种人格因素模型：简称 16PF，是美国伊利诺伊州立大学人格及能力测验研究所的卡特尔教授编制的用于人格检测的问卷。他用因素分析法对人格特质进行了分析，提出了一种基于人格特质的理论模型。该模型分成四层：个别特质和共同特质，表面特质和根源特质，体质特质和环境特质，动力特质、能力特质和气质特质。[1] 16 种人格因素如表 3-7 所示。

表 3-7 卡特尔 16 种人格因素

因素类型	低分特征	高分特征
因素 A 乐群性	内向、缄默、孤独	外向、热情、乐群
因素 B 聪慧性	思想迟钝，学识浅薄	聪明伶俐，富有才识
因素 C 稳定性	情绪激动不稳定	情绪稳定且成熟
因素 E 恃强性	谦逊、顺从	好强、固执
因素 F 兴奋性	严肃、冷静	轻松、兴奋
因素 G 有恒性	原则性差、做事敷衍	有恒心、做事尽责
因素 H 敢为性	做事畏缩、缺乏自信心	冒险敢为、少有顾忌
因素 I 敏感性	理智、粗心、着重现实	敏感、细心、易感情用事
因素 L 怀疑性	依赖、随和、易与人相处	怀疑、刚愎、固执己见
因素 M 幻想性	现实、合乎成规	幻想、狂放不羁
因素 N 世故性	坦诚、率直、天真	精明、圆滑、世故
因素 O 忧虑性	安详、沉着、有自信心	忧虑、抑郁、缺乏自信
因素 Q1 实验性	保守、尊重传统观念	激进、不拘于现实
因素 Q2 独立性	依赖、随群附众	当机立断、自主性强
因素 Q3 自律性	不守纪律、随心所欲	自律严谨、知己知彼
因素 Q4 紧张性	镇定自若、心平气和	手足无措、心神不宁

对被试人格的 16 种不同因素的组合做出综合性的评估，即可得到全面的人格评价。

---

[1] KARSON S, O'DELL J W. A Guide to the Clinical Use of the 16 PF [M]. Champaign, IL: Institute for Personality & Ability Testing, 1976.

另外常用的模型还有九型人格理论，它把人格的类型按照每个人的核心欲望与核心恐惧划分成三大类：情感（heart）、思维（head）、本能（body）。① 每三个大类中又分三个类型，情感三元组分为 2 号性格博爱者，3 号性格实干者，4 号性格浪漫主义者；思维三元组分为 5 号性格思考者，6 号性格怀疑论者，7 号性格享乐主义者；本能三元组又分为 8 号性格领导者，9 号性格和平主义者，1 号性格完美主义者。九型人格认为，在每一种性格中都有一个最深层次的核心欲望和核心恐惧，尽管人的欲望和恐惧似乎是无穷无尽的，但总有一层最核心的欲望和恐惧起了最重要的支配作用，就是这种恐惧和欲望决定了我们的性格。

人的性格特质是品牌性格特质的源泉，要为品牌创立一个符合品牌故事世界的个性，需要深入研究性格类型。

三、品牌个性

凯文·凯勒（Kevin L. Keller）认为品牌个性是与品牌相关联的一系列人格化特征。② 克莱恩（R. E. Kleine）等认为品牌个性是指消费者通过品牌彰显的特质或者魅力表达自我的特定维度。③ 埃斯卡拉（J. E. Escalas）和贝特曼（Bettman）认为消费者使用品牌来满足自身需求，在其自我表达和品牌形象之间形成联系。④ 由此可见品牌个性是消费者通过品牌表达自我的品牌特性，是消费者对个性的欣赏或追求在某一商品上的再现。品牌个性满足的是消费者情感性、精神性需求，所以品牌个性具有象征意义，消费者通过使用品牌来表达自我个性。

凯文·凯勒认为品牌个性是品牌形象和品牌资产的一个重要组成部分，它与品牌在消费者心目中的价值有关。蓝侬（J. Lannon）指出，独特的、令人满

---

① RISO D R, HUDSON R. Personality Types ［M］. New York：Houghton Mifflin, 1996：32 - 33.

② KELLER, KEVIN L. Conceptualizing, Measuring, and Managing Customer-Based Brand Equity ［J］. Journal of Marketing, 1993, 57 (1)：1 - 22.

③ KLEINE R E, KLEINE S S, et al. Mundane Consumption and the Self：A Social-Identity Perspective ［J］. Journal of Consumer Psychology, 1993, 2 (3), 209 - 235.

④ ESCALAS J E, BETTMAN J R. You are What They Eat：The Influence of Reference Groups on Consumers' Connections to Brands ［J］. Journal of Consumer Psychology, 2003 (13)：339 - 348.

意的、具有一致性的品牌个性可以创造和维系与消费者的稳固联系。① 品牌个性对消费忠诚度的作用机制理论来源于自我概念一致性理论。② 消费者通过经常消费的消费品的品牌个性来实现自我概念表达的功能，同时为强化自我概念，消费者更倾向于购买与自身个性一致的品牌③，且这种一致性程度越高，越容易引起消费者的情感共鸣，从而建立与品牌的联结，产生消费认同，进而促进消费忠诚度④。

所以，品牌个性作为品牌的重要构成部分，可以塑性竞争优势。消费者对品牌个性的需求在创造品牌价值和维持长期的消费者品牌关系方面有着不可替代的作用。

四、品牌个性维度

戴维·艾克的研究认为，消费者要么会选择和自己个性"相似"的品牌，要么会选择和自己个性"互补"的品牌。他的女儿詹妮弗·艾克（Jennifer Aaker）将品牌个性定义为：与品牌结合的许多人格特征。⑤ 她在研究品牌个性时，直接借用了心理学中的大五模型理论，发现美国文化背景下的品牌个性体系包括五大维度、15 个次级维度和 42 个品牌个性特征。这五大维度分别为：真诚（sincerity）、刺激（excitement）、胜任（competence）、教养（sophistication）和强壮（ruggedness）。

中国学者黄胜兵和卢泰宏在艾克的基础上，以中国本土品牌为对象，以中国消费者为调研样本，归纳出具有中国传统文化特色、适用于中国本土品牌的个性维度及量表（见表 3 - 8）。在该量表中品牌个性分为"仁、智、勇、乐、雅"五个维度，各维度下分别有多个品牌个性表达。

---

① LANNON J. Branding Essentials and the New Environment [J]. Admap, 1993 (6): 17 - 22.

② SIRGY M J. Self-Concept in Consumer Behavior: A Critical Review [J]. Journal of Consumer Research, 1982, 9 (3): 287.

③ FOURNIER S. Consumers and Their Brands: Developing Relationship Theory in Consumer Research [J]. Journal of Consumer Research, 1998, 24 (4): 343.

④ SCHOUTEN J W. Selves in Transition: Symbolic Consumption in Personal Rites of Passage and Identity Reconstruction [J]. Journal of Consumer Research, 1991, 17 (4): 412.

⑤ AAKER J L. Dimensions of Brand Personality [J]. Journal of Marketing Research, 1997 (24): 347

表 3-8   中国品牌个性维度及其特性体现

中国品牌个性维度	特性体现
仁	平和的、环保的、和谐的、仁慈的、家庭的、温馨的、经济的、正直的、有义气的、忠诚的、务实的、勤奋的
智	专业的、权威的、可信赖的、专家的、领导者、沉稳的、成熟的、负责任的、严谨的、创新的、有文化的
勇	勇敢的、威严的、果断的、动感的、奔放的、强壮的、新颖的、粗犷的
乐	欢乐的、吉祥的、乐观的、自信的、积极的、酷的、时尚的
雅	高雅的、浪漫的、有品位的、体面的、气派的、有魅力的、美丽的

心理学家荣格（Carl Jung）认为，每个人的心理都有一套原型的概念，这些原型具有共通的本质，它们作为神话的元素以不同形式和形象出现在世界各地，也是每个人自身潜意识的产物。如何开启人类潜意识里的欲望，并引发人们想要满足这些原型渴望的欲望，便是以神话原型打造深植人心品牌的要义。古希腊神话中的人物为品牌原型提供了 12 种特定的相关形象（见表 3-9）。美国学者玛格丽特·马克（Margaret Mark）和卡罗尔·皮尔森（Carol S. Pearson）将荣格品牌人格模型应用于品牌构建，认为品牌可以被划分为四大类 12 种人格。① 每种人格之下都可以找到代表性品牌（见表 3-10）。

表 3-9   12 个心理原型及代表品牌

原型意象	功能	代表品牌
创造者	发明新的事物	威廉姆斯-索诺玛
照料者	照顾他人	AT&T（美国电话电报公司）
统治者	行使统治权	美国运通
小丑	享受生活	美乐啤酒
普通人	接受现状	温迪快餐
爱人	寻找爱、给予爱	贺曼
英雄	勇往直前	耐克
规则破坏者	打破规则	哈雷·戴维森
魔法师	带来变化	Calgon 洗衣机清洁剂
天真的人	维护、重申信念	象牙香皂
探索者	保持独立	李维斯
智者	参透整个世界	奥普拉读书俱乐部

---

① 马克，皮尔森．如何让品牌直击人心［M］．北京：中信出版社，2020.

表 3－10　　　　　　　　　　品牌人格的 12 个心理原型

类别	原型-品牌示例	原型-品牌示例	原型-品牌示例
独立类	天真者-迪士尼	探索者-星巴克	智者-谷歌
掌控类	英雄-士力架	颠覆者-苹果	魔术师-万事达
从属类	普通人-宜家	爱人-香奈儿	小丑- M&M
稳定类	照料者-亨氏	创造者-乐高	统治者-奔驰

这 12 种心理原型的人格也给予我们启发，可结合具体的个性特征再将品牌细化出有区分度的个性。

另外，一个品牌的个性会浓缩此品牌创始人的个性，打上其独特的性格烙印。[①] 例如，特斯拉的未来感、新奇与埃隆·马斯克（Elon Musk）的探索型人格密切相关（九型中第五型人），维珍的独特、奇幻与创始人理查德·布兰森（Richard Branson）的离经叛道的个性密不可分（九型中第四型人），苹果的简约、唯美就源自乔布斯完美主义和偏执的性格（九型中第一型人）。

五、品牌个性塑造

和研究消费者的价值观一样，品牌只有深度研究消费者的个性，从个性一致和个性互补两个角度设计品牌的个性，才能让其在熙熙攘攘的品牌中脱颖而出。对个性的设计附着于对品牌故事世界的设计，考验品牌创立者的叙事创造能力。品牌个性塑造要遵循以下原则：

第一，品牌个性存在于品牌故事世界中，个性设计要与品牌核心价值观相呼应，例如"Just do it"这样进取的价值观如果所配的个性是温柔、随和的，则叙事逻辑就无法自洽。所以品牌个性一定要吻合品牌故事世界。维珍喜欢进入高手如云的行业和市场，这些高手包括不列颠航空、可口可乐、李维斯、不列颠铁路和斯莫诺夫酒等，且都志得意满、功成名就，对消费者的需求反应迟钝。维珍就像是挑战这些高手的后起之秀，无论来自创始人布兰森的出格行为，还是维珍所提供服务的创新性，都让消费者感觉其到勇于创新、与众不同的个性。

第二，品牌个性一定要独特，至少与竞争者相比差异显著。例如 Play Sta-

① STEPHENSON C. Rebuilding Trust：The Integral Role of Leadership in Fostering Values，Honesty and Vision [J]. Ivey Business Journal，2004：68.

tion，作为游戏主机其个性与任天堂、Xbox 都不一样，在游戏共有的刺激、冒险之外还多了怪诞和惊悚。[①] 同样是香水，迪奥（Dior）让人感到神秘、热情、性感，香奈儿（Chanel）让人感到高雅、明净；同样是快销式服装，飒拉（Zara）让人感到时尚、酷，优衣库让人感觉简约、大方；同样是汽车，丰田让人感觉朴实、可信，奔驰让人感觉尊贵、稳重。品牌个性能够快速将品牌推向消费者。

第三，品牌个性是通过品牌行为一点一点体现出来的，在品牌叙事中要随时审视每一则叙事的个性是否吻合品牌故事世界，是否与个性设计一致。许多品牌的错误就在于各种品牌沟通活动中个性的不一致，或者说缺乏个性。奥利奥 2015 年联合 10 位设计师选取 dream（梦想）、wonder（惊奇）、twist（扭动）等 10 个奥利奥个性的关键词，创作了一套插画作品（见图 3-17）。其间的未来感能够激活奥利奥童真、有趣的个性，与其品牌故事世界是一致的。

图 3-17 奥利奥插画作品

第四，需要根据现实不断激活品牌个性，通过强化一些元素或补充一些元素，帮助其个性鲜活起来。处理好个性的"变"与"不变"，偶尔有一些不一样的元素加入，能够激活品牌个性，也能让品牌性格更加立体、鲜活。例如李维斯的个性为野性、不羁。2010 年其推出的"Ready to Work"（准备好开始工作）活动是一个跨渠道的整合营销案例，引起了目标消费者的共鸣。该活动以宾夕法尼亚州的布拉多克镇为中心，讲述了该镇居民在结束了钢铁小镇的繁荣岁月后，为重建小镇所做的努力。该活动利用电视、YouTube、平面广告和其他数字渠道，以及纪录片的形式向目标市场传递信息。创始人列维·施特劳斯

---

① 视频见：https://v.qq.com/x/page/i30653nquv9.html；https://v.qq.com/x/page/t053508edum.html。

（Levi Strauss）与布拉多克镇镇长以及许多市民一起重建社区中心和城市社区农场项目，这一行为给李维斯的个性里添加了成熟稳重的元素。

这个获奖的营销活动提高了李维斯当年的销售额，并在全美范围内掀起了一场关于困难社区和美国人克服困难、重建生活的能力的对话。众多的营销渠道为这一整合营销活动的成功提供了所需的覆盖面和频率。

"二元对立"是博柏利近年探索室内与自然、保守与创新、形式与功能、过去与未来的结合的设计理念。该理念通过服装样式及广告片，在其高雅、沉稳的个性中增添了现代主义探索的元素。

个性可随着社会文化的变化适时调整。哈雷·戴维森摩托在 20 世纪 60 年代应和了"嬉皮士"文化的狂野、不羁、奔放、自由的形象；到了 20 世纪 90 年代，目标群体已延展至白领，个性中少了狂野不羁，但自由奔放并未舍弃，其中还加入了积极向上的元素。

第十一节　故事世界

品牌的存在就是品牌故事世界的存在，一定不要认为有了好产品、有了很多广告就有了品牌。没有故事世界，就没有真正意义上的品牌。

一、故事世界

故事世界是区分不同叙事文本的边界。故事世界在带给人各种经历后揭示价值观。"故事并不是对现实的逃避，而是一种载体，承载着我们去追寻现实、尽最大的努力挖掘出混乱人生的真谛。"①

按照赫尔曼对故事世界的界定，故事世界具有生态整体性，具有时间维度、空间维度和因果维度，所以故事世界是变化的。

依据符号学的三元模型（能指、所指、指涉物），玛丽-劳尔·瑞安认为，叙事是故事的文本化，是物质客体（能指），故事世界是意义（所指）；就非虚构而言，现实世界是指涉物，而虚构则没有外在指涉物，故事创造自己的世界，

---

① 麦基. 故事：材质. 结构. 风格和银幕剧作的原理［M］. 周铁东，译. 天津：天津人民出版社，2016：6.

并构成对此世界的唯一通达模式。她认为，故事世界是历经全面变化的复杂的时空总体，故事是该世界里所发生的状态变化，即事件序列之一。所以，一个世界可以有多个故事，一个故事可以有多个文本。而且故事世界是动态变化的，它不只是故事所提到的客体的一个静态容器，还是情境演化的一个动态模型，受众对它的心理表征就是对情节事件所引起的变化的一种模拟。

詹金斯认为，故事世界在跨媒介叙事中占据核心地位，跨媒介叙事必须建构一个丰富而自足的故事世界。在这个故事世界中，时空的设定、角色的经历及其之间的关系必须是稳定而自洽的。他认为跨媒介叙事必须创造一个层次丰富复杂但同时又分享着统一故事世界的不同故事的集合体。每一种媒介所侧重的故事线索不一样、故事中的主角可能不同，但都必须统一于整体故事世界。

二、品牌故事世界

品牌与品牌之间的区别就是各自故事世界的差别。从沟通层面来说，构筑品牌就是构筑品牌的故事世界。根据认知叙事学的理论观点，可以这样定义，品牌故事世界是品牌通过叙事在消费者心中所形成的心理模型。品牌故事世界有如下特性：

一是生态整体性。故事世界是对所有品牌叙事的整合，是一个叙事生态，故事世界根植于社会情境。

二是具有时间维度。时间轴上的每一次品牌叙事都构成故事世界，品牌故事世界是一个情境演化的动态模型。

三是具有空间维度。品牌叙事所展现、所利用以及所影响的空间构成品牌故事世界的空间。

四是具有因果维度。品牌故事世界中的因果关系最终以揭示品牌核心价值观为目的，所以品牌叙事中的各种叙事事件以品牌核心价值观为中心构建因果逻辑。

可以用一棵"树"来描绘品牌故事世界的生态性和时间维度、空间维度、因果维度（见图 3 - 18）。品牌叙事就像构建一棵故事世界之树，树根伸向社会情境土壤的深处，树干是核心价值观，树枝是延伸价值观，树叶是每一次品牌与消费者的创新沟通活动，即一次叙事事件，有自己的主题。每一片承载时空叙事的树叶生发出来，都是对品牌故事世界的一次描绘和激活，在时间的长河中，枝繁叶茂，树干的年轮也在一圈圈增长……

图3-18　用"树"来比拟品牌故事世界

再把品牌叙事比作在写一篇文章，中心思想就是品牌的核心价值观，段落大意是品牌的延伸价值观，句子则是每一次品牌富有创造性的沟通活动。品牌叙事就是品牌和消费者在每一次营销沟通活动中不断深化对核心价值观的认同，最终建立共同拥有的故事世界。即品牌故事世界由每一次营销沟通所形成的品牌叙事构成，每一次叙事解决的问题不一样，主题、角色、情节、行为也可能不一样，但都必须统一于整体品牌故事世界。

可从瑞安所认为的叙事性所应具备的条件进一步来看品牌故事世界的构成条件。瑞安将叙事性的条件分成时间维度、空间维度、心理维度和形式与语用维度。

空间维度：

（1）叙事必须是关于一个世界，栖居着个性化的存在物。

时间维度：

（2）该世界必须处于时间中并历经显著改变。

（3）改变必须是由非习惯性的物理事件所引起。

心理维度：

（4）事件的某些参与者必须是智能行动者，具有心理生活，并对世界的状态具有情感反应。

（5）某些事件必须是这些行动者的有目的的行动，由可识别的目标和计划所驱使。

形式与语用维度：

（6）事件序列必须形成一个统一的因果链并导向封闭。

（7）至少某些事件的发生必须被断言为故事世界的事实。

（8）故事必须向接收者表达某种意义。①

参照以上条件，品牌故事世界从空间维度看，要有明确的目标消费群体。从时间维度看，品牌故事世界的构筑是持续的动态过程，通过一次次起伏变化的创新表达激活故事世界。从心理维度看，故事世界要能激起消费者的情感反应，并且吻合消费者的动机。从形式与语用维度看，一系列品牌叙事事件要能形成统一的因果链，且具有现实中的合理性。最重要的是，故事世界必须表达品牌核心价值观。

多数的品牌活动没有价值观，对社会动因、目标群体内心洞察不深，所做的沟通活动或是功能诉求广告，或是情感诉求广告，但这些都不是品牌构筑，品牌构筑需要系统化地进行品牌叙事。点点滴滴，日积月累，一片片闪亮的叶子构成枝，一根根有力的树枝构成一棵独特精神气质的参天大树，粗壮的树干支撑着繁茂的叶冠，树干上镌刻着的核心价值观，是由渗透进生活的土壤里繁密的根须输送出来的。精美空洞的广告大片、华而不实的广告文案、哗众取宠的病毒营销、铺天盖地的广告轰炸、充满诱惑的打折甩卖，都不会成为这棵品牌灵树上的枝叶。只有那些承载着拨动心弦的核心价值观的创造性沟通活动，才能在品牌灵树上摇曳，并用自己闪烁的光芒一次次激活品牌，让品牌之树的树干更加结实、粗壮、独特。品牌叙事的成功是品牌对人、对自然、对社会的深刻洞见，凝结着厚重智识，当然还离不开用丰富的沟通活动阐释这些洞识的想象力和创造力。

共同的核心价值观，是在时间、空间跨度都很大的品牌叙事中保证各种营销沟通活动互文性、关联性、系统性的唯一关键。除此之外，品牌核心价值观

---

① 瑞安 . 故事的变身［M］. 张新军，译 . 南京：译林出版社，2014：29.

还能让品牌在跨领域延伸时保证系统性。例如英国维珍公司，其创始人布兰森叛逆、大胆、有趣的个人价值观成为品牌的价值观，其旗下的航空、服装、饮料、游戏、电信、金融、唱片甚至安全套等各条产品线都有着共同的故事世界。

每一片叶子都是为了激活品牌。至 2021 年，樹柏利已有 165 年的历史，其推出了 "Burberry open spaces（博柏利开拓空间）" 的品牌活动主题，颂扬人和自然联系起来的无畏探索精神，体现了突破界限和追求无限可能性的品牌价值观，强调了人与人的联系。主题广告片的创意和制作都很精彩，灵动地激活了品牌。①

需要强调的是，在数字技术时代，品牌叙事已经不是过去由企业单向进行的理念灌输式叙事，而是企业与消费者共同参与的双向互动式叙事。建立品牌故事世界，是动态地建立一个共情的叙事体系的过程。共情的精髓在于消费者觉得自己被看见、被听见、被理解，不仅仅让消费者觉得"你理解我的需求"，还让他/她觉得彼此看待世界的方式是一样的。

数字化的发展使得品牌叙事可以应用多种媒介，基于各种媒介的营销沟通承载和延展消费者的想象，带来各种体验，品牌故事世界的构筑有了更多的手段。

三、品牌故事世界的案例

"什么人在追求什么样的价值观"可作为回答品牌故事世界的句式。下面列举一些故事世界独特和明晰的品牌案例，来感受故事世界如何在生态、时间、空间、因果维度上围绕品牌核心价值观进行构建。

（一）多芬的故事世界

多芬洞察到流行文化中女性对于美的评判标准迷失，提出了 "Real beauty"（真美）的核心价值观，通过带领消费者对"何为真正的美丽"进行拷问，将消费者自我批评和自我欣赏之间的矛盾揭示出来，让消费者自洽，寻求到美的真谛——真实自然。不同于市场普遍的基于产品特性和功能的营销方式，多芬的"真美"行动一直从价值观沟通层面展开，所以构筑出一个明晰、独特的故事世

① 视频见：https://v.qq.com/x/page/u33030cps8b.html。

界，在日化品品牌中独树一帜。

2004 年多芬在纽约时代广场推出了一组互动户外广告，让路人对几组二元对立的描述外貌的形容词进行选择（见图 3-19），在互动中让人自己体会问题背后答案所揭示的意义。

图 3-19　多芬互动户外广告

2006 年，多芬的"进化"（evolution）病毒视频迅速走红，而在此之前，营销界还没有病毒营销的概念。该视频以纪实的表现手法拍摄了一个长相平凡的女子如何通过化妆、拍摄、电脑制作，最终变成了户外广告上惊艳的超级模特。片末的文案是：毫无疑问，我们对美的认知是扭曲的。这则视频让人们开始思考究竟什么是美。[1]

从 2006 年开始，多芬发起了"Dove self-esteem project"（多芬自信建立计划），以帮助更多的年轻女孩找到自信。多芬在澳大利亚对 30 000 位年轻女孩的网上搜索记录进行了统计，统计结果显示，三分之一的女生在网络上搜索"青少年能做整容手术吗"或是"我胖吗""我丑吗"。多芬把一群家长带到了一个教室里，将调查结果呈现给她们。看到结果的母亲们感到十分地惊讶，甚至有些母亲为此感到悲伤，因为这些搜索结果让人看到的是女孩们的不自信、悲伤和迷惘。

在日本，多芬则是将这个自信建立项目活动带进校园，为女学生重新拍摄学生证件上的照片。当收到做好的学生证的时候，看到上面自己的照片，有些

---

① 视频见：https://tv.sohu.com/v/dXMvNDkxNjMyNjQvMTc0MzcwNzQuc2h0bWw=.html。

女孩觉得为什么自己看起来这么阴沉，对自己的五官和生硬的表情表示不满意（见图 3-20-1）。于是在重新拍摄照片之前，让这些女生看一下朋友们对她们的评语，如"她在微笑的时候眼神很温柔""她的黑发很漂亮""我觉得她很重视我"等。朋友们的肯定让这些不自信的女生展现出了发自心底的笑容，这也让之前阴暗、表情僵硬的照片变得阳光、自信（见图 3-20-2）。

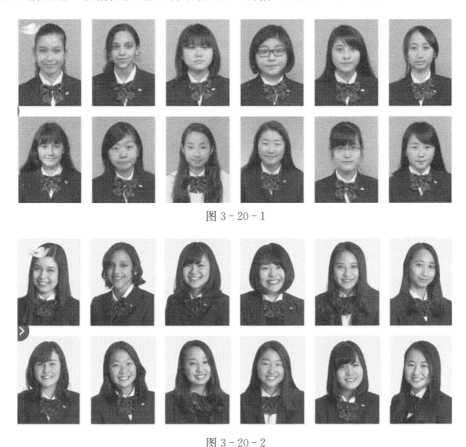

图 3-20-1

图 3-20-2

图 3-20　多芬自信建立项目：重拍证件照

2013 年的广告"多芬真美速写"（Dove real beauty sketches）成为当时观看人数最多的视频广告。女性向来对自己外貌的评判很苛刻，只有 4% 的女性认为自己是美丽的。多芬特邀 FBI 素描肖像画师为受邀测试的女性绘制素描肖像画，一幅是根据被测试者的自我描述绘制的，另一幅是根据短暂相处过的陌生人描述绘制的。测试证明，根据陌生朋友描述绘制的肖像画看起来要更美丽。由此可见，女性对于自己美丽的不自信更多的在于她们对于自己美丽的苛求。

多芬的"真美素描"活动向女性证明：你比自己认为的更美丽![1]

多芬通过这些沟通活动向女性传达这样的理念：你本身是什么样子并不重要，因为这世上总有让我们倾羡的东西，但是不断否定自身外貌并不会解决任何问题。我们想告诉女孩们，改变你们的态度能让你们拥有自信。

2015 年多芬以"Choose beautiful"（选择美，则美）为主题，在世界多地做了有趣的社会实验，在商场的两扇门上分别贴上"美丽"和"普通"，观察女性的选择，从中来分析她们是如何给自己贴标签的（见图 3 - 21）。实验结果是，起初大部分女性都选择了"普通"，这和多芬的一项研究结果不谋而合——全球女性中有 96％的人不会选择用"美丽"描述自己。这个活动让女性反思，为什么要给自己贴上"普通"的标签？多芬带领大家从中发现自身的美，找回对自己的信心。[2]

图 3 - 21 多芬社会实验"Choose beautiful"

2016 年，多芬在"Change one thing"（改变一点）行动中，邀请一群尚处在青少年时期的女孩对着镜头说出她们的心声——"我想变高一点""我想要卷发"……每当一个女孩说出她想改变的身上某一处特质时，镜头就会切换到下一位具有该特质的女孩，如此循环下去，似乎再美丽的女孩也会对自己有不满意的地方。短片加深了我们对于女性对自身外貌认知的理解。[3]

---

① 视频见 https://v.qq.com/x/page/c0134ya0gig.html。
② 视频见 https://v.qq.com/x/page/l0151l7makw.html。
③ 视频见 https://v.qq.com/x/page/l01680ebm8a.html。

　　为了创造更广的影响力，除了视频广告之外，多芬还与图片分享类社交网站 Pinterest 进行合作，让更多的女性参与到"自信养成计划"的分享和讨论中，帮助女孩们解决青春期出现的种种困惑。世界各地数以万计的教师和父母参与了该项目的在线内容。多芬还通过与独立学者合作，开展全球性研究，以提高年轻人的自尊和信心。

　　2016 年多芬还以"My beauty my say"（你的美丽你说了算）为主题，通过九位不同身份的女性讲述自己的故事，表达了在偏见面前应该如何重新定义自己。①

　　2017 年，多芬发表"真美承诺"（Real beauty pledge）：

　　We always feature real women，never models

　　（我们总是以真实的女性为主演，从来不是模特）

　　We portray women as they are in real life

　　（我们描绘女性在现实生活中的样子）

　　We help girls build body confidence and self-esteem

　　（我们帮助女孩建立身体自信和自尊）

　　（Educate 20 million more young people around the world on body confidence and self-esteem by 2020）

　　（到 2020 年对全世界 20 多万年轻人进行身体自信和自尊的教育）

　　2019 年，多芬推出"Show us"真美图库，与 Getty Images（盖蒂图片社）和女孩凝视（Girl Gaze）合作，拍摄了 1 万多名真实女性的照片，并倡导全球所有媒体和广告公司付费使用。

　　在中国，早在 2008 年，多芬就对湖南台电视剧《丑女无敌》做了大量植入营销，电视剧讲述了在广告公司工作的女主人公林无敌的变美之路。林无敌是一个虚构的丑女形象，但其身上的丑小鸭特质却能引发大量讨论。近年女团对多元女性人设的追崇也给多芬提供了可以探讨真实美的机会。2020 年的《青春有你 2》以"不定义女团"为节目宣言："我们不定义女生，不定义女团，请你们带着对'X'的无限想象，选出你心目中最能代表女团的九位练习生吧。"

――――――――――

　　①　视频见 https://v.qq.com/x/page/i0310uoomcz.html。

多芬通过一系列延伸价值观及其活动，与消费者沟通何为"真美"，激发了女性发现自己美丽潜能的能力，为女性构建了一个积极认知自我、激发自我潜能的现实故事世界。

另外，多芬构建故事世界的方式是"追问式"的，即带着疑惑去寻求答案。与消费者的沟通过程就是品牌和消费者共同寻找答案的过程，而最终所寻求到的答案正是品牌核心价值观。

（二）喜力啤酒的故事世界

喜力啤酒的故事世界是保持开放精神的年轻男性们对活力、有趣生活的追求。[①]

故事世界对于思考影视剧等植入广告的有效性很有帮助。当影片的故事世界和品牌的故事世界一致时，植入效果就会很强烈。例如喜力啤酒花了大价钱在《007：大破天幕危机》中植入了剧情，虽然 007 手里拿着的不再是高级的马爹利酒，但观众面对喝喜力的 007 也毫无违和感，因为喜力啤酒"Open your world"的精神和 007 是吻合的。[②]

喜力啤酒在每届欧洲冠军联赛足球赛举办期间的广告已成为球迷们热切观赛的一部分。喜力啤酒所展示出的故事世界是那群冲破艰难险阻和好哥们儿一起看欧冠的执着、可爱、充满激情的男青年们的让人惊讶和快乐的经历。[③]

音乐也是喜力啤酒故事世界中的一个小世界，喝喜力啤酒的人都爱唱歌。[④]

作为欧洲冠军联赛的赞助商，喜力啤酒每次都能在联赛期间做出别出心裁的活动。2018 年决赛时，喜力啤酒在巴西举办了一场现场转播，邀请了巴西球星小罗纳尔多作为开场嘉宾，音乐家徐夏·利维（Xuxa Levy）指挥现场乐队给大屏幕上直播的足球比赛配乐。这伴有场宏大配乐的利物浦对皇家马德里的决赛，给现场的皇马球迷带来了一场难忘的感官体验。

社交是喜力啤酒叙事的一条重要脉络。在新冠肺炎疫情期间喜力推出一则不要乱拿别人啤酒瓶的视频广告，主题是"Socialise responsibly"（负责任地社

---

① 视频见：https://v.qq.com/x/page/z0502bclqt0.html；https://v.qq.com/x/page/m0146lgf3tu.html；https://v.qq.com/x/page/l0156ixvk76.html；https://v.qq.com/x/page/k0130gaokg2.html。

② 视频见：https://v.qq.com/x/page/z0125q0us1j.html。

③ 视频见：https://v.qq.com/x/page/d0155xp1cd9.html。

④ 视频见：https://v.qq.com/x/page/s01999ngtlu.html。

交）。在这一主题下，在一则讲述了云聚会糟心体验的广告片片尾，喜力表达了虽然这不是最好的相聚，但确实是特殊时期唯一的相聚办法，期待我们在线下早日相聚的责任观。①

"We'll meet again"（我们终将会再见）的广告片讲述了喜力啤酒的消费者们无论是扔垃圾、遛狗还是逛超市，都打扮得如同要去参加盛宴一般。这个广告把喜力啤酒消费群体的独特个性刻画得很鲜明。②

幽默诙谐是喜力啤酒辨识度很高的个性。喜力啤酒的品牌叙事中非常注意对这种个性的一以贯之的展现。足球比赛的每一秒都有可能发生奇迹，所以球迷们必须全神贯注，但通常事与愿违，完美错过进球瞬间：当转身开冰箱拿啤酒时，球进了；和刚进酒吧的朋友打招呼时，球进了；开门拿外卖时，球进了……这种趣味已经存在于喜力啤酒的 DNA 里（见图 3 - 22）。

图 3 - 22　喜力啤酒品牌叙事中的诙谐元素

（三）强生的故事世界

强生以"因爱而生"为核心价值观，构建了"爱"的故事世界。强生公司认为："强生每天都在不懈努力，确保下一代比上一代更健康。"强生将公益活动作为品牌故事世界的重要组成部分，例如，捐助"微笑行动"，帮助唇腭裂的小朋友重拾笑容；在印度开展 mMitra 移动通信计划，为居住在低收入城市社区的孕妇和新妈妈提供重要的健康信息；救助濒危物种的动物保护工程，在中国支持大熊猫保护工作；在美国新泽西州为候鸟建立避暑家园；在英国为刺猬

---

① 视频见：https://v.qq.com/x/page/l0965xzjxd2.html。
② 视频见：https://v.qq.com/x/page/h32401753gs.html。

提供避风港；在瑞士为蜜蜂搭建安全栖息地；在英格兰东南部为猫头鹰和蝙蝠提供庇护所。

（四）哈雷·戴维森的故事世界

哈雷·戴维森的故事世界是充满冒险精神的男士追求激情、自由、狂热的故事世界。20 世纪 60 年代与社会格格不入的"嬉皮士"在哈雷·戴维森摩托车身上找到了精神皈依。坚硬质地的纯金属、炫酷的色彩、轰轰作响的大油门、会烫人的排气管，都让这群叛逆不羁的人疯狂。他们穿上印有哈雷标志的外套、破烂的牛仔裤、粗犷的皮靴，身上刺着哈雷的标志，长发如草，为所到之处带来了冲击和震撼。到了 80 年代，美国嬉皮士文化已经消退，但哈雷迷的人数和热情不降反增，1983 年哈雷俱乐部成立，各地集结的哈雷迷在巡游中更加亲密，参与人数不断增加。不知不觉地，哈雷迷从叛逆群落开始向主流社会延展。特别是 90 年代，白领群体在巨大的工作压力下渴望释放和解脱，于是他们脱掉西服，解下领带，穿上哈雷服，驾着拉风的哈雷摩托驰骋于野外（见图 3-23），拥有了心灵得以呼吸的美妙时刻。

图 3-23　驾着哈雷摩托驰骋于野外

"9·11 事件"以后哈雷迷们的"呼啸"又有了新的含义，不少人身上的刺青多了一面美国国旗，车后面也往往飘着一面国旗。如戴维·艾克所言："骑哈雷摩托比遵纪守法更能表达强烈的爱国主义精神。"全球各大城市的哈雷迷驾着心爱的摩托车集结巡游，就像一个流动的哈雷博物馆。在哈雷的百年历程中，高雅猪娃（高级白领）、逍遥骑士（叛逆人士）、地狱天使（地痞无赖）成为最具代表性的三大"哈雷迷"群体。"从这里开始，没有尽头"，这就是哈雷·戴维森的故事世界（见图 3 - 24）。

图 3 - 24　哈雷·戴维森的故事世界："从这里开始，没有尽头"

（五）苹果的故事世界

苹果的故事世界围绕特立独行的人创造和改变世界展开。1984 年苹果为 Mac 上市推出了名为《1984》的广告，其中的隐喻表达了反主流的个人电脑革命精神，苹果叛逆、革新的个性呼啸而出，开启了个人电脑时代。[①]

1997 年，苹果《1984》广告的创作者李·克劳（Lee Clow）又为苹果提出一句"Think different"的广告口号，并制作了一则汇集著名历史人物的黑白电视广告片。在此之前苹果的品牌形象恶化，在这则广告推出后，苹果"非同凡想"的故事世界破茧而出。这则广告片文案如下：

> 向那些疯狂的人致敬！
>
> 他们特立独行，他们桀骜不驯，他们惹是生非，

① 视频见：https://v.qq.com/x/page/e0144qepuny.html。

他们格格不入，

他们用不同的眼光看待事物，

他们不喜欢墨守成规，

他们也不安于现状。

你可以赞美他们，亦可反对他们，

颂扬或诋毁他们，

唯独不能漠视他们，

因为他们改变了事物，

他们推动人类向前发展。

或许他们是别人眼里的疯子，

但他们却是我们眼中的天才！

因为，正是那些足够疯狂到认为自己可以改变世界的人，

才能真正改变世界。[①]

遗憾的是，苹果从 2002 年后就舍弃了这句广告语，也没有将其作为主品牌的核心价值观进一步构建故事世界，在 iPhone 苹果手机、iPad 苹果平板电脑、Air Mac 苹果笔记本电脑、iWatch 苹果手表等产品系列构成的品牌体系越来越强大后，并无一个清晰、统一的品牌核心价值观统领各个子品牌的品牌构筑，品牌联想零散芜杂。

以 iPhone 为例，多年来一直以 Shot on iPhone 的方式拍摄制作了许多短片，中国本土创作的有《三分钟》《一个桶》《女儿》《阿年》等，虽然情节感人，制作精良，但并未提出清晰的价值观诉求，让人感受不到独特的品牌个性，从而浪费了一次次塑造和激活品牌核心价值观的机会。

（六）爱马仕的故事世界

爱马仕的故事世界是"追求一丝不苟的想象力精神和创造力"。爱马仕每一个年度主题都是基于当时的社会情境和时尚潮流提出的，虽然是随机的，但通过分析可以得出四大类主题：人文-历史、自然-科技、民风-民俗、艺术-经典。这些主题为产品设计、品牌叙事提供了灵感，加上爱马仕产品的创新设计和精

---

① 视频见：https://v.qq.com/x/page/e1319gd8bkk.html。

湛工艺，年复一年构成了爱马仕的品牌故事世界（见表 3-11）。

表 3-11　　　　　　　　　　　　爱马仕的品牌故事

主题	时间	年度主题
人文-历史	1987	烟花之年
	1989	法国生活之年
	1991	远东的旅行
	2000	踊跃新世纪微笑
	2009	美丽的逃逸
	2010	被传颂的故事
	2013	韵动人生
	2018	尽情趣玩
	2019	由梦而启，乘梦前行
	2021	荷马史诗
自然-科技	1990	户外之年
	1992	海洋之年
	1993	骏马之年
	1994	太阳之年
	1995	道路之年
	1998	树之年
	1999	繁星之年
	2001	寻找大地之美
	2005	河流之年
	2015	闲情漫步
	2016	驰骋自然万物间
	2017	物之本意
	2020	匠·新
民风-民俗	1988	异国风情之年
	1997	非洲之年
	2002	手之年
	2003	地中海之年
	2006	巴黎气韵
	2008	梦幻印度
艺术-经典	1996	音乐之年
	2004	色彩幻想
	2007	舞蹈之年
	2011	工艺美术大师
	2012	时光之礼
	2014	蜕变：缔造品牌传奇

四、品牌故事世界的创立

创立故事世界需要将故事世界定位于某一特殊语境的能力，也是将品牌叙事中的九大组件有机化合的能力。主观世界和客观现实之间的鸿沟就是故事的原野，品牌叙事者要从中找到最有力度的生活转折瞬间作为故事世界的基点。故事世界处于不断发展变化的状态，虽然有时品牌初始构想的故事世界可能在发展中会与构想大相径庭，但作为战略，在构筑品牌开始，就应该创立一个故事世界模型，让品牌清晰地知道未来要去往的方向，并在发展中将品牌叙事八芒星轮盘中的各个要素统合于故事世界中，形成有机整体。

品牌故事世界包含了品牌的使命、愿景、价值观和战略意图，对品牌故事世界的描述就是一种战略性表达。复杂的战略可以抽出主干进行描述，简短而明确，只需包含两个要素——什么人（Who），实现什么目标（What），可以用"什么人追求什么价值观"这一句式来对品牌故事世界不断雕琢，直至清晰明了。

乐高的故事世界是孩子们对乐趣与灵感的追求；路虎的故事世界是渴望探索的人寻求新奇、冒险的生活；维珍的故事世界是追求新奇的人在创新和乐趣中享受价值。

另外，判断一个品牌故事世界是否成功，要看消费者是否能在这个故事世界中成长。一个好的品牌故事世界能够让消费者从中被品牌价值观陪伴、激励、引导，向一个"理想的自己"成长。

五、故事世界的生长

故事世界是品牌叙事的结果，需要在不断的品牌叙事中生长丰盈，要达到的效果就是消费者能够围绕品牌核心价值观产生丰富的联想。

第一，围绕核心价值观的沟通要有广度，即尽可能多地在各种领域创造叙事事件，让消费者产生丰富的联想。例如，可口可乐围绕"分享快乐"这一核心价值观在体育、娱乐、文化、公益等领域都进行创新营销沟通。

第二，对核心价值观的沟通要有深度。可将核心价值观的解读空间分为三个层面：商品层、生活者层和社会层。商品层指在商品和消费者之间就价值观直接交流，在这个层面，商品和消费者是叙事的主角，例如，可口可乐的硬广告诉求商品给消费者带来"快乐"；消费者扫描可乐瓶上的二维码唱歌上传至社交媒体；两人合作才能打开可乐瓶等。生活者层的沟通指商品不参加叙事，而是创造一些生活中的叙事事件，让消费者感受到其间的意义即品牌核心价值观。例如，可口可乐为工人设置了一个免费三分钟的国际长途电话亭，让他们的生活因关爱增添了快乐，这时候对快乐的诠释已经有了延展和提升。社会层的沟通指从推动社会发展的更多领域诠释品牌核心价值观，需要对核心价值观进行更深入的思考。例如，可口可乐如何进行对抑郁症患者的研究帮扶，让他们重拾快乐，或者赞助认知心理学领域的学者研究和传播如何通过改变思维让人生更幸福，或者帮助中国贫困山区儿童通过教育获得快乐，这些社会营销活动都是对品牌价值观的深度诠释，能对社会发展产生广泛深远的影响。

第三，沟通对象要从目标消费者延伸至社会大众。从以上价值观沟通层面的延展可以看出，品牌叙事对象不应只限于目标消费者，还要在社会层与社会大众进行沟通，这样品牌才具有厚重、扎实的土壤。

第四，沟通方式要多样化。每个事件的情境、主角、事件、感受性都各不相同，从而让消费者产生丰富的体验。例如，可口可乐的叙事事件有单向引导式、互动体验式、产品植入式和价值共创式等。

第五，通过洞察、想象和关联提高叙事能力。洞察消费者的自我意识，对消费者经历的人生感同身受；通过想象将现实重塑为意想不到的丰富体验，用想象力刺激消费者自我更新，让消费者在品牌无穷变化的活动中获得功能利益和情感利益；关联就是将两个貌似不相关的事物用不易被察觉的关联性重新组合在一起，创造出新的意象。品牌叙事要运用大千世界中取之不尽的事物通过创造性关联生发出情理之中、意料之外的各种营销沟通活动，让消费者在创造性中通过认知自我、发掘自我对品牌产生认同，要将对生活事实敏锐的洞察和超凡的想象统合为一体，构建不凡的故事世界。

总之，故事世界的生长就是品牌核心价值观诠释在广度和深度上的不断延伸，如图 3-25 所示，就是"圆圈"不断变大的过程。

中国品牌普遍的问题是缺乏故事世界或者故事世界微弱、刻板，有的缺乏核心价值观，有的缺乏价值观沟通的广度和深度。一些曾经辉煌的品牌一直缺

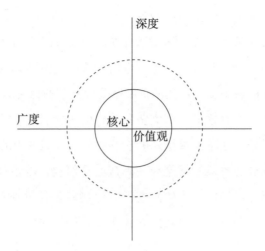

图 3 - 25　品牌故事世界的生长图

少应有的品牌影响力，也是因为缺乏故事世界，以为不断做广告就能做出品牌。一些老字号品牌之所以品牌老化，也是因为缺乏品牌故事世界，以为曾经辉煌的历史就是品牌故事。即便一些国际大牌来到中国后也缺乏故事世界的构筑。例如宝马汽车，从 2010 年起在全球推出"Joy"（悦）这一核心价值观，在中国则以"悦"来表达，在"BMW 之悦"下推出中秋之悦、奥运之悦、童心同悦等，但并未围绕"悦"做丰富的沟通，显得空洞苍白，其在中国的品牌叙事并不成功。

　　各品牌可以先问一下自己"我的故事世界是什么"，看能否用"什么人追求什么价值观"这一简单句式描述出品牌故事世界。如果不能，则需按照品牌叙事八芒星轮盘重整河山了。

第四章　品牌叙事的要素

一滴水只有放入大海里才永远不会干涸。

本章将从叙事中的角色、情节、视角、时空、模态和媒介等要素分析品牌叙事。

第一节　叙事中的角色

故事是发生在人或类人物身上的事情，通过"何时""何地""何人"的建构行动，阐释者建构出了故事世界的全部。"何人"是叙事中的重要元素。

一、角色的作用

认知叙事学学者戴维·赫尔曼认为，同一参与者可能在叙事过程中起多种语义作用。此外，戴维·赫尔曼的认知视角导致他将故事看作一种手段，通过这种手段，人们将世界概念化为包含着各种过程的一个聚合体。他主张，由于角色参与不同的过程，它们将起不同的作用。[①] 由于品牌叙事时间跨度和空间跨度都很大，所以承载叙事的营销沟通活动丰富、琐碎，叙事角色非常丰富，每一次叙事都有可能有新的角色。

品牌叙事的角色有三个作用。

首先是承载故事世界的作用。每一次叙事都以角色推进行动。

其次是移情作用。无论主角是真实的或虚拟的，是人或是商品，故事主角都要有移情作用，即"像我"。在主角的人格特质里，消费者发现了某种共通

---

① SCHOLES R，et al. The Nature of Narrative ［M］. New York：Oxford University Press，2006：311.

性，主角外在或内在的某些特点能够拨动消费者的心弦。在认同的一瞬间，消费者本能地希望主角能够得到他所欲求的一切。关于这种移情关系，好莱坞有许多同义词："一个可以追随的人""一个可以为之喝彩的人"。当我们认同一位主人公及其生活的欲望时，事实上是在为我们的生活欲望喝彩。①

最后是保持一致性的作用。品牌叙事中的角色除了作为故事主体承载故事的发生、行进，还有一个重要作用就是贯穿起整合营销传播中的跨媒介叙事，作为叙事一致性的一种方式。詹金斯认为："一个好的角色可以支撑起多种叙事从而导致一系列的成功电影；一个好的世界可以支撑起多个角色（以及他们的故事）因而建立一个成功的跨媒介企业。"② 除了统一在一个故事世界中，相同的角色也是保持一致的方式。

二、叙事角色的分类

布雷蒙（C. Bremond）将叙事角色分为五种：一是施动者，即故事中的行动主体，通常由主人公来承担，他的行动是改变人物状态的主要动因。施动者有时也由次要人物来承担。二是受动者，即故事中行动的承受对象，他的状态受到施动者行动的影响，并且发生改变，受动者一般由次要人物承担。不过次要人物的行动有时也作用于主要人物，因此也可充当次要行动的施动者。三是影响者，它可能是人，也可能是物，其作用是影响行动者做出使情况改善或恶化的决定，影响者有四对：告知者和隐匿者、诱惑者和威胁者、强迫者与禁止者、建议者和劝阻者。四是改善者或恶化者，指对主体状态改善或恶化的角色。五是获益者或补偿者，指在情节发展过程中获得奖励或补偿的角色。③。纵观品牌叙事现实案例，商品可以是五种角色中的任何一种。商品作为叙事主体时，一般为施动者或受动者，作用的对象是故事中的人。商品作为影响者出现时，往往是商品在人与人的戏剧冲突中发挥了作用，解决了冲突。商品作为改善者也是常用的手法，而没有商品时，情况就恶化。商品作为获益者或补偿者往往是在价值共创活动中。

---

① 麦基. 故事：材质·结构·风格和银幕剧作的原理［M］. 天津：天津人民出版社，2016：143.
② 詹金斯. 跨媒体叙事. 技术评论［Z/OL］. http://www.technologyreview.com/biotech/13052.
③ BREMOND C. Logique du Récit［M］. Paris：Editions du Seuil，1973：131 - 308.

这一角色分类视角对于具体的广告叙事创意很有帮助，对于构建品牌故事世界也有启发作用，可以在品牌叙事中按需要轮换应用。

三、品牌叙事中的主角

品牌叙事中的施动者即主角，有几种类型：人、消费者、品牌、动物和其他事物。

（一）人

以人作为主角的品牌叙事是最常规的类型，其中可分为三类：普通人、明星/名人和创始人。

普通人为主角是最多的一种类型，叙事中的主角往往就是目标消费者的典型形象，让消费者有代入感。普通人可以是现实人物也可以是虚构人物。明星/名人利用目标群体对其的信任和喜爱而被认同和追随。明星也可以是虚拟人物，如电影《007》中的人物詹姆斯·邦德。有人格魅力的品牌创始人也可作为重要的品牌叙事主体，例如乔布斯之于苹果、马斯克之于特斯拉、布兰森之于维珍等。

如果不考虑预算的话，明星是品牌最喜欢的叙事主角。但是能把明星恰当地应用于品牌叙事中的品牌并不多，通常明星广告只起到利用知名度做浅表认知的作用。对明星的应用不能简单地以目标对象群体重合为标准，而是要以品牌故事世界的构筑为准则。首先要考虑明星个性是否与品牌个性吻合，不能因为名气大就使用，一个个性与品牌个性不合甚至冲突的明星对品牌故事世界的伤害是很大的，虽然表面上促进了商品短时期的销售，但其造成的消费者认知混乱是隐形和强烈的；其次要让明星成为故事世界中的一个符号，与品牌故事世界融为一体，这除了明星本身具有的特质，还需创意通过品牌核心价值观将品牌与明星二者融合。例如科比代言耐克，其永不言败的精神就是耐克的精神。

主角是创始人的典型代表就是维珍的创始人理查德·布兰森（Richard Branson），其人格特征已经深深烙在了维珍品牌上，他本人的行为就是维珍品牌的叙事。这位从小学习不好的男人17岁拿着母亲给的邮费和电话费创办了杂志，穿三角裤拍维珍广告，造了个当时世界上最大的热气球飞越大西洋，开着坦克进纽约时代广场碾压可口可乐为自己的维珍可乐进军美国做广告，沿着英吉利海峡沙滩裸跑，驾驶水陆两栖车横跨英吉利海峡仅用1小时40分钟，打破了当时的世界纪录。他在海湾战争时驾驶飞机去巴格达带回了40多名人质，打赌失败后扮成空姐为乘客服务。为了支持保护鲨鱼，年过六十的布兰森甚至曾在加勒比海和墨西哥湾与300只鲨鱼共游。这位少时有阅读障碍的创始人还出版了《一切行业都是创意业》《商界裸奔》《当行善统治商业》《理查德·布兰森自传》《飞天传奇：人类探索飞行的故事》《我就是风口》等多本商业畅销书。他在2021年70岁时乘坐自家公司的火箭登上了太空，成为商业航天第一人。从早年的杂志、唱片邮购公司、唱片公司、航空公司，维珍最终将品牌延伸到通信、金融、铁路、娱乐、旅游、百货、食品等领域。布兰森特立独行、桀骜不羁、追求乐趣的人生故事成为维珍故事世界的底色。布兰森的影响力也成为维珍品牌的影响力。

博柏利推出了一部介绍创始人托马斯·博柏利（Thomas Burberry）的微电影《托马斯·博柏利品牌创始人的传奇故事》，影片讲述了托马斯·博柏利发明了一种叫嘎巴甸的面料，这个面料能防雨防风，他把这个面料拿来给英国士兵做战服（见图4-1），给探险家做南极科考服，同时还给世界上第一位女飞行员做飞行员服。影片所表达的品牌使命是：在变幻莫测的世界里，作为一介裁缝的托马斯·博柏利虽然没有真正去过任何地方探险或者拯救世界，但是他通过手里的布料给这些有梦想的人做衣服，从而实现了自己的梦想。这则微电影意图明确，就是通过创始人的故事构建出品牌价值观的缘起，强调"心中怀着整个世界"的品牌使命。

图4-1 托马斯·博柏利为英国士兵做战服

香奈儿拍摄了一则微电影，讲述了创始人可可·香奈儿（Coco Chanel）于1954 年受到奥地利一家酒店的制服启发，从而设计出香奈儿经典的小黑夹克的故事。①

主角不是让人喜爱就行，还要能让观众移情，产生认同。要将主角人物与品牌关联的深层性格外化出来，广告叙事往往通过面临压力时的选择来揭示主角的内在品质，而这种内在品质是消费者大为认同的。例如迪赛尔以愚蠢的人和不完美的人为故事世界的主角，将这些人"大智若愚"、挑战世俗的特质凸显出来。维多利亚的秘密的模特以性感、完美身材标注了品牌的叙事世界；在遭遇新时代女性主义兴起后，模特换成多元化、生活化的女性，以示权利平等。

与文学、影视叙事不同，品牌叙事中可以有多个主角形象，例如喜力啤酒广告的主角就有普通消费者、电影中的詹姆斯·邦德、F1 赛车手等。②

（二）消费者

消费者即指参与共创的消费者，他们也可成为叙事的主角。如可口可乐让13 亿人提名他们身边的"快乐创造者"。

当下人们都沉溺于手机，少了和朋友面对面的互动。KitKat（奇巧）巧克力配合推广 11 指新品，附赠了一张创意宣传单，宣传单展开后是可"停"三个手机的停车位，把手机"停"在上面，可以让手机和人都休息一下，应和了"Have a break"（休息一下）的品牌价值观。③

在巴西，奇巧在户外放置了两台脸部识别装置，邀请两位路人分别站在装置两边，然后玩互相瞪眼游戏，谁先笑谁就输了，赢的那位则会被奖励一份巧克力。在哥伦比亚，奇巧还打造了可以震动按摩的广告牌，路人靠上去之后，就能享受舒适的背部按摩。这种广告牌在哥伦比亚有很多部，用户可以通过Google 地图搜索位置所在。奇巧还在 Twitter 上回复那些"我好累"的发文，每条内容都亲切回复："有信号显示你需要休息一下了，来看看免费按摩服务广告，放松一下。"这些活动都通过消费者的参与，由消费者自己去体验和诠释

---

① 视频见：https：//v. qq. com/x/page/i0142wkygpy. html。
② 视频见：https：//v. qq. com/x/page/n0033t3v8pm. html；https：//v. qq. com/x/page/i09304tlk6s. html。
③ 视频见：https：//v. qq. com/x/page/c3248na5c1t. html。

"Have a break" 的含义。①

(三) 品牌

平面广告多以品牌本身作为叙事主角。如喜力啤酒有一组广告从启瓶器的视角表达了启瓶器对喜力啤酒的热爱（见图 4-2）。

影院篇：启瓶器化身主角"喜力啤酒"的忠实观众

读书篇：启瓶器作为读者，对"喜力啤酒"情有独钟

影院篇：启瓶器化身主角"喜力啤酒"的忠实观众

读书篇：启瓶器作为读者，对"喜力啤酒"情有独钟

图 4-2　喜力啤酒平面广告

一些品牌以将商品作为叙事主角独树一帜，例如绝对伏特加（Absolut Vodka），将瓶身置于自然、人文景观中，让人感受其中的趣味和涵义。

路虎用汽车自带的摄像头拍摄了五部微电影，其中一部名为《波浪》（The Wave），"记录"了在海滩上玩耍的一家子在海啸来临时是如何驾车逃离灾难的。路虎汽车作为"目击者"贯穿整个故事，主观视角给人以真实感，引人入胜，同时展现了路虎的性能。②

---

① 视频见：https://v.qq.com/x/page/z3246y0h6zx.html。
② 视频见：https://v.qq.com/x/page/k0160f8tso6.html。

依云矿泉水有一则动画制作的广告，内容是用可爱顽皮的水孩做主角，讲述一个小水滴历经艰难险阻最终回到发源地的故事，配乐是童声版摇滚乐《我们将震撼你》（*We Will Rock You*）。水孩的历险展现了依云水的功能和理念，表现简单，内涵却很丰富。[①]

另外，在社会营销中，品牌作为实施公益性项目的行为主体成为这一类叙事的主角。例如，中国银联为推广手机闪付，打造了诗歌 POS 机公益项目，消费者只要在诗歌 POS 机上捐赠一元钱，即可收获一张印刷着山区孩子所做诗歌的精美"小票"。在这一名为"让山里的才华发光"的项目中，银联 POS 机成为叙事主角。

（四）动物

将动物作为叙事主角的例子，包括可口可乐早年的北极熊和百威啤酒的马。"百威马"是百威广告中常年不变的主角。1933 年，为庆祝美国禁酒令的废除，百威家族继承人奥古斯特把废禁后酿造的第一箱百威啤酒，由一群英俊强壮的挽马载送给了他的父亲。此后，马车又环游新英格兰和东海岸抵达华盛顿，将啤酒送给了富兰克林总统，以感谢他对废除禁酒令的支持。自此，由 8 匹强壮的克莱兹代尔马拖着的红、白、金三色的马车成为百威的象征符号。[②]

在通常情况下，一个大品牌历经多年的叙事会有多元的叙事主角。品牌故事世界要丰富，就要多主角叙事。

四、建立角色与消费者的联系

在品牌叙事中，作为故事讲述者的品牌实施了建构蓝图的行动，并期望作为阐释者的消费者参与进来。下面以可口可乐历年的圣诞节广告为对象，分析一下角色如何与消费者建立联系。

（一）创造主角，建立"范型"认知

对大多数人来说圣诞节最大的节日符号就是圣诞老人。虽然由圣诞老人带给小朋友礼物的概念衍生自圣·尼古拉斯（Saint Nicholas），但是这一慈祥、善良的经典红衣老人形象其实是由可口可乐创造的。1931 年，可口可乐公司与

---

① 视频见：https://v.qq.com/x/page/z016064f4bm.html。
② 视频见：https://v.qq.com/x/page/g0134d0wxek.html；https://v.qq.com/x/page/a0142mc0jkb.html。

瑞典商业艺术家海顿·珊布（Haddon Sundblom）签约，让他为其节日营销创造一个喝可乐的圣诞老人形象。这位艺术家以他的朋友——一位退休的销售员为原型创作出红衣红帽、白须慈祥的圣诞老人，衣服的颜色则是明亮的可口可乐红。自1931年起圣诞老人就成为可口可乐品牌固有的形象，连续几十年出现在可口可乐的圣诞广告中。海顿·珊布的圣诞老人系列收官之作创作于1964年，从1931年到1964年，圣诞老人在可口可乐的海报中一共只做了几件事：发玩具送礼物，喝瓶可口可乐小憩一刻，读孩子们写给他的信。

可口可乐用几十年时间，将全世界的圣诞老人形象同化成了可口可乐的红白配色（圣诞老人最早是绿色的），圣诞老人这一形象被消费者广泛接受，并流传下来。对于天真的儿童来说，能在圣诞节亲眼见到圣诞老人就是最大的节日礼物。

在圣诞老人的印象深入人心之后，当消费者再次观看可口可乐的圣诞广告时，就会唤起之前几十年的故事和文本的接触经验，因为受动者心中已经稳固建构起圣诞老人的形象，这被赫尔曼称为"人的范型"。可以说，消费者如何阐释故事世界的叙事主体这一过程，很大程度建立在对于"范型人"的认知上，作为阐释者的消费者在接受"范型人"之后，可以阐释"范型人"的活动和行为。圣诞老人成为消费者理解可口可乐故事世界的重要窗口，因为圣诞老人被世界公认为快乐幸福、实现愿望的符号，那么喝可乐这件事也自然地与"分享快乐""梦想成真"联系在一起。

可口可乐不仅建构了圣诞老人这一个"范型"，自1922年就亮相在广告海报上的北极熊，在此后的25年间，一直被视为可口可乐品牌形象的核心支柱，也成为可口可乐故事世界中传递欢乐的重要象征。

在1994年的圣诞广告中，圣诞老人和北极熊同框送节日祝福，故事情节非常简单，通过让圣诞老人递给北极熊可乐这一活动来传达了品牌"分享"的价值。正因为消费者将"圣诞老人"和"北极熊"视为快乐的"范型"，因而发生在两个叙事主体之间的简单的行动就可以帮助消费者很好地理解可口可乐的故事世界。

（二）消费者代入"普通人"，主动参与建构世界

消费者在观看广告时，会借助于文本暗示对其中的人物进行认知。可口可乐通过设置大量的"普通人"作为故事的受动者、影响者、改善者、获益者，建构起多种类型的快乐的普通人形象，不仅使他们成为实现情节功能的行为主体，更产生了强化情感迁移等"心理性"作用。

归纳可口可乐圣诞广告片中的角色可以发现，除了圣诞老人这一固定的施动者角色，可口可乐选择让尽可能多的普通人参与到叙事中。一方面，它弱化了大量角色的身份背景和工作属性的展现，受众对于这些角色所能感知到的只是"他们是圣诞夜中快乐的人"；另一方面，可口可乐也特意强调了一些角色的"普通"属性，以更大程度地将消费者纳入其故事世界中。商店里的打工者〔2010 年《摇摆一下》（*Shake it Up*）〕）、办公高楼里的清洁工〔2014 年《给你一些快乐》（*Give a Little Happiness*）〕、小村庄里的单亲爸爸〔2015 年《圣诞老人之桥》（*A Bridge for Santa*）〕等均是在可口可乐的故事世界中能够获得快乐的人。

可口可乐不仅在广告中设置了更多普通人的角色，也让这些角色在故事世界中同圣诞老人一起参与到世界建构中。《圣诞老人之桥》中单亲父亲和全村人一起为了实现儿子的圣诞愿望而修好桥梁、《感谢魔法》（*A Magic Thank You*）（2017）中男孩扮演精灵小子帮助圣诞老人给小朋友送去礼物、《在这个圣诞节，给那些在乎你的人只有你能给的陪伴》（*This Christmas，Give Something Only You Can Give*）（2020）中父亲为了帮女儿将信送给身处北极的圣诞老人而一路探险。这些故事中的普通人不仅是快乐的获得者，同时也是快乐的施予者。

2013 年和 2018 年的圣诞广告，可口可乐采用了伪纪录片的形式展现了可口可乐在线下所进行的社会营销活动，《好东西一起分享》（*Share the Good*）（2013）记录了可口可乐在街头设置售卖机，如果消费者在购买的时候选择"Share the good"按钮，则会有一个红色气球带着一份圣诞礼物带往世界不同的人手中。《礼物》（2018）短片记录了可口可乐在圣诞节为基层的劳动者送去惊喜，为他们安排好与亲友的团聚。观看现实生活中的普通人在故事世界中的行为，可以增强受动者对于故事世界的参与感，弱化理解这一故事世界的门槛。

第二节　叙事中的情节

叙事文学中的情节是指动态的、连续的元素，只要人的行为一开始，就产生情节。

认知叙事学认为，"外部故事"只有进入人们的"感知"层面经过"内化"成为内部故事后，才能真正被人们认知。"内化"过程包括"设界"（即设定故事的开头和结尾的疆界）、"蒸馏"（即选择相关细节）、"编织情节"（即选择情节模式）等。① 由此可知，企业在构建了引人入胜的好品牌故事之外，还要遵循这种"内化"规则，以适当的逻辑和方式与消费者沟通这个故事，增加他们的感情和对故事的涉入程度②，让品牌叙事的效果最大化。

彼得·布鲁克斯（Peter Brooks）的《阅读情节》（*Reading for the Plot*，1984）把弗洛伊德的精神分析学说同叙事理论结合在一起。他认为情节是叙事的发展模式和意图，构成故事并赋予故事一定的方向和含义。他还把情节视为某种话语的逻辑或句法，只有通过时间顺序和进展才能发展它的主题。布鲁克斯不仅关注"情节"（plot），而且关注"情节构成"（plotting）：形成叙事的活动，叙事的动力机制——是什么使得情节向前发展，使得读者往下阅读，使读者在叙事的展开中寻求意义的线索和发展模式的迹象，而正是这种发展模式保证了情节向着意义进展。同时，布鲁克斯认为精神分析从根本上讲是一种叙事艺术，它关注通过记忆和欲望的动力机制来回忆过去。弗洛伊德的学说比一般人所承认的要更关注符号，尤其是叙事符号的运用和理解。布鲁克斯感兴趣的不是对作者、读者或虚构的人物的心理分析研究——这些是以心理分析为导向的文学批评通常注意的目标，他感兴趣的是把文本看作由内在的能量和张力、冲动、抵制和欲望构成的一个系统，正是文本的这些内在因素构成了驱动文本发展的动力。③

布雷蒙在其理论著作《叙事逻辑》中对文学作品的叙事逻辑进行了深入探索。他借鉴普洛普对民间故事的功能研究④，试图将其应用于其他叙述文本，结果发现，文学作品中除了虚构故事的情节外，还存在一种"叙述信息"，它由

---

① JAHN M. Awake！Open your eyes！The Cognitive Logic of External and Internal Stories［M］// DAVID Herman. Narrative Theory and the Cognitive Sciences. Stanford：CSLI Press，2003.

② MCKEE R. Storytelling That Moves People［J］. Harvard Business Review，2003，81（6）：51 - 55

③ 程锡麟，叙事理论概述［J］. 外语研究，2002（3）：10 - 15.

④ PROPP V. Morphologie du Conte［M］. Paris：Editions du Seuil，1970：35 - 80.

辅助讲述故事的叙述符号组成，"叙事……只有在叙事技术的中继条件下才能达到交际。这种技术使用一套特有的符号系统，即叙事的能指要素成为承担叙事要素的技术能指"，布雷蒙称之为叙述元①。这些叙述元主要包括叙述角色、叙述可能和叙述句法，分别对应于叙事的行动逻辑、叙事可能逻辑和句法逻辑，形成文学作品的主要叙事逻辑。

戴维·赫尔曼在《叙事的基本要素》一书中，提出典型叙事的几个基本要素，即情境性、事件序列性、建造世界/破坏世界、感受性作为叙事的构成条件。品牌叙事是一个纵贯时空的大型叙事，由一个个的营销沟通叙事所构成，情节也是一个个的情节所构成的模糊化的整体情节。所以从整体来看，可以用赫尔曼的这四个基本要素作为品牌叙事情节的构成要素。

一、情境性

（一）什么是情境

"情境"是赫尔曼非常看重的一个元素，他在论述叙事四分法的时候将其放在第一位。赫尔曼认为，叙事是一种再现模式，这一模式不仅存在于具体的话语语境或讲述情境，而且必须依据具体的话语语境或讲述情境来加以阐释。②这体现出认知叙事学对于语境的强调。

戴维·赫尔曼眼中的情境主要以故事讲述的参与者为参照对象。在不同情境下，阐释者通过运用作者设置的文本暗示去重建故事世界，并引入对相关交流目标的推断。"这些交流目标建构了讲述的特定情状，刺激了特定暗示的运用，形成这些被选择的暗示的安排。"③不同的交流目标导致了叙述与阐释方式发生变化。赫尔曼强调情境给予阐释所带来的制约，强调情境是如何作用于认知，从而作用于叙事和阐释的。

品牌叙事中的情境刺激了特定暗示，从而作用于价值观的阐释。品牌叙事的情境可以分为小情境和大情境。小情境指每次广告叙事所呈现出来的具象情

①　BREMOND C. Logique du Récit［M］. Paris：Editions du Seuil，1973：46.

②　尚必武. 后经典语境下重构叙事学研究的基础工程：论赫尔曼《叙事的基本要件》［J］. 外语与外语教学，2014（1）：85‒91.

③　HERMAN D. Basic Elements of Narrative［M］. US：Wiley-Blackwell，2005.

境，大情境指由小情境构成的整个品牌故事世界所呈现出来的概念化的情境。品牌叙事中的小情境要能满足每一次营销沟通活动的目标，是矛盾冲突发生和解决矛盾的语境，对延伸价值观的阐释发挥作用。而大情境则是抽象的消费者跨越价值观追求与现实之间沟壑的语境，对核心价值观的阐释发挥作用。例如，耐克品牌叙事的小情境有世界末日、正义与邪恶大战、扑面而来的危机、失序的混乱、艰难险阻……这些情境是为了角色战胜困难所设的语境，是故事发展、矛盾解决的语境。即使是在消费者交互体验的沟通活动中，也要设置能让消费者在行为过程中体会"Just do it"精神的情境。而这些小情境构成了耐克故事世界的大情境，即世间的困难险阻。可口可乐品牌叙事的小情境都是快乐的场景或者为了反衬最终"快乐"的困难场景，如打不开瓶盖、够不着贩售机投币口，但最终因为"互助""分享"而收获了快乐。这些小情境构成了可口可乐故事世界的大情境，最终衬托出情节，让消费者感受到"快乐"的真谛。

（二）如何构建情境

反观许多品牌叙事缺失或不到位的品牌，广告叙事中情境的缺失、情境的单调、情境的无为都是品牌叙事不力的原因。下面是设立品牌叙事情境应该考虑的原则：

（1）情境的设立要以品牌核心价值观的阐释为目标。

（2）要让阐释有力，情境就必须蕴藏推动矛盾的冲突和解决的特质。

（3）情境不能只照搬生活，要高于生活或超越生活，要有奇思妙想的创意。

（4）小情境的跨度要大，即要丰富多样。

（5）小情境虽然丰富，但要统一在大情境的象征含义之中。

根据品牌故事世界与现实世界的关系，情境可以分为再现性、例释性和现实性三种。再现性着眼于对现实的复制，是模仿性的。例释性则是象征性的，并非来自历史性、心理性、社会性的真实，而是来自形而上的真实。但无论是再现性的还是例释性的，情境所投射出的含义必须是真实的，如瑞安在"可能世界"理论中强调的最小偏离原则，即建立故事世界与消费者所存在的现实世界之间的联系，以降低消费者进入故事世界的门槛。

现实性情境有娱乐、体育、公益、文化等情境，通过参与活动而进行品牌叙事。例如，最常见的是娱乐情境，将各种娱乐、综艺节目作为情境，冠名赞助、软性植入，或者将电视剧、电影作为情境，软性植入。体育情境是将各种体育赛事作为品牌叙事的情境。公益情境则是将各种社会公益活动作为体现企业社会责任感的情境，例如强生公司一直将公益活动作为品牌叙事的主线。还有文化情境，是将品牌叙事植入文化活动，如绘画、建筑、文物、舞蹈、时尚、音乐等各种文化交流活动中，还可寻找一些需要帮助的文化类型进行社会营销，如非物质文化遗产的保护就是一个很好的文化情境。

百威常年赞助北美四大职业体育联盟 NFL（美式橄榄球联盟）、MLB（美国职业棒球大联盟）、NBA（美国职业篮球联赛）和 NHL（国家冰球联盟）以及其他一些国际赛事，如 1986—2006 年的每一届世界杯足球赛、英超联赛、西甲联赛、百威 NASCAR 联赛和一些主要的拳击比赛等，也是 1984、1996、2008 年夏季奥运会和 2002、2006 年冬奥会的赞助商。近年，百威将足球赛事作为重要的叙事情境，因为啤酒消费者与足球观众高度吻合，面临业绩不振的困境，它开始了叙事的调整。2019 年，百威与西甲联赛合作，双方一同发起全球品牌活动 "Be a king" 成为王者，西甲联赛每场比赛后的最佳球员也由百威颁发奖杯；同年，百威正式成为英超的官方啤酒合作伙伴，双方共同推出 "英超名人堂"，以表彰 1992 年以来在联赛中展现非凡才华的球员；还与尤文图斯队、阿贾克斯队，以及美国女足大联盟合作，得到女足联赛季后赛、总决赛以及 MVP（最有价值球员）奖杯的冠名权，同时在休赛季为女足大联盟球员提供体育商业培训的项目，以帮助女足球员在球员职业生涯结束后进入新的领域。

（三）构建现实性情境

除了植入现实性情境，还可通过构建现实性情境进行品牌叙事，即在消费者的生活中寻找与消费者产生联结的机会，从消费者现实和潜在的物质需求、情感需求、精神需求出发，构建情境进行叙事。构建有张力的现实性情境，首先是乐消费者之所乐，为消费者创造愉快的体验。而打造峰值体验更是一种现实情境构建的高超手法。斯坦福大学商业行为学者希思兄弟（Chip Health & Dan Health）通过大量案例分析提出打造峰值体验的四种时刻。[1]

---

[1] 希思. 行为设计学：打造峰值体验［M］. 靳婷婷，译. 北京：中信出版集团，2018：171.

欣喜时刻：指超越平常的体验，通过提高感官享受、增加刺激性和打破脚本来实现。

认知时刻：人们在被现实绊倒、处于风险之下或者置身于新环境时最容易激发新的自我认知。品牌这个时候能引导人们找到方向并给予支持，让他们实现自我突破，这将会让消费者刻骨铭心。

荣耀时刻：获得来之不易的荣誉时。

共感时刻：在个人纪念日、世界性比赛时，如果品牌能够提供惊喜、营造氛围，将令人终生难忘，这在互联网提供沟通支持的今天并不难做到。喜力啤酒从 1994 年就开始赞助欧洲冠军杯赛，其目标就是利用欧冠杯赛这一共感时刻为球迷制造惊喜。品牌方要抓住这些时刻作为品牌叙事开启的大好时机，要灵动、随时随地地捕捉时机和创造时机。

另外，品牌方不仅要关注消费者的积极情感，还要关注消费者的忧虑。在他们人生低谷时刻，不仅要给予关注和开导，还要付诸实践。品牌还要经常对着消费者的"画像"发问：我的金主们都会有什么样的烦恼？我能帮他们做些什么呢？

创伤时刻会给人带来巨大的痛苦，但也能带来积极的成长。研究者理查德·泰德思奇（Richard Tedski）和劳伦斯·卡尔霍恩（Lawrence Calhoun）发现人们会从巨大的伤痛中有所领悟。[1]

品牌可以多去帮助这些遭遇劫难的人走出低谷或与之共鸣，急其所急、忧其所忧、乐其所乐，和消费者一起生活，而不是去生硬地创造时刻。要留心消费者在每个时刻包含的可能性，颠覆日常生活和工作中的单调和枯燥，打造意义深远、值得被消费者铭记的珍贵体验。

二、事件序列性

品牌叙事的顺序取决于营销沟通目标和叙事事件的效果，要在时间轴上推演每一个叙事事件会产生的效果，随之而来的叙事要承接和利用这一效果。

（一）什么是事件序列性

叙事源于人类或类人主体与同伴和周围环境的持续互动，所以叙事是由诸

---

① 希思. 行为设计学：打造峰值体验［M］. 靳婷婷，译. 北京：中信出版集团，2018：457－463.

多事件构成的。品牌叙事也具有事件序列性，因为各个营销沟通活动需要彼此承接、相互呼应。品牌叙事的事件序列性是指一个个营销沟通活动组成具有战略意义的序列，以激发特定的认知或情感，并表达品牌的价值观。例如，多芬在 2010 年推出 "Real beauty" 运动。首先，它在纽约时代广场发布户外互动广告，展示了满脸岁月痕迹却神采奕奕的老年女性形象，让人们评价 "是年老的还是优雅的"。在引起全球广泛关注和口碑爆棚后，多芬又推出一则视频短片，展现了一个长相普通的女性如何通过化妆和电脑合成，最终成为超级名模的样子，其文案是 "毫无疑问，我们对于美的理解是扭曲的"。这一视频引起的病毒传播让大家对多芬的品牌意图和价值观诉求有了进一步的理解。之后多芬又推出一连串的沟通活动，如让美国联邦调查局特训的素描肖像画师画出一群女子对自己的描述，然后又根据陌生人的描述为同一女子进行画像，结果根据陌生人描述的画像总是比根据女子本人自我描述的画像更美。这个视频短片所传达的观点是 "很多女人并没有意识到自己有多美"。通过一系列的事件，多芬为女性建造起一个接受自己、感受自己天然美的世界，挖掘出人们内心深处对于自我接受的渴望，并满足了这一渴望。

（二）如何构建事件序列性

品牌叙事的事件序列性解决的不仅是构建故事世界的问题，而且是品牌叙事效率的问题，要使各种沟通活动相互化合形成最大合力。事件序列性应做到以下几点：

（1）事件在空间横向上和时间纵向上要形成联系，即 "整合沟通"，核心就是构筑品牌故事世界，以品牌核心价值观为 "同一个声音"。

（2）从时间维度看，前后事件之间要能形成合力，后面的沟通事件要能借用前面事件的 "势"，即效果；后面事件要达到前面事件未能达到的效果；前后事件共同完成一个阶段的营销沟通目标或者说叙事目标，如建立品牌知名度、认知度、联想度和忠诚度。

（3）从空间维度看，不同目的、不同媒体、不同方式的沟通活动要彼此借力、彼此呼应，达到知名度、认知度、联想度、忠诚度的广度和深度。

（4）不要指望一个沟通事件就能达到所有效果，只有根据沟通效果编排好一个一个的营销沟通活动，才能最终实现一定阶段的目标。如同一个石子投入一个平静的湖面，一圈一圈荡漾开去的水波就像一个个事件，后面的波圈要借上前面波圈的势，才能趋于效果最大化，所谓"因势制宜"。

例如百雀羚 2017 年在社交媒体上推出一则 H5 竖屏广告，用民国画风描述了一名身着旗袍的女特工穿过十里洋场的上海的市井景象，其间穿插着当时社会经济、文化的小知识贴士，趣味盎然。最终女特工完成了刺杀任务，刺杀的敌人原来是"时间"，最后的广告语是"百雀羚始于 1931，陪你与时间作对"。这则创意制作不俗的小广告短时间内引爆了社交媒体，其目的也很清晰，就是对功能利益的诉求，并暗示了品牌历史久远这一事实支持。但是这则对年轻消费者实现了知名度传递、对年长消费者实现了情感唤起的广告并未带来产品的及时销售，于是引来一片批评之声。但批评不应该针对这则广告，而应该针对百雀羚浪费了这一次事件的效果，没有趁势而上紧接着推出新的沟通活动，进而对消费者的认知、联想、忠诚产生影响。如果当时围绕百雀羚产品工艺的介绍，或者民国风及旗袍女设计有趣的促销活动，则会刺激商品的销售。之后再推出围绕品牌核心价值观的各种创新沟通活动，让消费者产生丰富的联想，则品牌故事世界就慢慢显现。当下电子商务中对"品效合一"的追求也应该保持清醒，不要指望一次沟通活动就能实现所有目标。

事件序列可以是简单的线形结构，也可是复合结构，要按照目的、资源、效果、创意等进行结构，但一定要有明确的构思谋略。

另外，叙事最终要给消费者一个明确的终点，让消费者所有的问题都得到回答，所有的情感都得到满足，或实现功能利益或实现情感利益，或展现核心价值观延伸价值观，而不是不明所以，让消费者的猜测飘荡在喧闹的活动中。每一次叙事都要形成一个闭环，即使是和下一次活动共同构成一个闭环，也要非常明确给消费者设定的"终点"是什么。

三、建造世界/破坏世界

叙事要让故事世界处于平衡与不平衡的转换中。

(一) 什么是建造世界

叙事是创造世界的蓝图，故事讲述者利用叙事媒介中可用的符号来设计这些蓝图，以创造和更新故事世界。戴维·赫尔曼把建造世界作为心智与叙事的连接点，把何时（when）、何事（what）、何地（where）、何人（who）、如何（how）、为何（why）等看作建造世界的核心参数。

故事不仅仅代表叙事性的世界，也代表对世界的破坏。也就是说，事件将不平衡或非规范的情况引入那个世界，在叙事中所呈现的事件会给包含人类或类似人类的角色的故事世界带来某种破坏或不平衡，无论这个世界是真实的还是虚构的，是现实的还是幻想的，是记忆的还是梦想的等。

沟通活动的创新如同创造一个事件，事件意味着"变化"，而这种变化是通过品牌核心价值来表达和经历的。价值是叙事的灵魂，人类的价值经验是二元对立共存的，如善/恶，勇敢/懦弱，美丽/丑陋，诚实/虚伪，自由/奴役，爱/恨，生/死，高尚/卑劣，等等，人们的选择可以随时走向反面，这便是故事价值。所以在品牌叙事中，就是要带着消费者经历由负面向正面的转换，在冲突中经历和感受价值概念。以下这些广告片都是该品牌建造世界的一个缩影。

推特赶走社交恐惧，从懦弱走向勇敢。①

苹果"欢迎回家"，从束缚走向自由。②

耐克"疯狂梦想"短片，激励人们超越自我。③

消费者也可参与到建造世界中来。好事达（Allstate Insurance）保险公司一直的诉求是"你把自己交到可靠的人手里了吗？"2015 年该公司在新年举办的糖杯（Sugar Bowl）橄榄球比赛现场组织了一场名为项目共享意识（Project share aware）的活动，目的在于提醒人们如果在社交媒体分享自己的地址，可能会给罪犯提供入室盗窃的机会。他们提前找了一对夫妇，告诉他们获奖了，并登门拜访，偷拍了家居物品，随后进行复制，在摄影棚里还原了这个家。之后保险公司邀请这对夫妇前往比赛现场。在比赛过程中，电视同步播放对这对夫妇财物的拍卖活动，并把观众引导到网站上实时抢购。这对夫妇在比赛现场的大屏幕看到拍卖后大惊失色，隐藏摄像机捕捉他们的反应，并通过电视直播出去。这个创意收到了良好的效果，该广告点击量激增，在 Facebookc 上获得

---

① 视频见：https://vdse. bdstatic. com//bec068c3de6de8b54d34d6c765c3585f. mp4? authorization=bce-auth-v1％2F40f207e648424f47b2e3dfbb1014b1a5％2F2022－02－03T11％3A00％3A30Z％2F－1％2Fhost％2F4282ea7f3bf95d04392b570a05de91ead83ebe521367ddb8dc826bca7b56572b。

② 视频见：https://www. bilibili. com/video/BV1zv411P77Z? t=5.5。

③ 视频见：https://www. bilibili. com/video/BV1eb411877g? t=125.5。

2 000 多万次阅读。这家保险公司在一场橄榄球比赛的时间里为观众铺垫出一场潜在的破产，并出售给他们一种保护财产的保险产品。这就是先破坏消费者已有的世界，然后再建造一个新世界的例证。[①]

（二）如何建造世界

哲学家纳尔逊·古德曼（Nelson Goodman）在他的研究《构造世界的多种方式》（*Ways of Worldmaking*）中提出了一些建造世界的方法，他认为，创造世界"正如我们所知，总是从已经存在的世界开始"。古德曼接着指出了从其他世界中构建世界的五个步骤：组成和分解，权重，顺序，删除和补充，变形。[②]

1. 画出一道有张力的弧光

品牌建造世界也可参照这一思路，但重点是通过"事件"的变化解决消费者内心的冲突。建造世界要有反派，反派即消费者面临的矛盾或需要解决的问题，或功能性的，或情感性的，或价值性的。这个反派应该是单一的、真实的、能引起共鸣的，例如乔布斯意识到人们对于电脑有望而生畏的感觉，于是创造出了苹果简易交互的模式，他洞察到的反派就是大多数技术小白面对电脑时的畏惧感。广告片《1984》以奋力一掷的锤子击碎屏幕中代表 IBM 的老大哥，隐喻苹果最终为消费者带来了自由。在矛盾开始与矛盾解决的结尾之间，苹果用革新的产品画出了一道熠熠发光的弧光。

品牌建造世界就是这样一个过程：在沟通活动或故事的开头，消费者所感受到的价值负荷，与到活动或故事的最后消费者所感受到的相反的价值负荷，构成故事弧光。创作者要设置好情节之中的动力、张力和阻抗因素，使情节浑然一体。

例如，喜力啤酒推出了一个活动，邀请全球 40 位体育、艺术、娱乐界的佼佼者，让他们带着喜力啤酒的海报上山下海、遨游宇宙、去火山口上做爆米花——为这些海报赋予自己的故事。最终，每张海报都体现了一个独一无二的传奇经历。通过展览、在 eBay 上销售海报所获得的收入，用于保护探寻真相的无国界记者的人身安全。每一张海报和主人所经历的故事都画出一道有张力的

---

① 米勒. 你的顾客需要一个好故事 [M]. 修佳明，译. 北京：中国人民大学出版社，2018.

② HERMAN D. Basic Elements of Narrative [M]. New York：John Wiley & Sons, Ltd, Publication, 2009：124.

弧光，而最终的落点是对真相的探寻，弧光组合呈现的结果更令人炫目。[①]

奥利奥的品牌核心价值观是"在一起，才好玩"，除了各种日常"扭一扭、舔一舔、泡一泡"的趣味玩法，奥利奥还通过介入社会生活、关照现实打造弧光。2021年"六一"儿童节，奥利奥联合腾讯公益发布了一则短片《分不开的爱》，片中讲述了五个父母忙于工作的孩子的故事，诠释了"玩在一起，爱不缺席"的延伸价值。同时还推出了合二为一的盒装奥利奥，在包装上孩子可以写上想和父母说的话，在孩子和父母之间划出一道爱不缺席的弧光。[②]

先洞察消费者的问题，然后抛出问题，最终要解决问题。每一环叙事都要有一个开口，最终的闭环要让顾客满意，或是心灵找到归属，或是思想得到指引。

2. 创造体验之外的世界

建造一个消费者生活体验之外的世界，打破消费者常规的脚本，这会捕获消费者的心。建造这样的世界需要在浩如烟海的素材中择取最富表达力的内容，然后组合为一个包含起承转合的活动或故事。特别是在今天，沟通活动已经不再局限于传统媒体的单向沟通，因此更多地通过消费者卷入参与活动，给他们营造一个未曾遭遇过的故事世界是不难做到的。这个故事世界通过叙事让消费者体验千姿百态的生活，但又有着自己的身影，里面包裹着认同、欲望，召引着消费者去追求、去抗争、去接纳、去感受。

3. 世界要有意义

建造世界就是赋予品牌使命，想清楚品牌为消费者提供的是什么价值观。例如，奥利奥2015年推出主题"Play with Oreo"（玩转奥利奥），其官方宣称"奥利奥不应只关注饼干本身，更应承担激发创意与想象力的使命，融入消费者的生活之中"。

四 、感受性

感受性是叙事所产生的效果的综合体验，叙事效果如何就要看消费者的感受性如何。

[①]　视频见：https://v.qq.com/x/page/k0130gaokg2.html。
[②]　视频见：https://v.qq.com/x/page/x3249ihmi1y.html。

（一）什么是感受性

内格尔（T. Nagel）认为意识是作为某人或某事的"感觉是什么"①。戴维·赫尔曼认为，感受性指某人或某事有某种具体经历的"像什么"的感觉。故事不仅包含了事件以特定方式排列的时间序列，也不只是规范和破坏的动态，更重要的是，故事代表了——也许是让人们能够体验——在不断变化的故事世界中经历事件的感觉。② 品牌叙事的感受性就是人们在经历了故事体验后的感觉。

品牌叙事投射着消费者的情感、态度、动机、观点。成功的品牌叙事应该让消费者在经历了故事体验后产生移情、认同和欲望。移情指消费者对叙事中的角色产生情感，对其经历感同身受。认同指消费者对叙事中蕴含的价值观产生了一致性。欲望指消费者在经历了品牌叙事后，对拥有品牌产生了欲望。

（二）如何获得好的感受性

要让消费者在品牌叙事中获得有利于品牌故事世界构建的感受性，最终实现商品的销售和建立对品牌的忠诚，需要思考以下要点。

1. 意义和艺术的糅合

感受性可分为意义和艺术两个层面，意义层面就是对价值观的感知和认同，艺术层面则是艺术感染力推动、强化认同的艺术能力。将意义和艺术有机结合，二者不可偏废，就可让消费者获得良好的感受性。

宝洁旗下产品护舒宝（Always）开展了"像女孩一样"的叙事活动。其广告代理公司李奥贝纳捕捉到诸如"你扔球像个女孩子"和"你跑步像个女孩子"之类的对女性群体的贬低嘲讽，尤其是对护舒宝目标群体青春期女孩自尊心的伤害。于是护舒宝创作了视频广告，以普通女孩为主角，通过故事反转表达出女孩们为战胜这类嘲讽而做出的努力，令观众产生共鸣。视频中将"像女孩一样"这句本来是负面意义的短语转化为正面激励的口号，获得了社会广泛认同，成为流行口号，甚至被许多女性用来鼓励下一代。社会认同让大众把这一核心

---

① NAGEL T. What Is It Like To Be a Bat? [J]. The Philosophical Review，1974，83（4），435-450.

② HERMAN D. Basic Elements of Narrative [M]. New York：A John Wiley & Sons, Ltd, Publication，2009：36.

价值上升到更高的水平，令护舒宝成为一个代表女性价值观的品牌。

路易威登在 2008 年推出了一则宣告品牌价值观重塑的广告，其内涵是"人生就是一场意义深远的旅行"，后来的延伸价值观都以"寻找旅行的意义"为主线展开，如探索加利福尼亚州的无垠荒漠，从京都到伊比萨岛的心灵释放，在南非路遇各种野性自由的动物，游走在碧海蓝天的加勒比海。路易威登对"旅行的艺术"进行了立体的探索，以浓烈的艺术性让消费者感知旅行的意义。"旅行"启发了路易威登，造就了路易威登，在路易威登和消费者之间构筑出了共同的故事世界。①

有思想的叙事高手能够从任何少量的素材中发掘出生命力，而缺乏思考深度的叙事者面对深奥的道理却无法看见，只能做些平庸的作品。但如果只具有慧眼，却不会通过创造性沟通叙事，思想也会枯燥无味。

AR、VR、MR 等智能技术的不断进步也为意义的沟通开辟了以消费者为中心的具身体验路径，将迎来全新的叙事方式。元宇宙就是智能技术背景下的一种思维方式，如此一来品牌叙事将有更多可能。

2. 真实、真诚、真知的融入

品牌叙事首先要做到真实，如事实的真实、功能的真实，真实是品牌的立足之本。其次要将真诚融入生产、营销、沟通的每一个环节，在与消费者构建关系的叙事过程中要情感诚挚、行为诚挚。当然，最核心的是要有真知，即对社会发展有真知灼见，准确地捕捉到消费者内心与自身现实和社会现实之间的冲突、矛盾，用符合事物发展规律的价值观与消费者携手前行。

3. 简洁、清晰

叙事要注意简洁性，尚卡（Shankar）等学者认为讲故事时要适当地留点想象空间，让消费者去构建自己的故事，这样才能最大化故事的力量。② 丹宁（S. Denning）强调故事讲到刚好能让消费者理解的程度就够了，不必太详细。品牌讲故事的目标"不是想让消费者被困于冗长的故事中"，而是在于让消费者

---

① 视频见：https://v.qq.com/x/page/y0607vix25j.html；https://v.qq.com/x/page/m0503niel28.html；https://v.qq.com/x/page/f0126jj1f1i.html。

② SHANKAR A，ELLIOTT R，GOULDING C. Understanding Consumption：Contributions from A Narrative Perspective [J]．Journal of Marketing Management，2001（17）：429～453．

"通过与自身背景的联系来发现或一起创造他们自身的心智故事"①。只有给消费者留下一定的想象空间，他们才能有机会和能力涉入含蓄的故事以及其暗含的意义中去。

叙事的逻辑、落点要清晰，无论是诉求功能利益、情感利益还是价值观，每一次叙事都要让消费者明确地认知诉求点。

4. 品质

无论叙事的方式和目标是什么，最终要让消费者感受到优异的品质。这里的"品质"包括两层含义：一是叙事的品质，二是品牌的品质。叙事的品质有着丰富的内涵，意义、意象、格调、气质、技艺等浑然一体才能呈现上乘品质，而不是混乱、恶俗、低劣。诉求的不清晰、创意的蹩脚、元素的不合时宜、制作的粗糙都会损害品牌叙事的感受性，进而损害品牌。通过品牌叙事让消费者对品牌的认知和联想产生好的效果，让消费者对品牌的品质有着良好的感受性，这是品牌叙事的最终目的。

第三节　叙事中的视角

叙事学家斯坦策尔（F. Stanzel）提出了一个"叙事情境"（narrative situation）的概念。他将叙事情境分为三种——第一人称的叙事情境、叙述者的叙述情境、人物的叙述情境，并描述了每一种叙述情境中的典型特征，包括叙述者的参与程度、距离、知晓范围、目的、可靠性、声音和聚焦情况等。② 这种叙事情境的划分体现了一种叙事视角。热奈特根据叙述者的干预程度对人物话语的不同表达方式进行了区分：叙述体（叙述者行使最大干预）、间接体（叙述者实施部分干预）和直接体（叙述者实施最小干预）。③ 同样，对人物意识的表达方式也有心理叙述方式（叙述者直接概括人物本身也许没有意识到的心理）、

---

① DENNING S. The Leader'S Guide to Storytelling：Mastering the Art And Discipline of Business Narrative [M]. San Francisco：Jossey-Bass，2005.

② STANZEL F K. A Theory of Narrative [M]. trans. Charlotte Goedsche. Cambridge：Cambridge University Press，1984.

③ GENETTE G. Narrative Discourse [M]. Trans. Jane E. Lewin. Oxford：Blackwell，1980：125 - 128.

戏剧独白、内心独白、思维风格（体现人物思维中常用的词汇、修辞和句法倾向等）之分。[①]

　　下面从语态和语式这两个方面来分析如何处理品牌叙事视角问题。同时，通过聚焦兴起的女性主义叙事，看其语态和语式对叙事视角的作用。

一、语态

　　语态是叙事中关于谁说的问题。语态研究中的关键术语是叙述者，即叙事话语的发出者。叙述者既可以出现在叙事行动中（如很多第一人称叙事），也可以不出现在叙事行动中（如很多第三人称叙事）。[②]

　　第一人称叙事即主角叙事，主角有人、商品或其他事物。第一人称叙事具有代入感，如同与消费者直接交流。例如，添柏岚（Timberland），将鞋子作为叙事主角，通过一段文案把品牌百折不挠的精神动情地展现出来，其中那句"我走的时候，叫 Timberland，回来时，才叫踢不烂"深入人心。

> 忘了从什么时候起
>
> 人们叫我踢不烂
>
> 而不是，Timberland
>
> 从那阵风开始
>
> 当我被那风亲吻
>
> 被月光、星光、阳光浸染
>
> 被一颗石头挑衅
>
> 然后用溪流，抚平伤痕
>
> 当我开始听到花开的声音
>
> 当我不小心闯对路
>
> 又认真地，迷过路
>
> 当我经历过离别

---

　　① JAHN M. Poems，Plays，and Prose：A Guide to the Theory of Literary Genres［M］. Questions and Answers Supplement. Cologne：University of Cologne，2002：92 - 95

　　② GENETTE G. Narrative Discourse［M］. Trans. Jane E. Lewin. Oxford：Blackwell，1980：177 - 184.

又曾经被人等待

当我需要，被需要

我知道

已和一开始

那双崭新的 Timberland

完全不同

在时光里

我变旧，变皱

用伤痕，覆盖伤痕

每天，当太阳升起

我，又是全新的

我走的时候，叫 Timberland

回来时，才叫踢不烂

但踢不烂的故事

还远远未完成

踢不烂，用一辈子去完成

以人物作为第一人称叙述者的叙事很多。此外最常见的就是第三人称叙述者或混合叙述者。

叙述者的可靠性和叙事意识影响着叙事效果。可靠的叙述者让读者相信并接受他对事件的报道、理解和评价，不可靠的叙述者则由于知识的缺乏、对事件参与不足或有问题的价值判断系统，让读者对其报道、理解和评价产生怀疑。叙事意识是指叙述者进行叙事时的心理状态。[①] 对叙述者可靠性和叙事意识的判断极大地影响着消费者对叙事文本的解读。所以，品牌叙事要做到真实、真诚和真知。无论现实或虚拟，都要勾连消费者的真实情感和真实问题。许多广告作品或活动平淡无奇，虽然也把生活中的真实呈现出来，但只是"小写"的真实。"大写"的真实位于事件的表面现象之后、之外、之内、之下，或维系现

---

① KENAN R S. Narrative Fiction：Contemporary Poetics [M]. London：Methuen，1983：100

实，或拆解现实，不可能被直接观察到。由于作者只看到了可见的事实，反而对生活的真实茫然无视。① 所以品牌要对消费者、对社会文化有真知灼见，才能将大写的真实呈现给大家。另外，还要将"己所不欲，勿施于人"的诚意融入生产和营销沟通之中。

热奈特在《叙事话语》中提出叙事由顺序、进速、频率、语气和语态构成。语气可细分为"距离"和"观点"。"距离"涉及叙述与素材的关系，是描述还是再现，是直接叙述还是间接叙述，或者用"自由间接引语"等。"观点"又称观察点，可再划分为叙述者知道的比人物多、比人物少，或与人物处于同一水平；也可划分为全知的无焦点观察、人物从一个位置或几个位置聚焦。语态探讨叙述本身的活动。如果说语气是有关谁看的问题，那么语态则是关于谁讲的问题。②

二、语式

语式是叙事中关于谁看的问题。语式用来描述叙事信息调节。热奈特区分了两种调节方式：一种是距离控制，指叙事信息数量控制；另一种是投影控制，指叙事角度控制。这里有一个关键术语聚焦者，指充当叙事视角的眼光。叙事可以采取叙述者聚焦，如全知型第三人称叙事；也可以采取人物聚焦，如第一人称叙事或第三人称有限视角叙事。值得注意的是，多数叙事都混合采用两种聚焦方式。③ 热奈特在分析叙事聚焦之后进一步指出，选择了某类叙事聚焦，也就选择了信息数量和叙事角度，因为特定的聚焦只能感知到某些信息，如果叙事超越了这些信息，则被视为"视角越界"（包括少叙和多叙），但他同时指出，在很多情况下视角越界并不影响读者的阅读和判断，读者的认知策略可以帮助他们合理地排除这些越界可能带来的阅读困难。④ 可见，品牌叙事应追求信息数量多，叙述者角度多，这样才能全方位认知品牌信息。

① 麦基. 故事：材质·结构·风格和银幕剧作的原理 [M]. 周铁东，译. 天津：天津人民出版社，2016：17.

② 胡亚敏. 结构主义叙事学探讨 [J]. 外国文学研究，1987 (1)：78.

③ JAHN M. Poems, Plays, and Prose: A Guide to the Theory of Literary Genres [M] //Questions and Answers Supplement. Cologne：University of Cologne，2002：57

④ GENETTE G. Narrative Discourse [M]. Oxford：Blackwell，1980：143-147

戴维·赫尔曼为了研究聚焦类型、语法语气和认知模态之间的关系,从认知叙事学的角度对叙述焦距进行了初步探索,提出了"假定聚焦"这一概念。[①] "假定聚焦"就是人物或叙述者可能看到或感知到假想事件这一行为,它分为两种:直接假定聚焦和间接假定聚焦。直接假定聚焦指对"假定见证者"有明显引力的叙述聚焦,间接假定聚焦则需要读者自己到文本中去识别。这两种聚焦都有程度的强弱之分,它们都把弱认知模态在确定性、虚拟性和极端不确定性的范围内加以编码。[②] 由此可见,品牌叙事既要有明显的直接叙述聚焦,即品牌方投放的视频、平面广告等,也要有让消费者参与的间接假定聚焦,即互动活动等,才能丰富消费者的认知。

三、女性主义叙事视角

之所以把女性主义作为一个叙事视角,是因为女性主义已经成为时下一股重要的社会思潮,面对"半边天"的市场,品牌叙事必然绕不过去。

女性主义叙事学的开创人是美国学者苏珊·兰瑟(Susan S. Lanser),她于1986年在《文体》杂志上发表了一篇宣言性质的论文《建构女性主义叙事学》[③],该文首次采用了"女性主义叙事学"这一名称,并对该学派的研究内容和研究方法进行了较系统的阐述。兰瑟建议将"性别"作为一个结构成分收入叙事诗学。她认为"我们可以对任何叙事作品的性别进行一些非常简单的形式描述":"叙述者的性别可以是有标记的也可以是无标记的。倘若是有标记的,就可以标记为男性或是女性,或在两者之间游移……虽然在异故事叙述(即第三人称叙述)的文本中,叙述者的性别通常没有标记,然而在大多数长篇同故事叙述(即第一人称叙述)和几乎所有的长篇自我故事叙述(即"我"为故事的主人公)的文本中,叙述者的性别是明确无疑的……我们可以根据性别标记和标记性别的方式(究竟是明确表达出性别还是用一些规约性的方式来暗示性

---

① 尚必武. 叙述聚焦研究的嬗变与态势 [J]. 天津外国语学院学报,2007(6):13-21.

② HERMAN D. Hypothetical Focalization [J]. Narrative,1994,2(3):230-253.

③ LANSER S. Toward a Feminist Narratology [C] //R Warhol, Diane Price Herndl Feminism: An Anthology. New Brunswick:Rutgers University Press,1991:610-629.

别）来区分异故事叙述和同故事叙述的作品。①"

苏珊·兰瑟把女性主义批评和性别研究同叙事理论结合起来认为叙事学和女性主义在三个关键问题上存在着差异：在叙事理论建构中性别的作用、作为模仿或者表意的叙事的地位，以及语境对于确定叙事中的意义的重要性。她批评叙事学在实质上没有考虑性别的问题，为叙事学提供基础的那些叙事作品都是男性的作品或者被当作男性的作品。兰瑟提出，要改写叙事学，要把妇女作为文本意义的生产者和阐释者的贡献考虑进去。②

法国女装品牌蔻凯（Kookai）创立于 1983 年，其目标群体开始是 15～25 岁的叛逆少女，当时正逢女权主义兴起，Kookai 就以女权主义作为旗帜，成为名噪一时的品牌，其核心价值观为"女人我最大"，图 4-3 即 Kookai 的一组平面广告。

扫码观看
高清彩图

图 4-3 Kookai 平面广告

英国卫生巾品牌 Bodyform 的广告《子宫痛事集》（*Womb Pain Stories*）以女性叙事视角，用真人和动画结合的方式讲述了女孩从青春期、结婚、备孕、流产、怀孕，最后逐渐步入更年期的故事，展现了月经、试管受精、流产以及

① LANSER S. Sexing the Narrative：Propriety，Desire，and the Engendering of Narratology［J］. Narrative，1995（3）：87.

② 程锡麟. 叙事理论概述［J］. 外语研究，2002（3）：10-15.

子宫内膜异位症带来的各种疼痛，从中捕捉女性与子宫不离不弃的情感，呼吁关注女性健康。同时在社交媒体发起"Pain Stories"（疼痛的故事）话题讨论，并在线上搭建了一个虚拟"疼痛博物馆"，用艺术作品展现疼痛的禁忌。

耐克女性主义广告表达的是被世俗所认为的"疯狂"成就了女性运动员的自我超越。[①]

为庆祝国际劳动妇女节，三星采访了不同背景的女性员工，并邀请三位才华横溢的女插画师，根据她们的故事创作出三幅充满力量的艺术作品，以展现女性的自强和成就（见图4-4）。

图4-4　三星国际劳动妇女节插画作品

女性主义品牌叙事以女性作为叙事视角和聚焦眼光，呼吁女性摆脱传统束缚，选择自己的生活方式，审视自己的心理情感，表达自己的生命体验。目前的女性主义品牌叙事在语态和语式上的运用还较为单一，未来会有更多的品牌进行女性主义叙事探索。消解男性主体话语权，构建女性话语权和自我意识，实现两性平衡，是女性主义叙事追求的本义。

第四节　叙事中的时空

恩格斯说："一切存在的基本形式是空间和时间。"在物理学中，空间和时

---

① 视频见：https://v.qq.com/x/page/c0842wwyw5b.html。

间是指事物之间的一种次序。空间用以描述物体的位形；时间用以描述事件之间的顺序。时间无尽永前，空间无界永在。据爱因斯坦的相对论解释，世界上发生的每一件事情都可由空间坐标 X、Y、Z 和时间坐标 T 来确定，因此物理的描述一开始就一直是四维的。数学家明可夫斯基（H. Minkowski）把空间和时间融合成为一个均匀的四维连续区即"时空连续统"。空间和时间在应用时总是一道出现的，两者紧密联系，不可分离。

叙事表现的是具体时空中的现象，任何叙事都必然涉及某一段具体的时间和某一个（或几个）具体的空间，时间和空间同为叙事存在的基本维度。超时空的叙事现象和叙事作品都是不可能存在的。[①] 时间和空间是相互依存的。玛丽-劳尔·瑞安以"沉浸诗学"来刻画人们的叙事体验，叙事沉浸指想象力介入建构与设想一个有智能生物所栖居的具体的故事世界，纯粹依靠心理活动实现。[②] 叙事沉浸有三种表现形式：一是空间，读者对被述事件的临场感；二是时间，读者的悬念体验；三是情感，读者对故事或人物的情感反应。时间和空间对消费者体验有着至关重要的作用。

一、叙事时间

时间是叙事的基本要素。热拉尔·热奈特在《叙事话语》中使用了时序、时长和频率三个时间参数分析故事时间和话语时间之间的各种错位现象。[③] 同时他也发现叙事中某些事件的时间维度非常复杂，没有清晰的时间定位，难以归入时序错乱现象之列，他用"无时性"来描述那些没有确定时间定位的事件。赫尔曼则认为无法确定事件在叙事序列中的位置并不意味着这些事件是"无时性"的，复杂的"时间倒错"并非完全没有时间顺序可寻，而是一种利用时间的不确定性来打破叙事自身的线性特征，或使叙事自身呈现出多种时序特征的叙事模式。赫尔曼把复杂的"时间倒错"也称作"模糊时间性"，以此表明其不

① 龙迪勇. 空间叙事学：叙事学研究的新领域 [J]. 天津师范大学学报（社会科学版），2008（6）：54-60.
② 张新军. 数字时代的叙事学：玛丽-劳尔·瑞安叙事理论研究 [M]. 成都：四川大学出版社，2017.
③ 热奈特. 叙事话语 新叙事话语 [M]. 王文融，译. 北京：中国社会科学出版社，1990：47.

确定性。① 赫尔曼同时指出，在复杂的"时间倒错"和多重时序现象中，叙事将事件锚定在多个时间框架内，使这些事件呈现出"多时性"特点，因此应该使用"多时性"而不是"无时性"的概念。②

品牌叙事要根据营销沟通目标、品牌故事世界构筑目标和效果因果承接来策划叙事事件的时序、时长和频率。但也要有"模糊事件性"的思维，通过叙事事件的"多时性"即多重时序，实现多个沟通目标以及形成多种叙事风格。

二、叙事空间

品牌叙事的空间可分为叙事空间、话语空间、消费者所处空间和叙事文本的载体空间等。

戴维·赫尔曼认为经典叙事仅考察时间是不够的。"在叙述的语境中，时间一定要纳入对空间的说明；对空间的叙事表现实际上包括了故事世界中具有时空设置的场面"。此时，文本空间被置换成了读者心中故事世界的空间，读者在心中建构了一个与现实世界相同的背景。③ 关于叙事空间，瑞安也提出了著名的认知地图与叙事空间建构理论。凯斯特纳（Joseph Kestner）在《第二位的幻觉：小说与空间艺术》一文中指出，小说是时间第一性、空间第二性的艺术，而视觉艺术则恰恰相反；空间艺术中隐含了时间关系，时间艺术也暗含了空间关系。④

叙事空间指人物活动并感知的场所，在叙事中可以完成各种功能，它可能仅仅提供一个行动发生的地点，也可能被主题化；可能永远处于静态，也可能随着人物的移动而不断转换。米克·巴尔（Mieke Bal）认为，叙事空间还可以用来延缓叙事时间，从而调整叙事的节奏。⑤

---

① HERMAN D. Limits of Order：Toward a Theory of Polychronic Narration［J］. Narrative，1998，6（1）：72 - 95.

② HERMAN D. Story Logic：Problems and Possibilities of Narrative［M］. Lincoln：Univ. of Nebraska Press，2002：219.

③ 赫尔曼，费伦. 叙事理论：核心概念与批评性辨析［M］. 谭君强，译. 北京：北京师范大学出版社，2016.

④ KESTNE J. Secondary Illusion：The Novel and the Spatial Arts［J］. Spatial Form in Narrative. eds. Jeffrey R. Smitten and Ann Daghistany. Ithaca：Conell University Press，1981.

⑤ BAL M. Narratology：Introduction to the Theory of Narrative［M］. Toronto：University of Toronto Press，2002：132 - 142.

　　20 世纪末，哲学社会科学领域出现了空间转向，突破了 19 世纪对于空间的理解仅停留在实体的物理空间层面。对叙事学空间转向产生巨大影响的学者有亨利·詹姆斯（Henry James）、巴赫金（M. Bakhtin）、弗兰克（Joseph Frank）、梅洛-庞蒂（Maurice Merleau-Ponty）和巴什拉（Gaston Bachelard）。詹姆斯的小说着重展现人物的意识，从叙事实践上拓宽了叙事的心理、感觉等空间；他还认为对比"讲述"对时间序列的侧重，"展示"更强调空间意向的生成。他大量借鉴了空间艺术如绘画、雕塑和建筑中的空间意向，最大限度地使用空间物体来建构其小说。如果说詹姆斯从文学实践上拓展了叙事空间，巴赫金则首先从理论上提出叙事空间的意义。其"时空体"概念借用了爱因斯坦的相对论，他认为：第一，空间和时间是叙事的组成成分；第二，叙事作品在内容结构上所呈现出的时间性质和其空间关系有着重要的联系。弗兰克是第一位正式对空间理论展开研究的学者，他的《现代小说中的空间形式》分析了福楼拜、普鲁斯特和乔伊斯等现代作家运用"空间并置"的手法终止时间流、突出空间化的创作手法。他明确提出了叙事的空间问题，创造了"空间形式"和"空间并置"等专业术语，指出现代文学打破了时间与因果顺序的空间特征，在贬低作品时间性的同时抬高了空间性。梅洛-庞蒂和巴什拉受法国存在主义哲学的影响，从现象学角度将空间概念扩大到了人类认知的层次。梅洛-庞蒂认为以知觉和身体为中介是可以把握深度空间的，巴什拉的研究则偏重诗学方面，他对家宅、抽屉、箱子、鸟巢、贝壳和角落等意向进行分析，强调心灵的主观性体验和文化原型在认识世界中的重要意义，从心理学的角度深入研究读者对空间意向的感知。[①] 由此可见，叙事空间包括了情境空间、心理空间。

　　情节空间可分为多个层次。弗兰克对叙事空间的研究启发了后来的许多批评家。自他之后，学者们从各个方面展开了对空间问题的探讨。米切尔（W. J. T. Mitchell）借用弗莱（N. Frye）的《批评的解剖》中有关中世纪讽喻的四层次体系，提出了文学空间的四种类型：字面层，即文本的物理存在；描述层，即作品中表征、模仿或所指的世界，是文本阅读中的心理建构；文本表现的事件序列原则，即传统意义上的时间形式；故事背后的形而上空间，可以

[①] 李静. 论叙事学研究的新领域：空间叙事学 [J]. 芜湖职业技术学院学报，2016，18（2）：80 - 83.

理解为生成意义的系统。①

路易威登在"旅行的精神"这一延伸价值的指导下，其各具风情的旅行地——碧海蓝天、无垠荒漠、现代城市、狂野非洲、东方山水、冰河圣地就成为阐释主题的情节空间（见图4-5）。

扫码观看
高清彩图

图 4-5 路易威登"旅行的精神"平面广告（现实主义空间）

除了现实主义空间，路易威登还创造了非现实主义空间。在留尼汪岛的马伊多火山峰的月光下，哈雷彗星告别地球时，将怀里路易威登的 LV 标志搁在山坡上；而1986年在香港的外海，还有一位小男孩在等待哈雷彗星的再次到来（见图4-6）。

图 4-6 路易威登"旅行的精神"平面广告（非现实主义空间）

① MITCHELL W J T. Spatial Form in Literature：Toward a General Theory [J]. Spring：Critical Inquiry，1980（6）.

品牌叙事中的外部空间则是指营销活动发生的场景。查特曼（Seymour Chatman）的《故事与话语：小说和电影中的叙事结构》被认为是美国结构主义叙事学著作中最为普及的一本。在这本书中，查特曼区分了"故事空间"和"话语空间"，认为前者指行为或故事发生的当下环境，后者则是指叙述者的空间，包括叙述者的讲述或写作发生的场所和环境。[1] 在品牌叙事中，营销沟通活动所发生的场景就是话语空间，可称为外部空间。随着数字化、网络化媒介技术的发展，外部空间愈发重要。

路易威登在巴黎卢浮宫举行的时装秀上创造了一个明日世界的外部空间，并在卢浮宫中以具未来感的材料——亚克力建造了一条透明的回廊，将时装秀置于未来空间的叙事中。

罗侬（Ruth Ronen）提出了叙事作品中空间的三种组织结构模式：连续空间，指文本包含多个相邻的空间，人物可以自由地在多个空间内穿行；彼此中断的不同质空间，即在特殊情况下允许跨空间交流，如《爱丽丝漫游奇遇记》；不能直接彼此沟通的不同质空间之间只有通过转喻才能沟通，如嵌入叙事，包括叙事中的梦境、童话故事、书中书等。[2]

加布里埃尔·佐伦（Gabriel Zoran）的《建构叙事空间理论》中提出的叙事空间理论是迄今为止最具有实用价值与理论高度的模型。在垂直维度上，他将文本空间结构划分为三个层次：地形学层次，即作为静态实体的空间；时空体层次，即事件或行动的空间结构；文本层次，即符号文本的空间结构。在水平维度上，他由大至小区分了三个层次的空间结构：总体空间、空间复合体与空间单位。[3] 这与品牌叙事的空间结构刚好吻合：按一定关系结构而成的营销沟通事件的空间是总体空间；每一次叙事事件的空间是空间复合体；构成每一次叙事事件的每一个空间是空间单位。他将构成空间复合体的基本单位视为场景。在地形层面里，场景就被称为地方；和时空层面联系的话，就成为行动域；而在文本层面场景就成为视域。

这些组织结构模式对品牌叙事中情节空间的构思具有启发意义，可以从空

---

① HERMAN D. Routledge Encyclopedia of Narrative Theory [M]. London and New York：Routledge，2005.

② 同①.

③ ZORAN G. Towards a Theory of Space in Narrative [J]. Poetics Today，1984，5（2）.

间结构模式的角度创造各个营销沟通活动中的互文性，结构也可激发创意，而且是高维创意。

绝对伏特加酒的叙事空间很广阔，自然、人文、历史都是其叙事空间，如果能与时俱进，进入科技领域，或者将情节空间延展至外部空间，即增加互动场景，则一定会有新的惊喜。

奥利奥饼干也在趣味营销的道路上不断开辟故事空间。首先是让奥利奥成为故事主角，如列出了 100 年间的大事记，将奥利奥变幻为每一个历史大事件的表征（见图 4-7）。

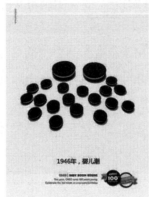

图 4-7 奥利奥的趣味营销

还有，奥利奥的情节空间天马行空，在中国与文化、历史结合，做了一系列本土化的创作：欢度春节的动画片；用 10 600 块真实的奥利奥搭故宫；用 50 000 块饼干化身琴键音符拼出了一场名为"无与伦比"演唱会，并还原了 20 年前周杰伦的经典专辑封面（见图 4-8）。

奥利奥还与安卓合作，Android 8.0 被正式命名为安卓奥利奥。奥利奥在微博时常发布一些虚实结合的小故事，将奥利奥植入生活场景或者自编自演的小故事中。

奥利奥利用 2 750 块饼干还原了电视剧《权力的游戏》的片头。①

以"万物皆可奥利奥"赋予小饼干无穷的活力，溜溜球、五子棋、音符、印章，3D 画、水墨画，打破产品界限、场景界限，尽情"一起玩"。

---

① 视频见：https://v.qq.com/x/page/i0859yzt0nd.html。

图 4 - 8 奥利奥在中国的本土化创作

叙事空间研究源起于研究者们试图突破传统的小说环境观和经典叙事学对故事空间的分析角度和方法，建构一种空间化的分析模式。经典叙事学将叙事空间区分为故事空间和话语空间，主要关注叙事空间在作品中的意义及其在情节中承担的象征功能。而认知叙事学者则从读者认知角度出发，不但提出叙事既是在时间中也是在空间中对事件的再现[1]，对读者如何根据叙事作品的空间参照来建立认知地图这一问题也进行了相关研究。根据瑞安《叙事空间/空间化叙事》一书的观点，可将叙事作品中的空间类型划分为经典叙事学的故事空间和话语空间，以及受述者空间（即读者、听众等所处的空间）和叙事文本的载体空间。营销沟通活动历来就注重消费者所处的空间与广告作品间的关系，在电子媒介技术出现后，更是以叙事作品与消费者所处时空之间的互动作为重要的创意源泉。在智能技术不断发展的今天，消费者所处的时空，即场景，已经成为品牌与消费者互动和价值共创的新领地。

三、时空性在创作中的应用

1914 年，俄国形式主义学家什克罗夫斯基（V. Shklovsky）提出"陌生化"

---

① ABBOTT H P. The Cambridge Introduction to Narrative ［M］. Cambridge：Cambridge University Press，2008：167 - 170.

概念，他指出艺术的构型过程主要就是改变常态，用新形式代替旧形式，即将曾经的规范、习惯转化为陌生的，采用"被人们创造性地扭曲并使之面目全非的独特方式"①。

陌生化叙事就是要通过情节时空、外部时空的变化不断置换消费者的内心时空，这是品牌叙事创新的基本原则。品牌故事世界是恒久稳定的，但需要不断变化的时空去刺激消费者的感知，激活品牌。进一步来看，广告接触点创意要做的就是，故事空间、话语空间、文本载体空间与消费者所处的物理空间在叙事语义的勾连下产生化合。

媒介技术创新及后现代主义思潮带来了广告对视觉冲击的新追求。可口可乐通过"陌生化"的叙事技巧，在增强广告视觉冲击力的同时，不断地激活故事世界，给予受动者新奇体验，使其在早已熟悉的故事世界中依然能够获得出乎意料的发现，以陌生化的时空置换受动者的内心时空，以此来增强对可口可乐故事世界的感知。

首先是情节空间的创新。可口可乐"陌生化"叙事并没有遵循经典叙事的线性叙事结构，更多的是一种凌乱、无序、破碎的状态展开。比如 2008 年的《我相信你》（*I Believe in You*）、2010 年的《摇摆一下》（*Shake it Up*）、2011年的《分享魔法》（*Share the Magic*）、2014 年的《给你一些快乐》（*Give a Little Happiness*）这一系列广告片，均没有遵循时间逻辑采取线性叙事结构，而是采取拼贴的方式，将不同时空的场景组合在一起。这一叙事时空的设置手法，可以引导观众抛弃理性的认知，更多地制造一种情感的唤起和观念的感染。

其次是外部空间的创新。例如，可口可乐将消费者生活中习以为常的场景、事物经过重新编排，让消费者在"不经意"中发现差异，进而在沟通活动中获得意义，不断感受可口可乐的快乐魔力。

四、智能技术创造新的时空性②

社会学家吉登斯（A. Giddens）认为："现代性的动力机制派生于时间和空间的分离和它们在形式上的重新组合。"人类传播活动的演进就建立在人类对时

---

① 张艳．"陌生化"理论在广告创意中的运用［J］．中国广告，2004（3）：58－59.
② 王菲，樊向宇．赛博客视角下人工智能广告的时空性［J］．国际新闻界，2022（5）.

间和空间的组合能力之上，到了电子媒体时代，这种组合能力愈发强大。由数据智能、跨媒体智能、群体智能、混合增强智能、自主智能等构成的人工智能技术对作为传播活动的广告产生了深远的影响，改变了广告的时空特性。"元宇宙"概念的出现就是基于智能技术系统对时间和空间在虚拟和现实中的重塑和再造。在时空再造中，消费者的"技术化的身体"① 成为以人机互动为内核的智能化沟通活动的中心。

（一）人工智能广告时空性的形成

人工智能技术的发展使日常生活的赛博格化（cyborgisation）特征逐渐显现，广告活动中人与机器的互动即是赛博格化的体现。所谓"赛博格"，是 20世纪 60 年代由两位宇航科学家用"控制论"（cybernetics）与"有机体"（organism）两词首造出的概念，唐娜·哈拉维（Donna Haraway）将"赛博格"的概念进行改造，引入技术与身体研究的范畴内②。她认为，20 世纪晚期出现的赛博格作为机器与生物体的混合，模糊了自然和人造、心智和身体、自我发展和外部设计以及其他许多适用于有机体和机器之间的区别。③ 在其著作《*Simians，Cyborgs，and Women：The Reinvention of Nature*》中，"赛博格"被定义为"一种控制论的有机体，机械与有机体的杂合物。它既是社会现实的产物，也是虚构的产物"④。赛博格是"一个人的身体性能经由机械拓展进而超越人体的限制的新身体"⑤。这种虚拟化的身体为个体在赛博空间中的数字化生存提供了硬件设备，人机交融在虚拟界面"以再现现实甚至是超现实的方式表征出来"⑥。安迪·克拉克（Andy Clark）补充了"赛博格"的引申义，指出"赛博格"并非仅仅是字面意义上肉体和机器的结合，而是从思维和推理系统

---

① SHILLING C. The Body in Culture，Technology and Society［M］. London：Sage Publication，2005：188.

② 孙玮. 交流者的身体：传播与在场——意识主体、身体-主体、智能主体的演变［J］，国际新闻界，2018（12）：83 - 103.

③ 哈拉维. 类人猿、赛博格和女人：自然的重塑［M］. 陈静，等译. 开封：河南大学出版社，2016：312 - 386.

④ HARAWAY D. S，Cyborgs and Women：The Reinvention of Nature［M］. New York：Routledge，1991：295 - 337.

⑤ 李建会，苏湛. 哈拉维及其"赛博格"神话［J］. 自然辩证法研究，2005（3）：18 - 22＋36.

⑥ 陈静，王杰. 我们都是赛博格：信息时代的文化新景观［J］. 湘潭大学学报（哲学社会科学版），2009（5）：106 - 109.

(thinking and reasoning systems) 上更深刻意义的人类与技术构成的共生体,即便我们没有植入任何芯片,我们也早已是赛博格了。[①] 唐·伊德(Don Ihde)认为具身的经验存在是对"完全的透明性"和"完全的具身"的一种深层渴望,当技术能真正"成为我",就不必再借助技术去经验,而技术与人就是融为一体的了。[②] 可见,赛博格是技术对人的增强,是人的身体性能经机器拓展后超越人体限制的新身体。

广告媒介不再是外在于人的载体,而是人的身体本身。人的眼、耳、鼻、舌、身五感成为与外在时空勾连的中心,网络与数据穿透人交织出时空网络,人成为媒介。"身体的复归"不仅颠覆了人们传统的时空观,还表现在现实世界的赛博格化以及技术所提供的人类可以移居赛博空间的种种动力。[③] 当赛博人成为广告传播主体,赛博人造就的界面就可以打破原本互不关联的社会系统,既包括实体社会系统,也包括虚拟社会系统,并且能即时地穿梭于分属不同系统中的各种空间,进行个人化的重新组合,实现多维时间和异质空间的融合,时空障碍被进一步破除,并创造出新的时空。

相较于传统广告所建构的时空,智能广告趋近于时空无限的延伸和拓展,而赛博格化则是智能广告最直观的变化。下面通过人工智能广告构成的六个要素中赛博格化的应用来看人工智能广告的时空性是如何形成的。

1. 媒介的智能化作为技术支撑

媒介智能化的实现需要人工智能技术、脑机接口技术、交互技术、虚拟现实技术、现实增强技术、数字孪生技术、电子游戏技术、区块链技术、云计算技术、5G 技术、物联网技术的支撑。例如,人工智能技术可以随机生成海量内容,营造永不重复的游戏体验,而且千人千面,精准推送,并可以对内容进行审查,保证广告的安全与合法。虚拟现实技术模拟视觉、听觉、触觉等,提供沉浸式体验。增强现实技术融合真实场景和虚拟场景,增强用户的现实体验。

---

① CLARK A, Natural-Born Cyborgs. Minds, Technologies, and the Future of Human Intelligence [M]. New York: Oxford University Press, 2003: 14.

② 伊德. 技术与生活世界 [M]. 韩连庆, 译. 北京: 北京大学出版社, 2012: 80.

③ 王雅鹃. 技术规约、身体复归与智能觉醒: 智能广告伦理的三个研究取向 [J]. 现代传播 (中国传媒大学学报), 2021 (9): 130-134.

脑机接口技术解决人脑与设备之间的信息交换连接通路，延展人类心灵。① 区块链技术具有不可篡改、可追溯、分布式协同、去中心化等特点，构建了一种透明可靠的信任范式，从创作运行、交易结算、用户权益、生态构建等维度，全方位破解广告业信任难题。② 数字孪生技术借由传感器，可以在虚拟空间内建立真实事物的动态孪生体。③

这些智能技术的复合应用形成数据驱动、人机协同、跨界融合、共创分享的生产范式。人工智能广告不仅智能化、临场化，而且泛在化，可在平台和终端的交融空间中以多样化方式出现，但都以赛博"人"为中心勾连时空。例如，耐克联合 Snap 的 AR 眼镜推出了户外 AR 运动场景，并计划制造和销售虚拟耐克服装。许多服装品牌都可在手机上 AR 试穿，或推出 NFT④ 数字服装。古驰（Gucci）在韩国社交媒体应用 Zepeto 上开设了"Gucci 别墅"，用户可以在其中创建头像进行社交。可口可乐圣诞节时让纽约的消费者在所有带有可口可乐标志的公交车站台上都能看到虚拟圣诞老人和隐藏彩蛋。

而元宇宙则是建立一个系统的泛在性时空，例如，在模拟环境中不仅可以游览新车虚拟展厅和试驾，还可以进行车辆设计的协作共创。现代汽车在罗布乐思（Roblox）中提供虚拟试驾，针对 Z 世代搭建体验场所。Vans 在 Roblox 开设了一个虚拟空间，人们可以在那里社交、滑冰，以及创造和穿着与实体版相对应的定制鞋。三星与元宇宙平台 Decentraland 达成合作，在纽约开设 837X 虚拟商店。Decentraland 基于以太坊构建，是由用户共同拥有并构建的虚拟世界平台，它为用户提供创建个人形象、与其他用户互动社交、参与音乐会或艺术表演等娱乐活动，以及在数字土地上建造房屋等活动。

智能化技术重构了人与物、人与环境、物与物之间的关系，使用户在实时信息交互过程中最大限度地沉浸其中，在生物膜层面直接对用户的认知产生影响并实施行为。赛博"人"也有可能是赛博"物"，目前以人工智能技术为依托

---

① 赵豆. 从人类增强到机器向人化：对脑机接口技术两种进路的哲学审思［J］. 安徽大学学报（哲学社会科学版），2021（6）：27-35.

② 王菲，姚京宏. 构建全新信任范式：论区块链对广告业的变革［J］. 当代传播，2021（5）：82-86.

③ 王林，乔建梅. 国外数字孪生技术发展及对我国的启示［J］. 上海信息化，2021（11）：52-55.

④ NFT，即 nm-fungible token 的英文缩写，中文译为非同质代币，即通过区块链技术给数字作品、产品或资产等发布一个编号和证书，使之具备独一无二的不可替代性。

的人脸识别已经完成了动物面部识别的创新应用。例如，巴西最大的宠物用品连锁店与奥美公司合作创建了允许宠物自行购物的线上商店。该技术结合了 AI 和视觉识别的工具去分析每只狗的面部表情，并检测它何时对产品感兴趣，随即将产品添加至购物车中。从一定意义上来说，智能广告从对以"人"为主体的消费者洞察到对"非人"的消费需求的深入探索，昭示着技术可以延伸的已不仅仅是"人"的身体器官，进入虚拟时空的除了"人"之外，还有和人的周遭所密切相关的一切事物。

2. 信息的数字化作为资源基础

人对智能终端的应用促进了人的赛博格化，"当越来越多的智能物体嵌入人的身体，它采集的数据，便成为人的状态、行为、需求等的一种外化或映射"，智能设备提高了人的"可量化度"与"可跟踪性"。人体将数据传至智能穿戴设备，人的物质实体通过数据化映射为虚拟实体，数字化的人成为现实世界个体映射出的不同维度的镜像，人与机器形成共生关系。

由于"赛博格"既包括与智能设备融合的身体，也包括由有机体和人类身体数据所构成的身体[1]，在赛博空间中，人类生产生活所产生的大量数据都可以被数字化，这成为超语境实时广告的资源基础。例如 Google Cloud 与美国全国大学体育协会 NCAA（National Collegiate Athletic Association）合作，利用数十年的大学篮球比赛数据，创建例如罚球、失误和篮板力量等预测性主题的工作流。借助传感器，Google Cloud 可以根据运动员在上半场的运动轨迹等数据，在极短时间内预知下半场赛况将会发生怎样的变化。这表明智能广告通过对身体携带数据的快速加工和处理，已经开始尝试通过不断压缩的时间对未来空间内的人类行为进行精准把控。

3. 体验的感官化作为感知模式

体验的感官化主要体现为虚拟现实等技术将感官延伸、重组、融合，使智能广告更多聚焦于用户的感官体验，用户也越来越倾向于去感知各种虚拟现实技术及其全身调节（full‐body mediation）的潜力[2]，甚至用身体作为接收和处

---

① ASENBAUM H. Cyborg Activism：Exploring the Reconfigurations of Democratic Subjectivity in Anonymous [J]. New Media and Society，2018，20（4）：1543－1563.

② 海勒. 我们何以成为后人类 [M]. 刘宇清，译. 北京：北京大学出版社，2018：35.

理广告信息的"界面"，而不再依附于外在的媒介物。"它不仅使身体穿梭在虚拟时空中，还可以使身体与虚拟环境进行互动，进一步提供了行为沉浸"[1]。用户的身体参与到广告交互的全过程中，技术成为"具身于人类的义肢和第三持存"[2]，人机交互继而构成了广告内容生产的一个重要环节。VR/AR 等技术给使用者提供了关于他们周遭环境的新视角，让人们看到无法穿透的建筑物之外隐藏着的地方，改变了人们对地方和空间的感知。[3] 在虚拟场景中，视觉、听觉、嗅觉、味觉和触觉等知觉都可以通过对真实环境进行高度模拟和创新而实现，用户不再间接感知信息，而是直接体验情境，实现了全感官沉浸。广告创意追求实践性的身体感知，譬如将听觉通过视觉来强化或者将视觉通过触觉来表达，身体本身成为赛博格化广告的界面，曾经固定封闭的广告内容变得流动化，用户自身和所接受的广告信息不再是一前一后的顺序排列，而是并置于同一时空中。[4] 例如 Neuro Digita 与捷克的盲人和视障人士慈善组织 Leontinka 基金会合作，结合对盲人如何感知世界的见解，使盲人能够发现并充分探索世界上知名的雕塑，创造了独特的触觉体验（touching masterpiece）。视障人士可以佩戴专门定制的虚拟现实手套，该手套采用了多频技术，将触觉地图添加到 3D模型中，并从原始雕塑中进行激光扫描。盲人通过虚拟触摸"看到"雕塑作品，其视觉缺陷被可穿戴的智能设备弥补。弥知科技（Meta）研制出气动触觉手套，可以通过气囊让人体验到抓取虚拟物体时的真实触感。

　　广告运用多媒体技术帮助用户的感官进行延伸，通过对身、心的调动增强时空的沉浸感。"用户拥有了第一人称视角，可以根据自己的需要来改变视角与观察对象……物理空间中的具身认知模式也会在虚拟空间中体现。"[5] 因为身体感官被视为人类最自然的传播媒介，视、听、嗅、味和触等感官被越来越多地

① 谭雪芳. 图形化身、数字孪生与具身性在场：身体-技术关系模式下的传播新视野 [J]. 现代传播（中国传媒大学学报），2019（8）：64 - 70＋79.

② 芮必峰，孙爽. 从离身到具身：媒介技术的生存论转向 [J]. 国际新闻界，2020（5）：7 - 17.

③ GAZZARD A. Location：Collecting Space and Place in Mobile Media [J]. Convergence，2011，17（4），405 - 417.

④ 姚曦，任文姣. 从意识沉浸到知觉沉浸：智能时代广告的具身性转向 [J]. 现代传播（中国传媒大学学报），2020（1）：128 - 132.

⑤ 彭兰. 智能时代人的数字化生存：可分离的"虚拟实体""数字化元件"与不会消失的"具身性"[J]. 新闻记者，2019（12）：4 - 12.

应用于人机互动界面，使人机交流尽可能如同人际交流一般"自然"①。可以说，"感同身受"的共情能力在赛博空间也更容易被强化，生物逻辑与技术逻辑的相辅相成使虚拟性不断被具体化，消费者的体验也随之被大大激活。这种"心理共情"是广告设计的重要理论基础和实践方法，即使广告沟通的双方不具备身体共在的现实条件，但在智能广告构筑的时空中，其在感知和情绪上也近乎可以达到同步。②

苏格兰啤酒商英仕（Innis & Gunn）通过提供虚拟现实体验来改变消费者品尝啤酒的方式。消费者通过一台 VR 头显增加了啤酒的多重感官体验，啤酒的不同风味会将用户传送到不同的苏格兰风光中去。通过沉浸在这些乡村环境中，用户的视觉和听觉体验都会得到提升，啤酒品尝起来也会更有味道。当站立在高山脚下的湖边时，可以感受啤酒的顺滑。波尔斯因（Boursin）也曾推出一种基于 CGI（电脑三维动画）的虚拟现实体验 Boursin Sensorium，它可以通过移动位置、追寻气味来品尝奶酪样品。

4. 用户的参与化作为交互逻辑

智能技术所带来的连接性和便捷性降低了用户的参与成本，增强了用户身心的存在感，"以产品为中心并以商品主导逻辑（good dominant logic）为基础的价值创造过程"被"以消费者为主导、以广告沟通双方共同完成的价值创造过程"所颠覆。③智能广告一方面吸引消费者在人机互动中源源不断地产生行为数据，以便更高效地被识别和归类；另一方面鼓励消费者在赛博空间进行信息资源的自主调配、社交关系的自动连接、趣缘群体的自由集结、虚拟社区的自发建构、产品品牌的共创生产，从而形成超越地方性的一体化广告时空。

例如，汉堡王（Burger King）推出名为"Burn That Ad"（烧掉那个广告）的程序广告体验活动，该程序利用 AR 技术实现广告内容的快速读取，只要用户将手机对准麦当劳广告，就会在汉堡王应用中将其"燃烧殆尽"，并自动转换为汉堡王的皇堡广告以及免费的优惠券，消费者可任选附近的一家汉堡王餐厅

① SREEKANTH N S, VARGHESE N, PRADEEPKUMAR C H, et al. Multimodal Interface for Effective Man Machine Interaction [J]. Media Convergence Handbook, 2016 (2): 261-281.
② 赵超. 设计意义的建构：设计心理学研究综述与案例分析 [J]. 装饰, 2020 (4): 42-53.
③ 杨硕，周显信. 品牌价值共创：理论视角、研究议题及未来展望 [J]. 江海学刊, 2021 (5): 241-247+255.

来兑换汉堡。这表明，用户可以在智能广告所提供的现实时空与虚拟时空的转场交替中自主做出行为选择。相比于传统广告或以传播者为主导或以媒介为主导的时空建构而言，在智能广告时空性的形成过程中，消费者的主体性得以被重申，这种以用户为主导的参与式互动已经越来越多地被融合到广告的时空建构中。

5. 沟通的网络化作为连接路径

互联互通是智能广告的运行逻辑。人、物、虚实空间的相互连接都需要通过网络。正因为有着各个节点的互联互通，才得以使现实空间的社会关系在虚拟空间中被搬运和挪用，同时使富含各种网络关系的智能广告时空也更加拟真。例如，网飞（Netflix）为了启动《黑镜》第 4 季，进行了 Black Future Social Club（黑色未来社交俱乐部）社交实验。该团队在米兰创建了一家临时餐厅，顾客在社交网络中的影响力决定了他们是否可以进入餐厅，可以吃什么食物，可以在餐厅停留多长时间。要被公认为具有影响力，客人必须出示其 Instagram 个人资料，根据其粉丝数量，餐厅会为他们提供一条手链用于确定其可以选择食用产品的等级。餐厅还会根据顾客在 Instagram 上分享的食物照片所获得的点赞量，决定顾客是否有机会继续用餐。如果他们没有达到预先设定的标准，将会被要求离店。这表明，智能广告已经开始将消费者在网络空间的行动轨迹兑换成现实世界的可用货币，以促使顾客重新思考他们与技术和现实社会的关系。这项社交实验揭示了人类在数字化生存中的新境遇，即人的行为被物化为各种数据，人的社会关系延伸至虚拟社交网络，人的阶层地位和所享受的待遇取决于其在虚拟空间中的社交影响力。可以说，消费者在这一时空中的行为价值已经影响到另一个时空中的自己，极致状态则是虚拟与现实两个时空融为一体，行为价值同步共享。

区块链是在联通线上、线下时空中确保信任度的技术手段。无论广告主、广告代理商、服务商、消费者都可通过区块链相关的分布式网络、共识机制、智能合约、隐私计算等技术来支持交易所需的信任度。百威啤酒使用 Kiip 以太坊区块链对数据进行记录和跟踪，以此扩大移动广告的覆盖范围。在营销沟通过程中所有参与者都能访问该活动的数据库。不同的指标数据——感受、参与度和价格等都被记录上传到以太坊区块链上，使百威可以每小时对这些广告活动进行跟踪，在提高工作效率的同时支持消费者只为符合他们标准的广告进行付费。

6. 效果的直接化作为终极目标

效果的直接化表现为智能广告的整个运行流程从 AIDMA（attention、interest、desire、memory、action）转变为 AIIAS（attention、interest、interaction、action、share），广告信息在更短的时间激活用户的兴趣，通过更具交互性的方式触达更广范围的消费者。智能广告极大地压缩了广告沟通所需的时间和空间，一方面帮助用户对所需要的服务进行快速筛选和获取；另一方面，在短时间内激发用户的感知并促使其采取购买和分享行动。得益于人机互动的各种技术手段，消费者与外部世界的即时互联互通成为可能，消费者感知和获取所需服务的时空可以由自身定义、自我主导并自由穿行，广告效果以最直接的路径产生。例如，Snapchat 与 Wannaby 合作，在手机上检测并映射用户的脚，以虚拟方式让其穿上运动鞋，从而在 Snapchat 内实现运动鞋试穿购买。在 NBA 的观赛过程中，消费者可以通过扫描球星所穿的耐克鞋实时购买。

（二）人工智能广告时空性的特征

通过对赛博格化在以上六个人工智能广告构成要素中的体现，可以得出智能广告时空性的特征。

1. 时空叠加性

传统媒介是"偏向时间或偏向空间的媒介"[1]，造成了时空的不平衡。而人工智能广告是各种数字化的技术形态通过组合或拼接的方式，重组人的感官，创造新的感知方式，甚至嵌入消费者的身体中，成为人身体的一部分。"技术的具身性即技术在这种关系中呈现出'透明性'，它仿佛融入到人的经验系统当中。"[2] 智能广告所建构的虚拟时空叠加在用户身体所处现实的时空之中，使广告信息更为直接更为真实地触达到消费者。这种深层沟通是逐渐摆脱对各种媒介渠道和终端依赖的过程，注意、兴趣、互动、购买和分享的环节几乎可以打

---

[1] 伊尼斯. 传播的偏向 [M]. 何道宽，译. 北京：中国人民大学出版社，2003：53-54.
[2] 张进，王垚. 技术的嵌入性、杂合性、药性与物质文化研究 [J]. 西北大学学报（哲学社会科学版），2017（1）：20-26.

破现存固有的传播屏障，直接汇聚到一个"技术叠加生物体的界面"①，把消费者身体作为界面"介入确定的环境"②，并通过人与技术的互嵌在感觉、知觉、行为中运用已有的经验创造新的经验。这种人身体界面上时间与空间的叠加，勾连了人的社会关系网络，在人机融合的生物膜界面即完成了广告沟通的全过程。

2. 时空流动性

智能广告缩短了商品与消费者之间的物理距离与心理距离，广告不需要依托传统渠道，转而借助智能化的可穿戴设备、虚拟现实技术、增强现实技术和混合现实技术、个人云端数据等，流动于消费者的日常生活。这种液态的流动性体现于时间与空间的循环更替③，在智能广告所建构的时空"打破了传统以地理边界来界定的各种社会关系，边界已经变成信息和通信可交流、可渗透的'渗透性薄膜'"④。消费者感知到的时间大多是极速的、同时的、碎片的、任意推进或倒退的，空间是共在的、倒置的、模糊的、任意建构和拼贴的，他们在不同时空穿梭和流动，更多以同步共在的形式参与到广告沟通中。同时，时空的流动是以消费者个人的感知和认知为支配的。这不同于传统媒介仅能延伸消费者的视觉和听觉而未能全面协同与调动他们的身体感官⑤，造成了时空感知的不完整，以及侧重于广告主的价值输出而忽视了消费者能动的实践⑥。

3. 时空再造性

传统媒介时代，文字、图片和影像作为间接理解世界的各种符号，未能达到对现实时空的高度拟真⑦，造成真实与虚拟的时空割裂。时空再造包括虚拟时空对现实时空的再现、虚拟时空和现实时空的混合，以及虚拟时空的创造。

---

①　孙玮. 赛博人：后人类时代的媒介融合 [J]. 新闻记者，2018 (6)：4-11.
②　梅洛-庞蒂. 知觉现象学 [M]. 姜志辉，译. 北京：商务印书馆，2001：116.
③　吕宇翔，方格格. 时空、流动与身体：传播仪式观下的故宫云展 [J]. 艺术设计研究，2021 (6)：91-96.
④　袁艳. 传播学研究的空间想象力 [J]. 新闻与传播研究，2006 (1)：45-50+95.
⑤　张洪忠，斗维红，任吴炯. 元宇宙：具身传播的场景想象 [J]. 新闻界，2022 (1)：76-84.
⑥　秦雪冰. 技术嵌入与价值取向：智能广告的演进逻辑 [J]. 湖北大学学报（哲学社会科学版），2022 (1)：171-179.
⑦　柯泽，谭诗好. 人工智能媒介拟态环境的变化及其受众影响 [J]. 学术界，2020 (7)：51-60.

虚拟时空对现实时空的再现，"其作用主要在于尽可能逼真地营造一个可以更好地开展观察和想象的虚拟空间"①。在广告应用中除了如"上架""AR 红包""刷礼物""发津贴"等对线下实际买卖行为的复刻外，更重要的是便捷地操控现实时空，进而开发出新的广告时空。例如，印度尼西亚的出行广告公司 Ubiklan 为每台营运车辆在 GoWithMi 地图网络中获得数字孪生身份，每个数字孪生身份都自带一个移动广告位，任何公司和个人都可以用该地图网络通证 GMAT 竞拍广告位的使用权，而地图网络则会真实地反映车辆在运营期间的实时位置，从而可以直观反映车体广告的地域覆盖效果。这一共利经济系统，通过位置广告和在途折扣券等手段连接广告商和出行者，既让广告商源源不断得到流量，又让用户得到实惠，还能让数字孪生土地所有者得到广告利润分成，一举三得。

虚拟和现实的混合也开发出新的广告时空，增强了消费者的感官体验。例如，创业公司 Adverty 打造了一个 MR 的广告平台，公司和品牌使用放置在客户真实环境中的虚拟海报和广告牌作为混合现实体验的一部分进行广告沟通。科蒂集团（Coty）推出"多感官香水体验"，顾客戴上 VR 头盔，然后从七种质地不同的"香味石"中挑选一种。虚拟现实技术将视觉、声音、触觉和气味配对，呈现出一场香水世界的多感官沉浸式体验。日本 Kayac 科技公司研发出了"鼻烧肉"，结合了智能型手机、App 与实体香氛罐，要用餐时先下载 App 并装好香氛罐，接着从选单选择自己喜欢的肉类，香氛罐就会飘散出烧肉的香味，你只需要自行脑补配饭或配菜服用，就能得到一顿愉快的空气烧肉大餐。②

虚拟时空的创造则可对现实时空秩序和规则进行颠覆，从而给消费者带来前所未有的体验，这也就是元宇宙的追求。

三种时空再造都带来了消费者超越现实的体验，在新的广告时空中塑造了新的"真实"，"真实被从非真实中重新调制出来，它比真实更真实"③。这种"真实"的本质在于，通过对真实时空与虚拟时空中物质模态、感官模态、时空

---

① 刘海龙，束开荣. 具身性与传播研究的身体观念：知觉现象学与认知科学的视角 [J]. 兰州大学学报（社会科学版），2019（2）：80-89.

② 视频见：https://v.qq.com/x/page/e0146vg14d9.html.

③ 张一兵. 拟像、拟真与内爆的布尔乔亚世界：鲍德里亚《象征交换与死亡》研究 [J]. 江苏社会科学，2008（6）：32-38.

模态、符号模态的重新组合，化合出新的真实，实现对现实世界更深入的开拓和更有力的掌控。

4. 时空压缩性

"速度的增加有助于销蚀空间上的差异并且使得空间从时间上区别出来变得日益困难"[1]，当时空被压缩至一个瞬时的扁平化的点时，用户在流动的信息图景中就能够主动抓取适用于自身的广告服务，找到直接购买的最快速最便捷的行为路径。广告活动无论如何变化，其内核都是沟通生产者和消费者，最终实现销售。从纸媒的广告版面，到广播电视的广告植入，到互联网的原生广告，到社交媒体的信息流广告，再到电商时期的主播带货、社群营销，即使广告的边界更加泛化和模糊，人们对广告沟通形式的更迭也愈发习以为常，甚至不为人觉知，但"卖货"作为广告的终极目的，一直是广告活动不断寻求突破的方向。智能技术的应用摒弃了多维空间实现物质获取的复杂性，有效利用人机交融大大缩短由广告到直接购买行为转化的时间，将信息沟通与商品营销的时空尽可能压缩，在传播的同时实现销售的目的。

五、智能时空中的场景

场景是指人与周围环境的关系，包含场所、景物等硬要素以及相关氛围等软要素的总和。媒介学者梅罗维茨（J. Meyrowitz）认为，"场景"具有全新的情感内涵，即媒介信息营造出行为与心理的环境氛围。电子媒介最根本的不是通过其内容来影响我们，而是通过改变场景产生影响。[2]

（一）人、货、场的物联

沟通和营销在数字化的今天已经不能分割。沟通要以人、货、场的连接为纽带（见图4-9）。对场景中的消费者，需要针对其进行从心理到行为的营销沟通。在与消费者的沟通中，要以系统性构筑品牌资产为目标，包括品牌的知名度、认知度、联想度、忠诚度的获得，此为"货"之含义。"场"是消费者与企业接触的时空，"场"要满足虚拟和现实的融合、平台和终端的融合、生产和消

---

① 梅琼林 . 技术的质疑：从保罗·维利里奥的时空观谈起［J］. 沈阳师范大学学报（社会科学版），2005（6）：133 - 135.

② 梅罗维茨 . 消失的地域［M］. 肖志军，译 . 北京：清华大学出版社，2002：219.

费的融合、传播和营销的融合。人工智能可以利用计算机视觉和机器学习等来衡量店铺中购物者的情绪[1]，即在"场"中不仅可以获得消费者的行为数据，还可以获得情绪数据。基于对用户的立体洞察，人工智能可以进一步预测用户的意图，更好地挖掘用户价值。[2] 例如，IBM 的 Watson 人工智能系统有一个语气分析器，在理解用户自然语言的基础上，还可以不断学习，能够洞察用户对不同方案的反应，并通过计算不断调整产品或服务。

人、场、货的连接以物联网为脉络，物联网从场搜集个人数据，连接至货，货将信息推送至场。

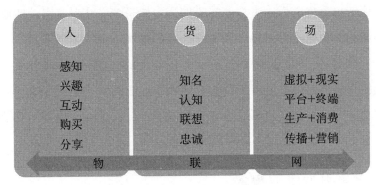

图 4-9 人、货、场的物联

（二）企业、场景、消费者的互联

营销沟通的核心就是用场景连接企业和消费者。内容营销的目的是促进企业和消费者的沟通交流。而人工智能可以快速有效地分析处理数据，并从中不断学习，输出支撑营销决策的用户和市场知识。[3] 智能内容营销能够洞察和预测消费者需求，在合适的场景中将内容灵活、精准地推送给目标消费者，并监测评估营销效果，不仅能降低营销成本、提高营销效果，而且在与消费者的互动中可以改进和创新产品。企业获取竞争优势的途径不再是单纯地降低成本或

① PASCHEN J, KIETZMANN J, KIETZMANN T C. Artificial Intelligence（AI）and Its Implications for Market Knowledge in B2B Marketing［J］. Journal of Business & Industrial Marketing，2019，34（7）：1410-1419.

② KIETZMANN J, PASCHEN J, TREEN E. Artificial Intelligence in Advertising：How Marketers can Leverage Artificial Intelligence along the Consumer Journey［J］. Journal of Advertising Research，2018，58（3）：263-267.

③ 朱国玮，高文丽，等. 人工智能营销：研究述评与展望［J］. 外国经济与管理，2021，43（7）：86-96.

提高质量，不再是运用传统意义上以产品为中心的竞争策略，而应该提升以情境体验为导向的共创价值的能力（见图4-10）。市场不再只是在现实生活中厂商与消费者双方进行价值交换的场所，而是已经成为厂商与社群消费者合作网络各成员之间知识碰撞交流与增值的场所，而顾客作为知识创新的另一种来源，他们既是参与者和建设者，同时也是直接受益方，创新知识的来源已经变得模糊。① 开放、合作已成为人工智能广告时代的基础生产模式。

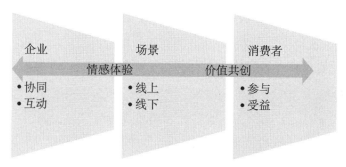

图4-10 企业、场景、消费者的互联

第五节 叙事中的模态

模态（mode）是一直被忽视的重要的媒介研究视角，可以帮助我们重新理解商品与沟通。

一、什么是模态

多模态理论是新伦敦学派于20世纪90年代发展起来的。按照多模态理论家冈瑟·克雷斯（Gunther Kress）的界定，模态指用于生产意义所采用的、社会塑造的和文化给定的符号资源，如图像、书写、版式、音乐、体态、言语、视频、音轨、3D对象等，都是用于表征与传播的模态。② 模态和媒介位于不同的概念层次，模态通过特定媒介得到物质实现。模态处于交流的内容层，是符

① 罗珉，李亮宇. 互联网时代的商业模式创新：价值创造视角［J］. 中国工业经济，2015（1）：95-107.

② KRESS G. Multimodality，A Social Semiotic Approach to Contemporary Communication［M］. London：Routledge，2010：84.

号学资源，而媒介是生产符号产品和事件所使用的物质资源，特定模态可以出现在不同媒介中，同一媒介可以实现不同的模态。①

露丝·佩奇（R. Page）提出，多模态分析中的模态特指符号学模态，可以理解为用于传递意义的选择系统。② 她承认模态资源是一个松散而开放的清单，但依旧尝试划分了多模态的四个维度：文本资源（如文字、图像、声音、动作和气味）；发布平台（数字屏幕、印刷页面、荧屏、面对面和电话）；物理环境（私下、公开、室内室外、明暗和对象空间）；感官模态（视觉、听觉、触觉、嗅觉和味觉）。这些符号资源能以多种方式组合配置。

对模态性思想最有力的描述来自埃勒斯特罗姆（Ellestrom）。他认为模态性是理解任何媒介都不可或缺的基础，各种媒介一起构成媒介复合体，整合了物质性、感觉和认知，各个模态都可以单独成为研究领域。同时，埃勒斯特罗姆提出媒介模态性有四个基本范畴。③

物质模态：媒介潜在的有形的物质界面，感官遇到物质冲击的地方。最重要的模式包括人体、界限分明的物质性（如扁平表面和三角物体）、界限不甚分明的物质性（如声波、光投影）。

感官模态：透过感官感知媒介当前界面的物理和心理行为，有五种主要模式：看、听、触、尝和闻。

时空模态：将物质界面的感官感知结构化为空间和时间的经验和概念。其模式包括物质，其形式包括物质界面中显示的空间、认知空间和虚拟空间，物质界面中显示的时间、知觉时间和虚拟时间。

符号模态：通过不同的思维方式和符号解释，在时空构想的媒介中创造意义。其主要模式是规约（象征符号）、相似（相似符号）和临近（指示符号）。

其排列方式是从有形层面到感觉层面再到概念层面。埃勒斯特罗姆认为其模型综合了物理现实和认知机能，所有媒介都必然实现这四种模态形式，构成

① KRESS G，VAN LEEUWEN T. Multimodal Discourse：The Modes and Media of Contemporary communication [M]. London：Arnold, 2001：22.

② PAGE R. New Perspectives on Narrative and Multimodality [M]. New York：Routledge, 2010：7.

③ ELLESTROM L. Media Borders, Multimodality and Intermediality [M]. Basingstoke：Palgrave Macmillian, 2010：17 - 24.

所谓的基本媒介。

二、多模态叙事

不同的模态具有不同的功能，跨媒体的品牌叙事需要多重模态系统协同发挥作用。因而从跨媒介叙事学的角度来看，跨媒介叙事学首先就是多模态叙事学。

从叙述的整体关联性来看，埃勒斯特罗姆认为，物质模态或许对叙事能力的决定作用最小，"因为叙事的框架核心是由时间上相互关联的事件构成的"，时空模态更为重要。但在 VR、AR 实现了物质模态虚拟化的今天，物质模态的作用将越来越重要。但埃勒斯特罗姆也提示，要注意表征物的物理外表、对此物理外表的感知过程、对象的虚拟外表之间的区别。就感官模态来说，视觉和听觉作为最先进的两个感官，具有复杂的认知功能，都很适合叙事。触觉也可以传递基本叙事。在智能技术不断发展的背景下，统合虚拟现实技术和现实增强技术，可以在与视觉、听觉的配合中，增强嗅觉和味觉的功效。例如戴着VR 或 AR 头盔，在虚拟空间中处于阿尔卑斯山脚下清澈的湖畔，喝着啤酒，就能感受到啤酒的醇厚与顺滑。在符号模态中，象似性或象征性明显主导了大多数的媒体类型，指示性则建立了内部连贯性和外部真实性、感官配置和它们所代表事物之间的真实联系。媒介产品大多属于多重符号模态，各种符号类型经常协同发挥作用。

露丝·佩奇主张"模态民主"：多模态对交际中使用多种资源的坚持，是和民主立场相联系的，即所有的模态都是平等的。但她并不否认，特定模态可以通过不同的方式彼此关联，在意义建构中互补、映衬或按层次排列。在特定文本中某一种模态可能占主导地位，在广告中平面广告和广告文案是视觉模态，广播广告是听觉模态，视频广告是视觉和听觉模态。而在游戏式的智能广告中，听觉、视觉、嗅觉、味觉和触觉都可成为主导模态。

在《故事的变身》中，瑞安考察了语言、图像、音乐三种模态的叙事可供性和局限性以及弥补其局限的策略，三者以叙事能力降序排列为语言、图像、音乐。维尔纳·沃尔夫（Werner Wolf）也认为，从叙事性方面对媒介进行比较势必会产生等级，位居顶端的肯定是那些采用言语代码且结合其他代码的媒介

（如电影），或者那些只采用言语代码的媒介。瑞安认为语言之所以是叙事的第一媒介，原因在于"叙事和语言的内在亲缘性可以通过这样一个事实来解释，即叙事并非感官所能感知到的东西，它是从生活所提供的数据或者编造的材料中由心智建构的。同样，作为一种表征模式，语言是对心理而不是对感官说话，虽然其符号是通过感官被感知的"。当然，"图画和音乐的讲故事能力虽然有限，但这并不意味着它们就不能为叙事意义的形成作出原创性贡献。语言、图像、音乐的可供性相互补充，在多渠道媒介中一起使用时，各自构成整体想象经验的不同侧面：语言通过其逻辑和对人类思维的建模能力，图画通过其沉浸性、空间性，音乐通过其氛围营造情感力量"。视频广告是语言、图像、音乐三种模态结合的叙事。人工智能技术将五感模态应用提升至新的高度，但在叙事中仍旧不能忽视语言的重要叙事能力，要将语言中蕴含的语义作为文脉贯穿在五感的体验中，即可能不出现语言，但能让消费者在五感的体验中生出语义。

叙事媒介之间的关系错综复杂，比如文学、图像、音乐、漫画、电视和电影等具有相互交叉、引用、模仿、嵌套等关系。引入多模态概念，可以具体刻画媒介性质，将所有叙事交流重构为多模态。

斯科拉里（Scolari）等用公式"媒介扩展＋叙事扩展＝跨媒介故事讲述"来描述叙事世界的扩展。所谓媒介扩展指故事叙述从一种媒介扩展到另一种媒介；叙事扩展则指通过同样的媒介讲述故事，但吸纳了新的人物和/或事件。这与我们之前论述品牌叙事世界的生长是一样的，叙事扩展深度，媒介扩展广度。

三、品牌叙事中的模态

叙事模态可分为物质模态、感官模态、时空模态和符号模态。

（一）物质模态

商品设计的形体、结构、材质，或者是营销沟通中的装置、道具等，就是品牌叙事中的物质模态。

无印良品的壁挂式 CD 机（见图 4-11）的造型与"换气扇"非常类似。在放入 CD 后，只要拉一下垂下来的绳子，就可以开始播放 CD，就像打开换气扇一样。音乐响起，你甚至有了凉风拂面的错觉。这一造型也是无印良品自然主义价值观的体现。

图 4 - 11　无印良品的壁挂式 CD 机

大众甲壳虫汽车的外形是其品牌叙事的源头。在甲壳虫诞生之初，因为其外形的简陋和具象，与人们所期望的"轿车"形象相去甚远，所以甲壳虫的品牌叙事就围绕"简而不约"展开，由此也留存下来两则威廉·伯恩巴克（William Bernbach）很经典的文案（如图 4 - 12）。一则题为《柠檬》，"柠檬"代表不合格被剔除的产品，因为每辆车要经过严格的检查，这辆"柠檬"被淘汰，消费者能买到的都是好车。另一则题为《有些外型难以改变》，文案如下：

> 去问任何一只母鸡
>
> 会发现你根本无法替鸡蛋设计出更实用的外型
>
> 我们认为这一论点同样适用于甲壳虫汽车
>
> 别以为我们未曾尝试改变（事实上甲壳虫已经改变了几乎 3 000 次）
>
> 但是，我们无法改进它的根本设计
>
> 就像鸡蛋正是其内容物的最佳外壳
>
> 因此，内容物才是我们投入最大精力要改变的
>
> 让马力加大而不费油，为第一档加上同步器，改良暖气系统，诸如此类
>
> 结果是，甲壳虫可以载上四个大人和他们的行李，用一加仑汽油开三十二英里，用同一组轮胎跑四万英里
>
> 当然，我们在外型上还是做过一些改变的，比如换上了按钮式的门把手
>
> 此乃我们略胜过鸡蛋之处

宝路薄荷糖，有个圈的薄荷糖，以与众不同的造型轻易地与其他品牌区别开来。苹果电脑在当年推出透明色彩机身时也是惊艳了一个时代。所以，物质

图 4-12 大众甲壳虫汽车两则经典文案（左为《柠檬》，
右为《有些外型难以改变》）

模态是形成差异的最直观形态。

（二）感官模态

感官模态包括五感——可以是独立的也可以是组合的，通过感官刺激形成消费者对商品和品牌的认知。

1. 视觉模态

视觉模态构成品牌故事世界的视觉感受，视觉所表达的意义要融入品牌叙事。

SK-II 自 2008 年开始，每年都会推出 SK-II 护肤精华露限量版，通过包装设计的创新让消费者从包装到产品感受品牌对于美和优雅的追求（见图 4-13）。2008 年其半透明玻璃瓶身上镌刻了颇具流动感的白色"Since 1980"字样，以纪念日本皮肤专家在 1980 年首度发现 Pitera™ 这一神奇的护肤成分。此后，SK-II 在 2012 年圣诞节推出红色复古的图案，妩媚梦幻；在 2014 年推出四款花卉图案；在 2015 年是玫瑰图案，代表智慧优雅，还有以"改变之翼"为灵感的红色蝴蝶、粉色蝴蝶和蓝色蜂鸟三个图案，分别代表着勇敢、鼓励和坚持；在 2016 年是红凤凰剪纸图案，还有源于日本传统"墨流工艺"的红、蓝、绿凤凰图案，分别代表勇气、信心和焕新；在 2017 年推出了樱花图案，代表浪漫、纯真，以及涂鸦图案，代表改变、命运和决定。

图 4 - 13 SK-II 护肤精华露限量版包装设计的创新

视觉模态可以利用"通感"传达其他模态。例如嘉士伯啤酒以"好酒如美景"为主题，创作了一组以唯美的自然秘境体验酒的美好的作品（见图4-14）。

扫码观看
高清彩图

图 4 - 14 嘉士伯啤酒"好酒如美景"系列平面广告

2. 嗅觉模态

三星的手机充电基座里有一个内置的"香味站"，当给手机电池充电时，它也会给机身内的芳香海绵"充香"。值得注意的是，这个香味站并不是被动的吸香片，也没有采用喷洒机制，其中的"保水剂材料"会在被加热的时候散发香味，由电池可以直接加热，来电提醒也可以给电路加热。每次好友来电话时，手机就有可能散发广藿香等气味。

迪士尼乐园的爆米花摊,在生意清淡时,会施放"人工爆米花香味",不久顾客便自动闻香而来;还有一些零售商定时按照顺序释放各种香味,"装饰"一下店里的环境,这样嗅觉疲劳的顾客也会注意到这些不同的气味。

可口可乐做了气味广告牌(见图 4-15),在公交站牌处放置了一个感应装置,只要有行人路过,这台感应器就会适量喷出某款柠檬味可乐的香气,行人被香味吸引就会寻找它的来源。

图 4-15 可口可乐气味广告牌

卡夫食品(Kraft Foods)在杂志广告中运用气味,读者只要对杂志广告中的某几个点进行摩擦,就会散发出广告产品的味道。以卡夫 Philadelphia 奶油奶酪的一则整页广告为例,广告呈现了草莓奶酪蛋糕的图片(见图 4-16),经摩擦后,照片会散发出这种甜品的香甜味道。此外,肉桂咖啡、樱桃 Jell-O 以及白巧克力的味道也在不同的广告中呈现。

3. 味觉模态

泸州老窖和钟薛高的跨界合作,将泸州老窖的白酒味延伸到雪糕之中,还可以充分以味觉特征拓展边界。

4. 触觉模态

华为 P30Pro 手机手感厚重不失轻巧,苹果出品的妙控鼠标手感舒适,彩虹

图 4 - 16　卡夫 Philadelphia 奶油奶酪味觉广告

糖推出过"像脸一样好捏"的软糖，由此看来触觉模态可创新的空间还很大。

5. 混合感官模态

混合感官模态一类是在视频广告中"呈现"五感的，另一类是在线下活动中感受五感的，还有一类是在 VR、AR、MR 构成的时空中体验五感的。

第一类如博柏利在"穿越心之原野"的延伸价值之下推出了"心春由你"的微电影，文案是"你看见的、听见的、尝到的、闻到的、触碰到的都是春天。只因为心春由你"，影片通过对视觉、听觉、味觉、嗅觉、触觉五种感官的呈现，让品牌信息多维度触达用户，影响用户的认知，让品牌形象更为立体。[1]

第二类如耐克在中国香港街头设置了"2015 耐克 Air Max 日"海报（见图4 - 17），共选择五个具有代表性的鞋款，从 1987 年第一款 Air Max 1 到 2015年的最新款，以互动装置广告的形式呈现。每一款球鞋背后所代表的香港时代典型特征，通过设计师笔下各种繁杂的细节与符号遍布在广告画面以及多感官媒体中。广告牌都拥有五种感官体验，整合了好几种现在流行的技术：扫码看视频、插上耳机可以听一段声音、NFC 技术下载海报，而嗅觉和味觉就用香味和搁在旁边的糖来实现。

---

① 视频见：https://v.qq.com/x/page/w0035wqh955.html。

扫码观看
高清彩图

图 4 - 17　香港街头"2015 耐克 Air Max 日"海报

6. ASMR 广告

ASMR 是一个描述感知现象的名词，通过对视觉、听觉、触觉、嗅觉或者感知上的刺激，从而使人在颅内、头皮、背部或身体其他范围内产生独特的、愉悦的、舒适的刺激感，例如嚼薯片声、窃窃私语声、风吹落叶的沙沙声、划玻璃的刺耳声等。

例如宜家广告，通过整理家务的声音让消费者感受产品的质感。[1]

女星佐伊·克拉维茨（Zoë Kravitz）带着百威旗下的米凯罗（Michelob Ultra）有机啤酒，坐在潺潺溪流的山谷间，用 ASMR 表演中的常见形式，包括紧贴话筒的低声细语、左右声道的交替变换以及将不同物品相互触碰后产生的撞击声无限放大，演绎出这款啤酒的爽口清凉感。[2]

SK-II 为推介新品，邀请喜剧演员和女星用 ASMR 形式演绎"肌肤的声音"。他们将脸部肌肤与包括刷子、梳子、玻璃窗、护肤产品等物件发生触碰，并将摩擦造成的声响通过话筒无限放大后传递给观众。[3]

2019 年 8 月 7 日，苹果发布了四支以 ASMR 为主题的短片，是用 iPhone XS 和 iPhone XS Max 搭配其他设备拍摄的，其中包括轻柔的女声徐徐讲述美国俄勒冈州太平洋沿岸的沙滩巨石景观；木匠坊中匠人削木花、打磨、上漆的微妙的声音；走在布满泥土的森林小径上，拨开野生的植物枝叶，清脆的鸟叫声；雨滴噼里啪啦打在帐篷上的声音。ASMR 带来的视觉听觉双重刺激，较一般广告提高了感官体验，传达了产品的功能优势。[4]

---

① 视频见：https://haokan. baidu. com/v？pd＝wisenatural＆vid＝14015114097984325594。

② 视频见：https://v. qq. com/x/page/x32099rqyd4. html。

③ 视频见：https://v. qq. com/x/page/y302912ejo7. html。

④ 视频见：https://v. qq. com/x/page/g09103rh5mv. html；https://v. qq. com/x/page/z0913xl5fm8. html；https://v. qq. com/x/page/a0910oahwvl. html。

小米成立 10 周年时发布了一则 ASMR 广告片《日常美好听得见》，与品牌故事世界相融。①

（三）时空模态

虚拟时空模态是智能技术出现后的变革性产物。虚拟现实和增强现实技术所构建出的时空模态，让消费者如经历了一场星际旅行，为品牌叙事提供了无限的创新空间。

2015 年圣诞节，可口可乐在波兰创造了一场华丽的虚拟雪橇旅程。通过使用虚拟现实眼镜 Oculus Rift，人们可以沉浸在虚拟现实的世界里扮演一天的圣诞老人。在这次虚拟雪橇体验中，体验者可以像真正的圣诞老人一样，驾驶雪橇车穿越波兰拜访各个村庄。

当用户戴上 VR 头显 Vive 后，会发现自己站在纽约高楼的墙壁外，脚下则是几百米的高空！只有拿出勇气，沿着墙壁走过各种障碍，最终才能得到欧莱雅的 Diesel 香水。用户有多害怕，最后对欧莱雅 Diesel 香水的印象就有多深刻！更重要的是，用"生命"换来的香水，完美地契合了该品牌"勇气"的价值诉求。

沃尔沃为推广 The All-New XC90 车型，与 Framestore 数字内容公司合作打造了一款 VR 应用，展现该车型驾驶平稳的功能。当用户戴上谷歌 Cardboard 后，便可以在家中感受沃尔沃 XC90 车型经过开放的田野、山区和湖泊的驾驶乐趣。

Dior 推出属于自己品牌的 VR 设备 Dior Eyes，而且做工也延续其品牌精美的风格，屏幕像素密度达 515 ppi，视角接近 100 度。通过 Dior Eyes，消费者可以体验到贵宾般的待遇，直击最新的 Ready-to wear 服装秀，甚至还可以目睹即将上场的名模和化妆师、造型师们在后台的互动，极大地满足用户对时尚的好奇心。

三星推出一款名为"VR 睡前故事"的应用，让异地家长在虚拟环境中为孩子讲述睡前童话故事。父母和孩子只要分别使用三星的 Gear VR 和 Cardboard 纸盒眼镜共同进入这个"VR 睡前故事"应用中，就不仅能看到对方，还能和卡通人物互动，共同完成一次睡前故事 VR 之旅。②

（四）符号模态

绝对伏特加是应用符号模态的经典品牌，它将瓶子形状置于自然、人文、

---

① 视频见：https://v.qq.com/x/page/u09466pm1tj.html。
② 视频见：https://v.qq.com/x/page/u0197reh78h.html。

社会甚至历史之中，用"绝对"来修饰各种事物和情境，渐渐地，绝对伏特加成为一个跨越人们生活时空、闪烁着人文光彩的符号（见图 4 - 18）。

扫码观看
高清彩图

图 4 - 18　绝对伏特加系列广告

绝对伏特加还用一则 60 秒的广告片，宣布了绝对伏特加已经将自己指代为洞悉世事的符号，这则片子呈现了从宇宙大爆炸一直到现代的重要瞬间。[①]

第六节　叙事中的媒介

媒介是叙事的载体，我们需要充分认识各类媒介特征，最终构建有机的系统的品牌叙事媒介沟通体系。

一、叙事媒介

对于媒介的界定，不同人群会有不同的看法，如玛丽-劳尔·瑞安所总结的，从社会学家、文化评论家的角度看，媒介包括广播、电视、电影、互联网等传播媒介；从艺术批评家的角度看，有绘画、音乐、雕塑、文学、歌剧、戏剧、摄影、建筑等不同艺术形式；持现象学观点的哲学家则会将媒介归结为视觉、听觉、味觉、嗅觉、触觉等不同感官形式；艺术家则会以陶土、青铜、油墨、水彩、织物，甚至是一些青草、羽毛、啤酒罐之类的混合材料作为其艺术介质。一般来说，对于媒介的定义主要遵循两种逻辑：一种将媒介看作表达的物质形式，多数是非互动类的；另一种则将媒介看作交流沟通的渠道，包括互动与非互动的。

对于广告媒介而言，所有的媒介形态都是沟通的介质载体。这里不仅指以上所提到的各种专业媒介，还指只要与广告对象能形成关联的万事万物都可成为媒介。例如在大雪上盖出一个宝路薄荷糖的大印章；利用一天之内天空颜色的变化作为染发剂"色彩天然"的诉求表达；一道裂开的墙缝被框住，就是一则头痛药广告。而这种内在紧密的逻辑与外在非现实共在的冲突，正是引起注意和趣味的创造性所需要的。

在瑞安看来，对于叙事研究而言，媒介研究所涉及的在于故事如何被唤起、讲述和呈现，为什么可以沟通，以及它们如何被经历等一系列问题。[②] 与注重

[①]　视频见：https://v.qq.com/x/page/h0549tbdcdq.html。

[②]　RYAN M L. Narrative across Media：The Languages of Storytelling [M]. Lincoln：University of Nebraska Press，2004：18.

媒体受众对象和媒体覆盖范畴的传统广告媒介策略思维不同，品牌叙事的媒介策略需要根据故事被唤起、被讲述、被沟通、被经历、被感悟的叙事进程来选择和编排。只有充分认识不同媒介在建构故事世界、引发消费者体验、情感投入等方面不同的叙事功能，认识其优势和不足，品牌叙事才能运用不同的媒介相得益彰地与消费者沟通。

瑞安提出了看待媒介的三种思路：技术、文化、符号学。[①] 品牌叙事媒介应用的思路也应从这三个方面来系统思考：声、光、电、虚拟现实、现实增强等具有感知模态和时空模态的技术特性；叙事功能所承载的文化特性，如街头涂鸦、奥运赛场、芭蕾舞剧场所具有的文化特质是不一样的；草木是天然的符号，装置互动是后现代主义的符号，可以用不同符号表征的媒介来加强叙事的意义。

二、叙事媒介特征

瑞安概括了影响叙事体验的四个媒介特征：时空延展性，包括纯粹时间媒介（如语言或音乐）、纯粹空间媒介（绘画和摄影）、时空媒介（电影、舞蹈、数字文本）；运动属性，包括静态文本（绘窗、雕塑、印刷文本）和动态文本（电影、电视、数字媒介）；符号渠道的数量，分为单一渠道媒介（语言或音乐、默片）和多重渠道（插图、书籍、电影、舞蹈、歌剧、虚拟现实技术）；感觉渠道的优先级，如歌剧给予声音渠道更高的优先级，而在戏剧里情节是兴趣焦点。[②]

在此基础上，根据媒介形态的发展变化，还可为品牌叙事媒介增加互动性、具身性和创意性三个特征。互动性指叙事主体与客体的交互，如基于互联网的各种交互行为，包括平台和终端上的交互，在交互中还可产生价值共创。具身性指以人的感官为中心勾连外部时空的特性，如 VR、AR 和 MR。创意性指利用非常规的媒介叙事，例如把包装作为最直观的叙事媒介。可口可乐在中国就推出了歌词瓶的包装，后来在美国推出 "Share a Coke and a Song" 的活动，在

---

① 张新军 . 数字时代的叙事学：玛丽-劳尔·瑞安叙事理论研究［M］. 成都：四川大学出版社，2017：21.

② 瑞安 . 跨媒介叙事［M］. 张新军，林文娟，等译 . 成都：四川大学出版社，2019.

包装上印刷经典老歌歌词（见图 4 - 19），通过音乐识别软件 Shazam 扫码可乐，用户就可对口型唱歌录制视频分享到社交平台。

图 4 - 19　可口可乐包装上印刷经典老歌歌词

三、各类媒介的叙事特征

只有充分认识不同媒介在建构虚拟世界、通过不同叙事特征来引发消费者体验性情感投入以实现叙事功能方面的优势和不足，才能更好地应用和组合叙事媒介构建品牌故事世界。从模态组合及现实应用来看，叙事媒介可分为三大类：视频类、平面类和互动类。

视频类（电视广告、视频广告等）媒介叙事是一个特殊的符号系统，可以容纳物质模态、感官模态（视觉、听觉）、符号模态和时空模态，是一个多模态复合系统。通过这个巧妙的系统，消费者可以欣赏或解读叙事效果、视频广告语言具有的独特的言说机制、独特的影像话语组合方式、不同于文字类叙事的叙事人称和多样性视角功能以及现实或超越现实的时空感受。视频广告内容并非是对现实的记录和复制，而是受制于消费者的属性和社会文化背景，其叙事策略受到媒介特质、视频文本、广告目标等多种因素的影响。视频广告可以通过视觉和听觉聚焦之间的张力营造感染力，并通过文本的适时应用，让叙事所要表达的语意明确，所以非常适合用于品牌传达已经确定的、来自自身角度的观点和诉求。

平面类（报纸广告、杂志广告、户外广告等）媒介叙事通常使用具有象征性的画面引发受众对故事世界的认知建构，通过标题、文案、广告口号等文字元素勾连画面联想，形成完整的叙事认知，是一种兼顾展现和认知的叙事媒介。

与视频类媒介相比，其物质模态、感官模态和时空模态要弱很多，但符号模态可以更丰富。图像和文字这两种符号系统之间形成的相互矛盾或相互强化的特定关系可以作为创意的空间，产生特殊的艺术效果、审美效果和说服效果。但是认知的效果在很大程度上取决于受众对相关元素已有的文化经验，具有隐喻性和不确定性，与文字性叙事相比属于低叙事性媒介。所以对平面广告的应用既要目标消费者清晰，又要在目标消费者的经验领域中充分调用创意元素形成"情理之中、意料之外"的张力。平面类广告兼具图像叙事精练具象的象征性以及文字叙事准确清晰的逻辑性，适合在各种终端和平台实现各种用途，无论是挑起话题、加深认识、延续热度等，还是叙事辅助、活动串联、消费提醒等。

互动类（互联网平台、终端、线下活动等）叙事媒介通过行为交互、语言交互从而让消费者获得叙事语意和叙事体验，强调人的具身性，一切以人的感知为中心，经历唤起、呈现、体验、沟通等过程。这类媒介强调体验与叙事之间的紧密联系，体验可以来自现实空间、虚拟空间或现实与虚拟混合空间。在社交网络的互动沟通中，故事世界内涵还可以通过用户自创内容的"互文性"在已有品牌故事世界的逻辑上拓展、丰富。互动类媒介的模态是最丰富的，借助 VR、AR、MR 等智能技术，感官模态和时空模态甚至是有变革性的。

不同叙事能力的媒介通过组合形成叙事网络，在品牌故事世界的成长中协同合作。需要强调的是，必须摒弃传统的以媒介组合为整合营销传播逻辑的思维方式，应该建立围绕品牌核心价值观的各式各样的延伸价值观和主题叙事的品牌叙事原则，即不应以媒介作为首要角度甚至是唯一角度去编排品牌叙事的媒介组合，而应该以叙事主题、叙事目的、叙事内容的需要去考虑哪种沟通方式最合适，该使用什么媒介，及媒介如何组合。

四、媒介沟通体系

在智能技术不断发展的今天，媒介手段愈发多样，消费者与媒介的接触点更多，需要系统性构建品牌叙事媒介沟通体系——可以分为多终端、多节点、多场景、多方式四大部分（见图 4-20），并根据营销沟通目标，有机组合其中的应用。

（一）多终端

多终端指多种媒体、多种触点，包括报纸、杂志、广播、电视、户外、楼

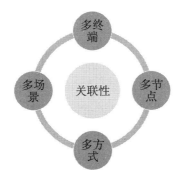

图 4 - 20　方法关联

宇、交通、售点、直邮等传统广告媒体，互联网平台、OTT（互联网电视）、小程序、App 等数字媒体，以及生活、娱乐、工作场景下的多种媒体终端，甚至设计、包装等产品终端或联名营销产品。多终端的协同首先是多种感官的协同，例如视觉、听觉、味觉、触觉、虚拟现实、现实增强、3D 等。其次是多种表达能力的协同，如图形、视频等具象媒介和文案等抽象媒介。再次是单向与双向的协同，例如电视大屏播出节目，手机小屏互动或购物。终端智能化则是趋势。

（二）多节点

多节点指作品发布在同一场景中形成不同规格的系列和组合，在影视剧、综艺前、中、后根据与品牌的关联点，进行动态、静态、单向、双向等全路径展示。例如一个节目中的广告可包括开场秀、贴片、焦点图、信息流、暂停位高光一刻等，覆盖 PC 端、移动端、OTT 端，跨地域、跨资源、跨 DMP（数据管理平台）实时竞价平台，通过智能化触达目标消费者，实现广告目标；在 OTT 广告中设置开机广告、选集页面广告和贴片广告。

（三）多场景

多场景是指将多种内容沟通形式与多个时空场景有机对接，充分发挥各种内容形式的特征，并形成系统合力。例如不仅在电视端、手机 App 端和网页端播放娱乐节目广告和联合互动，也在多个城市开展活动，将线上的娱乐内容在线下场景中进行互动和再创作，实现娱乐、生活、工作的跨场景营销。在线下销售场合实现智慧营销，通过文字、语音、视觉、动作、环境捕捉等多种方式与顾客进行互动。例如用消费者新的生活场景作为媒介：自 1995 年进入中国以后，百威啤酒一直在探寻打开中国市场的途径。继流行音乐后百威将电子音乐作为接触年轻消费者的场景，于2014年开始冠名举办中国百威风暴EDM电音节。

创造场景也是一种富有创意的叙事方式。2015年10月21日是美国经典电影《回到未来》里设定时间旅行终点的时间，这天很多品牌都推出了系列活动来庆祝。英国百事可乐更是打造了一辆电影中博士发明的"回到未来"汽车，然后把这辆炫酷的车放在Uber上以供用户租赁，在车上会赠送一瓶限量销售的"回到未来"百事可乐。①

（四）多方式

多方式指创造多种表现方式。按媒介可分为传统的平面、视频、文字、语音等方式。按显性隐性可分为硬广告、植入广告和节目定制等方式。按属性可分为娱乐营销、体育营销、公益营销、文化营销等。按功能可分为认知类、提醒类、形象类、竞争类、分享类等。按空间可分为线上、线下方式；线下方式有展示、活动、快闪、游戏等。数字时代又出现了社群、直播电商、短视频、游戏等互动方式。另外还有搜索引擎、微博、微信、流媒体、问答、贴吧、论坛、口碑、H5、弹幕、链接、AI创可贴、表情包等小微内容方式；短视频、H5等方式能够以短带长引导用户至主体内容，弹幕、创可贴等可盘活长尾内容，与热门IP资源形成联动。同时，可以在信息流中植入产品广告和电商渠道，在沟通中就能实现营销。

多种沟通方法彼此之间要以产品/品牌诉求、消费者行为特征和媒体属性等作为关联点，使纷繁的内容在细碎的时空中能够形成协同优势。

五、VR、AR、MR

VR技术又称"灵境技术"，是雅龙·拉尼尔（Jaron Lanier）在1989年发明的，它可以将虚拟世界与现实世界融为一体。VR是综合利用计算机图形图像技术在计算机上模仿真实和虚拟世界，生成可交互的三维虚拟空间，穿戴式头盔显示器为用户提供可沉浸式观察混合现实场景，使用户产生视觉、听觉、

---

① 视频见：https://v.qq.com/x/page/i3236ebj1zq.html。

触觉甚至是嗅觉等多种感官体验，从而获得虚拟三维交互场景的"在场"感觉。沉浸感（immersion）、交互性（interaction）与幻想性（imagination）是其媒介特性。

AR 技术是以虚实结合、实时交互、三维注册为特征，将计算机生成的虚拟物体或其他信息叠加到真实世界中，从而实现对现实的"增强"，它与 VR 技术同根同源，涵盖了计算机视觉、人机交互技术等领域。

"可穿戴计算机之父"史蒂夫·曼恩（Steve Mann）曾言，可穿戴设备将从虚拟现实过渡到增强现实，最终走向混合现实，即 MR 技术。MR 技术融合了三维显示技术、计算机图形学、三维建模技术、传感测量技术以及人机交互技术等多种前沿技术，融合虚拟世界和真实世界，创造出一个全新的三维世界。"元宇宙"就是 MR 技术与其他智能技术的统合应用概念。

VR、AR 和 MR 在品牌叙事中不仅能让消费者获得现实中不能得到的体验，还能让消费者产生更多行动，从中获得乐趣、体会意义，甚至还能解决消费者的一些问题。

（一）还原真实

还原真实的一大应用就是利用 VR、AR 构建场景。荷兰美素佳儿奶粉让消费者与好奶源发源地荷兰自家牧场来个零距离 360 度亲密接触，身临其境感受荷兰自家牧场的优美环境，从中体会其"品质代代相传，把更好的给下一代"的品牌核心价值观。

还原真实将现实通过虚拟游戏化，从而解决问题。哄小朋友刷牙是件很累的事儿，P/S 牙膏利用 AR 把刷牙变成了一件有趣的事。为了帮助孩子们养成刷牙的习惯，针对越南市场，P/S 牙膏在 Facebook 上发起了为期 21 天的刷牙挑战赛。在这项挑战赛中，通过 AR 技术，小朋友们可以选择扮演自己喜欢的动物角色（见图 4-21），父母可以设定孩子的名字和刷牙时间来定制这项挑战赛。每次到了设定的时间，镜头中的 AR 角色会要求孩子们张开嘴，教他们适当的刷牙技巧，并进行相应的识别。P/S 的这项活动吸引了超过 1 400 万名家长带着孩子完成"培养刷牙习惯"的旅程。孩子们不再讨厌刷牙，反而觉得刷牙是一件有趣的活动。在这项营销活动结束的第一个月内，P/S 牙膏在越南市场的销量就增长了 22%。

图 4 - 21 P/S 牙膏利用 AR 把刷牙变成了一件有趣的事

在印度，大家觉得肯德基好吃但昂贵，所以对它望而却步。肯德基为了改变大家对自己的这一印象，发布了一款 AR 应用。用户可以扫描印度卢比，比如扫描 20 卢比之后，用户看到的是用 20 卢比可以在肯德基吃到哪些东西。肯德基通过这样的形式来告诉民众，这里好吃的食物并不贵。用户如果感兴趣还可以点击 App 里的链接到官网进行直接下单，或者分享照片换取优惠券。

应用 AR 可以在虚拟空间中体验真实的商品。据调查，加拿大的年轻人对轿车和卡车购买意向不高。为了吸引年轻人，加拿大福特在推出 EcoSport mini SUV 车时，利用 AR 与消费者玩起了互动。不同于以往 360 度的 3D 模型，消费者在这个作品中可以自由地在房间内移动，无须实际到场，拿起手机从任何角度或近或远地观看及"体验"这款新车。加拿大福特的这支广告是加拿大首支汽车 AR 广告，同时也是世界上首个通过 AR 来展示汽车内饰的广告。因此，广告一经推出就引起消费者的讨论，有很多"自来水"的用户自发将广告推给自己的朋友，共同参与体验，引发了更广泛的传播。

可口可乐旗下品牌美汁源于上海街头设置了一个互动公交车站，利用 AR 增强现实技术生动地展现森林、瀑布、花海等在城市中难以见到的自然美景，还有大猩猩、鹦鹉等和用户互动，随着"果粒橙"的惊喜掉落，"把自然带到你身边"。

宜家 2014 年的产品手册搭配了增强现实 App，用户只须扫描目录页，把商品目录放在想要摆放家具的位置上，然后选择家具，就可以在屏幕上看到所选中的桌子、椅子或是沙发放在家中是什么样子（见图 4 - 22）。

图 4 - 22　宜家 2014 年的产品手册搭配了增强现实 App

　　澳大利亚麦当劳也推出过一款基于 AR 技术的 App，用户使用其扫描购买的麦当劳食物后会出现 AR 动画，展现食材的来源，及其生长、制作过程，同时还可以了解制作师傅、农场师傅等信息，让大家"吃得放心"。

（二）创造虚拟游戏体验

　　吉百利也曾和 Blippar 的 AR 应用开发团队合作推出一款 AR 小游戏。当用户使用这款应用对准吉百利的巧克力包装时，软件会识别包装图案并激活一个类似打地鼠的游戏，各种小怪兽从包装的边缘钻出来，可以用手指触摸"打"掉它们。

　　用户使用定制 AR 识别软件 Concerto Timer，将摄像头对准任意哈根达斯的商标，就会出现一个虚拟的人物演奏优美的小提琴曲。这位虚拟的音乐家将会为用户演奏两分钟。据哈根达斯官方表示，这是因为两分钟可以让你的冰淇淋达到一个最佳的入口口感。

　　百事可乐此前曾在伦敦新牛津街巴士站设立过一个透明的 AR 显示屏，候车人会在屏幕上看到许多不可思议的东西，如外星飞碟、孟加拉虎甚至卫星撞击地球、外星人掳走路人等，在与行人趣味互动的同时，传达百事"Unbelievable"（难以置信）的主题。

（三）虚拟时空中互动共创

　　通过新奇搞怪的 AR 滤镜，塔可贝尔（Taco Bell）可以把网友变成可爱的玉米卷饼（见图 4 - 23），这个滤镜在年轻人中风靡一时。大家忍不住被这个丑萌的玉米卷饼吸引，纷纷拿起手机自拍，并将这有趣的滤镜分享给好友。当然，塔可贝尔也得到了大量的品牌宣传，据统计该滤镜的访问量超过 2.24 亿。AR技术让品牌在体验式营销上找到了新的机会，大大地提高了品牌活动的互动性和趣味性。

图 4 - 23　塔可贝尔玉米卷饼滤镜

2014 年，麦当劳在全球改变其标志性的红色薯条包装盒外观，以醒目的新图样庆祝当时即将到来的巴西世界杯足球赛。此外，新薯条包装盒还成为激活AR 游戏的钥匙，消费者可以通过"McDonalds GOL!"这个定制应用参与一项虚拟射门比赛。当打开定制 App，用手机屏幕对准薯条包装盒正面识别图画后，手机屏幕上就会出现一个虚拟足球场，薯条包装盒是球门，其他内置物体是障碍物，滑动手指避开或利用障碍物，以把球"踢"进球门。

宝马曾使用 AR 技术，在瑞典斯德哥尔摩市某处展示了一辆虚拟的 Mini Countryman，参与者可下载活动定制 App 查看由系统控制的虚拟车的实时位置，追踪抢夺虚拟 Mini。LBS 技术系统会显示所有参与者的位置和状态，并在参与者到达距离虚拟车 50 米以内的范围时发出提醒，参与者根据提示，点击"Take the Mini"之后，就可以暂时拥有虚拟的 Mini 了。抢到并最终成功保留的人即可获得一辆真实的汽车。

六、互文性

应用不同媒介从不同目的、不同角度的叙事，都需统合在统一的故事世界中。不同媒介所承载的故事都从属于一个主题，不同的主题都从属于一个品牌延伸价值观或核心价值观，彼此之间相互关联、互为映衬，通常在主题、元素、情节、角色及情境等要素上互相交融，从而形成网络状的互文性叙事。"互文性是一个文本（主文本）把其他文本（互文本）纳入自身的现象，是一个文本与其他文本之间发生关系的特性。这种关系可以在文本的写作过程中通过明引、暗引、拼贴、模仿、重写、戏拟、改编、套用等互文写作手法来建立，也可以在文本的阅读过程中通过读者的主观联想、研究者的实证研究和互文分析等互文阅读方法来建立。"① 将"文本写作"改为"品牌叙事创作"即是品牌叙事互文性的解释。通常一个主题的品牌叙事活动会用上视频、平面、互联网、户外、互动活动等各种媒介类型，各种媒介所讲述的故事彼此互相关联但又相对独立，各类媒介叙事中所呈现的角色、故事及目的都互为补充、相互指涉，从而形成"我中有你、你中有我"的复合叙事效果。在交错的关系网络中，可以利用一些适合的生发点，例如角色、情节、符号等，根据目标衍生出新的作品，成为丰富故事世界的一种方法。

在互联网时代，要利用消费者的参与创造，即 UGC（用户生产内容），实现双向叙事。一方面，品牌主导的叙事是开放式、召唤式的，它首先自建了一个清晰的故事世界，这个世界欢迎消费者的解读和探索，并建立与故事世界的联系。另一方面，消费者通过自己对叙事的解读进行创作，其中一些可能会被广泛传播受到认同，沉淀后成为品牌故事世界的一部分，进一步丰富了故事世界。

---

① 秦海鹰.互文性理论的缘起与流变［J］.外国文学评论，2004（3）：19－30.

第五章　品牌叙事的模式

世界是一面镜子，它照出每个人的形象。

掌握了叙事模式，就可以在区分不同叙事的模式属性的基础上，战略性地组合各种叙事模式，编织出品牌故事世界纵横交错的经纬。

第一节　按叙事内容划分的模式

按叙事内容的不同，叙事模式可以分为事实性、情感性、感觉性、价值性四大类。

一、事实性叙事

事实性叙事指通过客观叙述事实支持、功能利益等，或者通过互动活动，让消费者对品牌产生认知。除了传统的硬广告方式，利用新技术手段加强互动，已经是事实性叙事的新发展趋势。例如为宣传旗下的揽胜全新插电式混合动力车型的性能，路虎就曾邀请顶尖赛车手驾驶该款车攻顶张家界天门山，穿越 99 道盘龙弯天险，征服 999 级 45 度天梯。①

让消费者参与互动、体会产品特征，对于消费者注意、感兴趣、互动、行动、共享的心理与行为过程都能产生积极的影响。2008 年时，索尼公司为推广 Bravia 液晶电视机，把日本东京总部大楼变成一座互动墙。在活动网站上，用户可以看到左上角 Bravia 电视机的广告，旁边是索尼东京总部大楼的实时画面，如果用户用网页上的吸管从电视广告中吸取颜色放到索尼总部大楼上，那

---

① 视频见：https://v.qq.com/x/page/i056123i7ly.html。

么现实中的大楼就会改变颜色。①

利用手机终端互动也是事实性叙事的创新方向。奔驰斯宾特（Sprinter）汽车用 HTML5 结合手机的四种交互功能，用户可以通过左右滑动、上下滑动、左右摇动、上下摇动，感受奔驰 Sprinter 汽车四种辅助系统的功能（见图 5 - 1）。

图 5 - 1 用户使用手机终端可与奔驰 Sprinter 汽车互动

利用 VR、AR 技术体验产品或服务也是今后事实性叙事的重要方式。万豪酒店为新婚夫妇提供 VR 蜜月体验；沃尔沃应用 VR 推广 XC90 车型，当用户戴上谷歌 Cardboard 后，便能在家感受驾驶汽车驶过广袤的田野、山区和湖泊的乐趣，体验该车型驾驶平稳的特质。

二、情感性叙事

情感性叙事就是通过叙事诉求情感利益。例如，百威啤酒网络上发布了一则招聘广告，职位的名称叫 "director of whatever"（任何事的导师），其工作内容是：不能睡觉，但可以随时打盹；需要有幽默感，但不一定事事搞笑；需要对旧的流行文化有了解；去公主主题公园当助理，扮成英雄；等等。最后面试人员揭晓答案，每天都有上百万人在做这样的工作，这个"工作"就是父亲。广告最后打出广告语 "Grab a beer with your dad"（跟你老爸走一瓶吧）。

---

① 视频见：https://v.qq.com/x/page/j3302362pkx.html。

三、感觉性叙事

感觉性叙事的叙事语意并不明确和显化，而需消费者自己从中得到一些感受，或是来自感官，或是来自自己对语意的诠释。这类叙事在品牌故事世界构筑中，作为事实性和情感性叙事的有益补充，可以增强故事世界的感官度、联想度或者是审美感受等，丰富品牌叙事。

日本软银为推广旗下的新能源项目，在富士山附近的草地上用大型太阳能电池板安装了一个表演舞台，请来网红演奏者，用电池板舞台为其电子琴供电，然后使用无人机拍摄自然、清新的演奏画面。动人的曲子让人沉浸在新能源带来的美好世界里。[①]

2017 年可口可乐推出一项活动，用户登录可口可乐网站，输入昵称后就可以获得一首可口可乐定制的专属昵称歌曲。为了这一活动，可口可乐邀请了 9 名歌手参与录制了 25 首原创歌曲，1 000 多首昵称曲在此基础上衍生而来，涵盖了各种音乐风格。

哈根达斯在手机 App 里设置了一项 AR 互动体验，用户只须对着手机做出比心动作，借助手势识别技术，画面里悬浮在空中的缤纷元素就会通过粒子特效汇集成一个甜蜜冰淇淋球，浪漫地落在用户的指尖（见图 5-2）。这一神奇魔法的召唤体验让消费者感受到了"Everyday made extraordinary"（每天都不同凡响）的品牌核心价值观。近年来，哈根达斯一直致力于通过 AR 应用让消费者发现身边的每一个小惊喜。

图 5-2　哈根达斯的 AR 互动体验

---

① 视频见：https://v.qq.com/x/page/e3279kk4qyp.html。

另外，联合营销基本上都是感觉性叙事，两个品牌联名，其间碰撞而出的意义由消费者自己体会。哈根达斯和泡泡马特联名推出 DIMOO 系列华夫筒盲盒冰淇淋，都自带可以吃的巧克力 12 星座牌（见图 5-3）。

图 5-3　哈根达斯和泡泡马特联名推出的华夫筒盲盒冰淇淋

2018 年夏天，上海近 70 家哈根达斯门店开展"小马宝莉友谊月"活动（见图 5-4），随处可见的都是少女们最爱的梦幻粉，粉色的空间、灯光、气球、云朵、铺满整面墙壁的小马宝莉公仔……小马宝莉也借助这次线下沉浸式体验通过线上促销实现了销售。

图 5-4　哈根达斯门店开展"小马宝莉友谊月"活动

五芳斋的联合营销将粽子这一传统的节日食品与时尚潮流撞击，吸引了年轻消费者（见图 5-5）。五芳斋与《王者荣耀》游戏联名，推出粽子礼盒，其中五种粽子分别与游戏中的一个英雄相对应。它还与钟薛高雪糕联名推出清煮箬叶口味的雪糕，和迪士尼，以及《星球大战》《复仇者联盟》系列电影联名推出粽子，与"外星人电解质水"联合推出了对应口味的月饼，与乐事薯片联名推出咸蛋黄肉粽味薯片。乐事本身在这一方面也做了不少探索，如与周黑鸭联名推出辣卤鸭脖味，与大白兔联名推出香浓奶糖味的薯片等。

四、价值性叙事

价值性叙事就是在叙事中凸显价值意义，当然这些价值得与品牌的价值观吻合。Timberland 通过一双鞋的自述将"我走的时候，叫 Timberland，回来时，才叫踢不烂"的价值揭示出来。路易威登《旅行的意义》广告将"人生就像一场旅行"的价值讲述出来。

除了硬性广告的方式外，软性植入也可以在所植入的内容中创造商品的价值意义。例如在电影《变形金刚》中，通用汽车的各个品牌车型如雪佛兰、GMC、悍马 H2、庞蒂克等都通过剧情表现了自己独特的个性，无论是开朗活泼的大黄蜂还是沉稳幽默的擎天柱，在影片中都不再只是机器，而是有着自己的思想与个性、充满了人情味的钢铁朋友，他们的行为所体现的价值取向和个性也正是各汽车品牌的特征。

另外通过活动帮助消费者解决生活中的实际问题是最直接有效的价值叙事，社会营销、公益活动就属于这类叙事。英国老龄协会的数据显示，老年人的孤独感正在上升，有 100 万老年人在一个多月内没有和任何人说话，而在新冠肺炎疫情期间，这种孤独感更加严重。在游戏者可以通过虚拟世界建立和维持现实世界的时代，X-Box 推出一项倡议活动"Beyond generations"（超越世代），通过向老年人展示当今游戏建立关系的潜力，以及让年轻人使用游戏与生活中的老年人建立联系，弥合家庭中的代沟。[①]

坑坑洼洼的路况可能会让顾客外带的披萨时遭到破坏，达美乐披萨为了帮助消费者顺利回家享用披萨，邀请他们登录 Paving for Pizza 网站为所在社区上传修路提案，然后对糟糕的路面进行维修。这表面上是一种幽默，但达美乐却也帮助社区修了路，显示了助力社区的价值。这是达美乐"外带保险计划"的

---

① 视频见：https://v.qq.com/x/page/o3251grve1m.html。

一部分，该项目为用户提供保险计划，如果顾客在外带过程中披萨受损，那么就可以获得新的披萨。[①]

大众汽车在推出新款 Arteon 车型时找来盲人摄影师皮特·埃卡特（Pete Eckert）负责拍摄工作，皮特·埃卡特在视网膜色素变性失明前，在工业设计和雕塑领域受过专业训练。失明后他没有放弃创作，而是创造出一种新的艺术形式，让人们可以了解盲人的世界。皮特先通过听觉和触觉来感受这款车型由内至外的每一处线条，直到在脑海中产生完整的形象，在闪光灯和调色板的帮助下，最终实现了具有冲击力的抽象艺术效果。[②]

第二节　按叙事主体划分的模式

按叙事主体的不同，叙事模式可以分为企业生产、用户意义生产和协作生产三大类。漫长的品牌叙事过程要根据营销沟通目的和叙事内容，应用不同主体的叙事模式相互补充视角，并通过立体丰富的内容含义与消费者建立立体复合的关系。

一、企业生产

企业作为叙事主体是传统媒体时代最主流的叙事模式，几乎所有的硬性广告和软性广告都是企业和广告代理商的作品。企业生产模式从最初的基于企业和商品的优点叙事，到后来强调对消费者的满足，再到今天基于互联网和智能技术的沟通，虽然出现了用户生产模式，但企业依旧是主要的叙事主体。但即便如此，企业叙事的理念也需要改变，过去是以"讲故事"的"诉求式"方式影响消费者的认知，到了今天，应该是以"建立关系"的"帮助式"方式影响消费者的认知。所谓"帮助式"就是为消费者解决问题，相比过去通过广告诉求商品对功能利益和情感利益的满足，企业更需在洞察消费者的基础上深入地介入消费者的生活。近年层出不穷的创新案例早已彰显出这一趋势，和消费者建立关系的途径不再是喋喋不休的广告，而是为他们切实提供帮助。

① 视频见：https://v.qq.com/x/page/j0750xypudo.html。
② 视频见：https://v.qq.com/x/page/e3302upy446.html。

　　"讲故事""诉求式"的叙事要有独特的视角、内容或者观点才能为品牌故事世界添光加彩，否则只是多了一则平庸的产品广告。本田曾推出一则名为《梦想缔造者》（Dream makers）的广告，精彩地还原了电影制作过程的高超技艺和美感，将脚本、手绘草图、故事板、CGI 骨架、分级注释、最终电影画面等一系列制作过程分解呈现，四款本田新车型在其间体现了又酷又飒的个性。

　　PAH（肺动脉高压）是一种致命的罕见疾病，它使氧气难以分布到整个身体，导致患者呼吸急促，在步行时也是如此。该病的治疗方案是通过"6 分钟步行测试"即在 6 分钟内让病人忍受心悸、气喘和疲劳感走路，以定期监测病人的状况。然而，这 6 分钟带给病人的是窒息、绝望和孤独，每一秒、每走一步似乎都在提醒他们正身患重疾，一些病人甚至拒绝测试。于是提供 PAH 治疗药物的杨森制药公司想出了一个医学以外的巧妙的解决方案——"6 分钟在一起"活动。广告公司与 PAH 专家共同设计了原创音乐播放列表，日本和世界各地的 40 位艺术家与流媒体平台 Spotify 合作，提供了他们创作的 6 分钟歌曲。每首歌都有准确的每分钟节拍（BPM），以配合患者的行走速度，旨在将本来绝望的 6 分钟转化为积极的 6 分钟。日本著名歌手一青窈（Yo Hitoto）也创作和演唱了一首歌曲《6 分钟》。这一 2021 年的活动获得了日本 80 多家媒体的报道，这在关爱罕见病患者的活动中是前所未有的。[①]

　　这样的叙事就是"建立关系"的"帮助式"叙事，不仅帮助了消费者，使之与企业建立了彼此间更紧密的联系，为品牌故事世界贡献了绚丽的一笔，而且产生了良好的社会反响，在互联网沟通的今天会迅速得到传播和认同。

　　企业生产还包括企业内部的品牌叙事，内部沟通顺畅了才能与外部顺畅地沟通。2015 年瑞银转型，重新进行品牌定位，并用同一战略整合了瑞银所有业务。在向外界展现更现代、更人性化的新品牌形象之前，瑞银必须先赢得旗下 6 万多名员工的支持，并通过他们的一言一行将品牌理念散播出去。因此瑞银推出了一项员工互动计划，在内部网站推出许多有趣的教育视频、介绍品牌大纲的小游戏以及一系列管理层和客户针对新的品牌定位及发展方向的讨论，并创作了大型涂鸦作品向员工传达瑞银的精神及理念。

----

　　① 视频见：https://v.qq.com/x/page/g3303b45syf.html。

二、用户生产

用户生产是指用户生成内容或者产品。例如，野兽派鲜花店让消费者说出自己的故事，然后根据故事来定制个性化的专属花束，颠覆了一直以来根据花名、花语、产地来选择花卉的售卖方式。消费者还会通过社交媒体转发美丽鲜花背后的故事，鲜花和其背后故事的意义共同构成了野兽派的品牌故事世界和品牌意义。消费者自己讲述的故事比品牌创造的故事更真实更丰富，还给了消费者定制化的体验，同时节省了企业的工作量。

KitKat 巧克力为庆祝 85 周岁生日，发起了一项活动"A break for have a break"（让"休息一下"休息一下），意思就是让大家记住 KitKat 那句大家耳熟能详的广告语"Have a break"休息一下。在广告语"休息"的 10 天里，KitKat 邀请消费者创作更好的广告语替代老口号，创作的要求就是发音和老口号要很像，为此还创建了一个智能在线口号生成器，帮助大家提出声似"Have a break"的新口号。

三、协作生产

协作生产就是品牌与消费者一起在叙事中实现价值共创。品牌社群是典型的消费领域共创价值的平台和载体[①]，参与品牌社群能够给消费者带来更强烈的流体验（高峰体验），这种体验虽然短暂，但却能够激发消费者的潜在信念，使其流连忘返并乐此不疲。[②]

在品牌社群对品牌忠诚的影响方面，沃茨（Watts）等认为相比单独消费而言，群体及群体性消费会对消费者的心理和行为产生剧烈影响。[③] 在品牌社群中，共同的仪式、行为惯例、独特文化以及维护群体荣誉的责任感等使消费者会加深对品牌意义的认识，甚至重新认识品牌，并因此增加对品牌的忠诚度。

---

① SCHAU H J, MUNIZ A M, Jr, ARNOULD E J. Community Practices Create Value [J]. How Brand Journal of Marketing，2009，73（5）：30-51.

② 王新新，薛海波. 论品牌社群研究的缘起、主要内容与方法 [J]. 外国经济与管理，2008，30（4）：25-31+38.

③ WATTS D J, DODDS P S. Influentials, Networks, and Public Opinion Formation [J]. Journal of Consumer Research，2007，34（4）：441-458.

斯考滕（Schouten）等的研究表明，在品牌社群中，消费者能够参与被称为"非凡顾客体验"的流体验。这种流体验的获得会使消费者与产品、品牌、公司及社群成员的关系加深，并因此产生强烈的品牌社群认同和品牌社群意识，进而提高消费者对品牌的认同和忠诚。[①]

2002 宝马公司的 Mini Cooper 车在影片《偷天换日》中植入广告，并在 2003 年电影上映后组织全球的宝马车主和车迷共同观影，这是其全球性营销活动"Missoin Mini"（迷你任务）的延续活动。宝马公司事先请了侦探小说家薇尔·麦克德米德（Val McDermid）为 Mini Cooper 创作了一部没有结尾的小说《迷你任务（*Missoin Mini*）》，然后邀请来自全球的 90 位参赛者与小说家联手合作当侦探，为这部小说写下真正的结局。

喜力在"打开你的世界"这一核心价值观下，采用共创和众包方式进行营销沟通，让年轻的消费者和设计师为夜生活提案，通过 Instagram 的"人种学线上研究社团"发表对夜生活的看法，关注酒吧里大家分享的故事、所聊内容的价值。在消费者参与的概念下，喜力于 2012 年在米兰设计周上推出"喜力概念俱乐部"，于 2014 年在伦敦设计节上推出快闪式城市休闲酒吧，并在曼谷建造了一座能容纳 1 000 多人的屋顶露台酒吧。这些概念空间并不是基于基础性设计的，而是社会性设计的，让消费者的叙事成为品牌的叙事，与年轻的消费者融为一体。

百事公司的乐事薯片从 2008 年开始在 15 个国家开展让消费者给薯片口味命名和挑选薯片口味的竞赛活动，并最终于 2012 年在美国进行了"给我一种口味"活动——在时代广场开了一家快闪店，店内陈列着世界各地获胜的所有口味的薯片，例如泰国的香辣蟹味、澳大利亚的凯撒沙拉味等。

亨氏邀请新推出网站的前 57 位用户为亨氏瓶子设计瓶盖——因为亨氏有 57 种产品，并将数字 57 印在每个瓶身上。

联合利华则做得更深入，推出的"创想＋"活动让参与者和一名联合利华导师一起创想品牌愿景、市场营销规划和产品路线图。

虚拟社区也是协作生产的模式，除了连接消费者，提供服务，还能获取消

① SCHOUTEN J W, MC ALEXANDER J H, KOENIG H F. Transcendent Customer Experience and Brand Community [J]. Journal of the Academy Marketing Science，2007，35（3）：357-368.

费者数据。耐克通过"耐克 Women 女子运动"的线下活动与线上数字平台共同打造全球性的运动社区。2015 年全球超过 7 000 万女性通过耐克＋Running-Club（NRC）和耐克＋TrainingClub（NTC）两大应用平台，耐克 Women 的微博、微信、Facebook、Twitter、Instagram 以及其他社交平台获得耐克服务，参与到健身跑步的社区中。

安德玛（UnderArmour）以收购的方式拥有了全球最大的数字健身和健康社区，汇聚了 1.5 亿用户、几百名优秀工程师以及一个庞大的用户数据库。社区还包括个人健身应用、社交训练应用、营养跟踪系统应用，通过海量的用户数据获得设计灵感和消费者行为态度特征，支持产品的研发、推广和销售。

阿迪达斯（Adidas）也在 2015 年斥资 2.2 亿欧元收购了拥有全球 7 000 万用户的奥地利健康应用公司 RuntasticGmbH，该公司拥有知名运动社区 App Runtastic。数字技术帮助运动员更好地控制运动、提高体能、分享经验以及记录运动的瞬间，并向社区不断增长的用户交叉销售其他健身产品。

第三节　互动叙事模式

互动叙事已经成为这个时代最具代表性的品牌叙事方式，它颠覆了过去单向叙事的模式，产生了全新的叙事逻辑和效果。

一、互动叙事

"互动叙事"这一概念由玛丽-劳尔·瑞安在《故事的变身》中最先提出，互动性来自用户与数字媒介的互动与反应性质……当互动性与叙事相联系时，便产生了互动叙事。①

互动叙事与传统单向叙事相比，具有全新的特征：

一是叙事主体的改变。消费者从旁观者变为叙事主体，不仅是沉浸体验者，还是处于中心地位的叙述者、参与互动创造新叙事的生产者。

二是叙事视角的改变。消费者成为叙事主体，由全知视角或第三人称视角

---

① 瑞安．故事的变身［M］．张新军，译．南京：译林出版社，2014.

转换成第一人称的探索视角，消费者由参与者变为主角。

三是叙事方式的改变，由单向叙事转变为交互叙事。消费者根据自己的喜好自主选择互动的方式和程度，所以互动叙事因人而异，具有个体特性及动态变化的特征。

四是互动叙事关注的是实际的、实时的体验，并在体验中感受意义，获得自我情感。

瑞安对互动性叙事进行了解读：语言和身体是互动的物质基础，用户行为与故事的整合是互动的动力基础，互动的生成方式包括自上而下、自下而上以及前两种方式的交叉。

以电脑游戏为例，瑞安从空间、认识、时间、情感和社交五个维度讨论了互动叙事产生的沉浸感。从空间上讲，数码媒介的空间可供性为史诗性探索叙事提供了有效的支撑。从认识上讲，人们沉浸在求知的欲望中。从时间上讲，沉浸产生三种叙事效果：好奇心、意外和悬念。从情感上讲，在互动过程中产生情感互动涉及玩家和电脑生成的人物之间的"人际关系"。情感的互动与叙事的结合最为复杂，叙事性游戏重动作轻人物，嬉戏性游戏则着重创造逼真的人物以产生情感的反应。在社交方面，沉浸仅存在于多用户网络游戏中，多个用户通过联盟和分享资源等社交方式，形成一个大的虚拟社群，在这个社群中不仅可以得到完成游戏任务的快乐，还可以产生强烈的归属感。[1]

二、数字媒介的属性

瑞安认为数字媒介有五个基本属性：反应与互动性质，多重知觉和符号渠道，网络化能力，易变的符号，模块性。[2] 这些属性揭示了数字媒介时代品牌叙事的特性：

第一，品牌可以根据环境的变化或无意、偶然的用户输入做出反应。

第二，品牌应该利用多种模态形成跨媒体能力。

第三，数字媒介破除时间和空间限制连接消费者与品牌于虚拟和现实网络

---

① 卢红芳，高晓玲. 故事世界：跨越与互动——跨媒介视域下的数码叙事 [J]. 河南社会科学，2010 (6)：176-179+235.

② 瑞安. 跨媒介叙事 [M]. 张新军，林文娟，等译. 成都：四川大学出版社，2019：310.

中的能力，让品牌服务具有更多可能性。

第四，比特构成的数字内容具有动态性和流动性，容易生产、创造、传播。

第五，数据的可复制性和可组合性，让数字作品可以根据不同的语境组合变形，互动叙事简易和丰富。

三、互动叙事类型

玛丽-劳尔·瑞安将互动的类型分为内在探索型和外在探索型、内在本体互动型和外在本体互动型。在内在模式中，用户通过对化身的认同将自己投射为虚拟世界里的成员，化身可以呈现为第一人称或第三人称视角。在外在模式中，用户位于虚拟世界的外部，他们或者扮演高高在上控制虚拟世界的上帝角色，或者将自己的活动设想成在数据库中导航。在探索模式中，用户在显示器上导航，但该活动既不创造虚构历史，也不改变情节：用户对虚拟世界的命运不造成任何影响。相反，在本体模式中，用户的决定将虚拟世界的历史送上不同的分岔道路。两组二元对立的交叉分类导致四种组合，提供不同的叙事可能性。[①]瑞安认为这些类型并没有穷尽可能性，但却可以给各种品牌互动叙事方式带来思考。参看瑞安对数字文类的划分，可以将现实中常用的品牌互动叙事方式分为以下几种：

第一，超文本。超文本是文本片段的网络，即网络中有关品牌的各种信息通过链接联系在一起，消费者通过点击按钮浏览文本，有多种不同的选择路径，是一种外在探索型方式。这就相当于消费者自主从随机出现的片段中构筑一个全局景象，在碎片化和链接中创造出一种新的话语类型。所以品牌的各种信息片段都应是一个系统中的有机碎片，保持在多线性环境中的逻辑连贯，便于消费者在搜索创造的过程中形成明确的对于品牌整体图景的认知。

第二，社交网络，它是基于文本的虚拟现实。其主要分为两类：一类是文本型，即用户通过发帖、回复、转发、讨论进行对话，如品牌官方社区、微博公众号、微信群、知识问答社区、趣缘社区等。另一类是品牌发起的社交互动活动，即消费者通过真实话语或表演性话语参与活动、扮演角色并与其他成员互动。品牌要预先创造指导脚本。

---

① 瑞安. 故事的变身 [M]. 张新军，译. 南京：译林出版社，2014：122.

第三，3D全息影像和虚拟现实互动。消费者进入 3D、VR、AR、MR 虚拟现实空间后，通过感官去体验新世界，并可扮演各种角色，通过人与虚拟人物的互动即时生成情节，消费者成为共同作者、参演角色及表演受益者。但目前的技术和算法能力尚不足以支持完整的体验，元宇宙即为对这一理想愿景的追求。虚拟现实互动有两种方向应用：一是本体/内在参与，情节侧重于冒险和解决问题；二是探索/内在参与，情节侧重于人际关系和情感体验。品牌方创造指导脚本，并保持叙事逻辑和秩序。

第四，电子游戏。游戏叙事成功的秘诀在于，利用"解决问题"这一最基本的动力来推进情节发展。虽然玩家对故事世界命运的创造是通过一系列决定而不是讲述来实现的，但这种自为式的动作执行是玩家快感的主要来源。玩家通常都太专注于任务而不去思考行动所书写的情节，但是游戏过程的描述通常以故事的形式呈现。品牌可利用游戏的探索性设计具有建设性的植入程序，让消费者在游戏中获取认知和情感。

在《魔兽世界》网游中，可口可乐成为神奇的道具——魔水，游戏角色只要喝了它，就能起死回生，恢复体力继续战斗。魔水的魔力为品牌故事世界增添了非现实的一块砖。

在网游《合金装备4：爱国者之枪》中不仅出现了可以 360 度欣赏的 iPod 的外观，还可以聆听内置其中的十几首 BGM（背景音乐），就连摇杆选歌的方式也力求还原 iPod 的转盘效果。更重要的是这些歌曲是游戏中的收藏要素之一，玩家可以使用 iPod 听着自己辛苦解锁的曲目，获得独特的感受。

第五，图片和视频。消费者在品牌主题活动的号召下，以图片或视频的方式拍摄生活情境，并上传至网络空间。观众可以从这种类似极简艺术的展示中抓取精彩的部分，捕捉情节，自己生成叙事。这种互动是探索型和外在式的，品牌的主题设计就需要在广度和深度上具备极强的调动性。

iPhone7 为了诉求夜景拍摄功能，推出主题为"One night on earth"（地球一夜）的活动，来自全球各个地方的艺术家在 2016 年 11 月 5 号这天夜里完成创作，创作对象有上海街头的霓虹灯、印度尼西亚爪哇的活火山、冰岛的北极洞穴、约翰内斯堡的夜店等，这些图片分别呈现于全球 25 个国家和地区的户外广告牌上。

四、以品牌故事世界为中心

数字媒介为互动叙事提供了更多条件。瑞安认为数字媒介所创造出来的新的叙事形式，其新颖性在于并不关注语义而更注重表现策略（即话语），最重要的是注重语用因素：用户参与的新模式；互动的新类型以及作者（或者说系统设计者）、情节、用户之间的新关系。①

互动叙事以品牌故事世界为中心，在多重化叙事者、显示系统、消费者、其他受众以及现实世界之间建起一种持续、动态的互动模型。品牌方作为故事集群的架构设计师设计出一个总语境，为故事走向设计出总结构，什么样的主题和什么样的情节应该利用何种叙事方式。一定时空范围的互动要经由互联网空间扩散传播出去，以获得最大效率，由多个显示系统构成完整叙事。消费者之外还有围观者加入这个叙事系统中，这样一来，叙事结构就变得复杂，产生的效果也多元化。

对于品牌互动叙事效果的度量可以从三方面考虑，一是消费者对叙事的参与程度，二是消费者在自身参与的叙事中所感受到的意义的清晰程度，三是该互动叙事被传播的程度。

五、具身性

技术发展所催生的交互活动让我们重新思考人的身体在叙事中的变化。人的眼、耳、鼻、舌、身、意本来就是人内部世界与外部世界交流的主体，新技术强化了人对色、身、香、味、触、法的感知和认知能力，甚至通过虚拟时空和现实时空新的组合，赋予了人前所未有的感官组合体验和认知体验，人的身体成为认知世界和叙事的主体。法国哲学家梅洛-庞蒂（Maurice Merleau-Ponty）提出了"具身的主体性"（embodied subjectivity）这一概念，认为身体是认识世界的主体，身体经验构成个体的"自我体验"，是源于身体的结构和身体感觉运动系统的独特体验。技术现象学的代表人物伊德（D. Ihde）认为，在实践中，具身是我们参与环境或"世界"的方式，很多这样的活动都包含了对人工

---

① 瑞安 . 跨媒介叙事 ［M］. 张新军，林文娟，等译 . 成都：四川大学出版社，2019：305.

物或技术的应用。①

"通过技术对人类与世界的相处经验进行模拟,进一步强化既能离身又能获得在场体验的技术神话,这类技术实践在当下尤以虚拟现实(VR)为代表。"② 技术促成了人与"世界"的"离场"和"在场",作为叙事主体的人在互动叙事中参与、感受,并生成情感和叙事意义。互动叙事要以人的具身性作为核心。

第四节 其他的叙事模式

根据品牌活动的现实特征和叙事学对于叙事模式的不同划分,还存在一些二元对立的品牌叙事模式。此部分参见了瑞安对叙事模式的划分③,从中择取了几组关系结合品牌实践进行阐释。

一、综合型叙事和专一型叙事

综合型叙事就是叙事主题、叙事内容、叙事方式、叙事媒介等是多元的,并复杂交错,如可口可乐和耐克就是综合型叙事的代表。

专一型叙事就是将叙事内容、叙事方式、叙事媒介上都控制在单一的范畴内。这类叙事比较少见,因为很容易犯品牌故事世界延展的大忌,即没有在广度和深度上延展,但也能作为品牌的一种独特性脱颖而出。例如野兽派花店以每一位消费者送花背后的故事作为叙事内容,主要应用互联网社交媒体传播。索尼 Bravia 电视机一直通过各种色彩盛宴来呈现其优异的视觉技术。它最早是从旧金山大街上倾倒 25 万颗彩球,后来为了呈现 4K 电视 800 万像素的超高分辨率特性,在哥斯达黎加的一座间歇性火山中倒入了 800 万朵花瓣,这些花瓣从火山中喷发出来,继而顺流而下,将附近的一整座小镇淹没在红色、粉色、黄色以及紫色的鲜花海洋中。它还有在加拿大极寒地带吹泡泡,在罗马尼亚动用了 4 000 支气球和 1 500 公斤的闪光片,使用高速摄影的手法,记录下白色气球在房屋

---

① 伊德. 让事物"说话":后现象学与技术科学 [M]. 韩连庆,译. 北京:北京大学出版社,2008:55.

② 刘海龙,束开荣. 具身性与传播研究的身体观念:知觉现象学与认知科学的视角 [J]. 兰州大学学报(社会科学版),2019(2):80-89.

③ 瑞安. 故事的变身 [M]. 张新军,译. 南京:译林出版社,2014:35-36.

间的跳动爆破的场面。①

　　依云矿泉水一直使用宝宝体现"Live young"（永葆童真）的核心价值观（见图 5 - 5）。②

图 5 - 5　依云矿泉水用宝宝体现"Live young"的价值观

　　Timberland 被中国人按谐音称为"踢不烂"，又从牢固耐磨的产品关联中激发出品牌灵感，便顺手将"踢不烂"的人生精神作为品牌核心价值。近年来其一直围绕"踢不烂"的价值观叙事。2016 年其"真，是踢不烂"的品牌灵魂初步成型，但尚未引发广泛关注。③ 2018 年"我走的时候，叫 Timberland。回来时，才叫踢不烂"，进一步升华了品牌的精神。④ 2021 年推出"哪有穿不坏的鞋，只有踢不烂的你"⑤；与 Jeep 大切诺基联名推出"路同，所见亦同"的视频，二者在"在路上不断前行"这一点上产生了价值关联。⑥ "踢不烂的"大黄鞋已经成为给自己人生旅途加油的一种精神信念。

---

　　① 视频见：https://v.qq.com/x/page/x0145cwg0xf.html；https://v.qq.com/x/page/f0134nctsip.html；https://v.qq.com/x/page/d0140acfzgv.html；https://v.qq.com/x/page/b0331s0ben0.html。

　　② 视频见：https://v.qq.com/x/page/k0647ofcs0y.html；https://v.qq.com/x/page/w0150ltqywr.html；https://v.qq.com/x/page/k0127np1ye3.html；https://v.qq.com/x/page/o0886cu43vb.html；https://v.qq.com/x/page/m0195m530wi.html。

　　③ 视频见：https://v.qq.com/x/page/s0339gp4ggj.html。

　　④ 视频见：https://v.qq.com/x/page/c0923fwanew.html。

　　⑤ 视频见：https://v.qq.com/x/page/c3275ir5iz2.html。

　　⑥ 视频见：https://v.qq.com/x/page/m0976k5jc8p.html。

二、开放型叙事和封闭型叙事

安·达吉斯坦利（Ann Daghistany）和约翰逊（J. J. Johnson）在《夸大的反讽、空间形式与乔伊斯的〈尤利西斯〉》一文中提出了开放和封闭空间概念。①

1. 开放空间

开放空间就像复义文本，是各种意义网络的交织，是能指的星系，没有所指结构。文本没有开始和结束，没有中心意义，顺序可以颠倒，对文本的阐释有不确定性，读者应该随时意识到文本自身的文本性。②

野兽派花店使用的就是开放型叙事，在品牌放空的"故事框架"里，消费者一个又一个的真实情感故事共同构成了品牌叙事，辅以明星代言的主导型广告，野兽派让消费者形成了一种叙事印象。

从微观角度来看，在品牌叙事中单次叙事采用开放型叙事让消费者参与价值共创，也是互联网时代的常用手法。哈根达斯 2012 年中秋节推出一个 17 分钟的微电影，将"圆满臻粹，如意中秋"的美好祝福带给大家，同时设计了一个开放式的结局，网友可以根据自己的愿望和想象在哈根达斯官方微博为该片续写圆满结局。

江小白用表白瓶文案开放叙事的方法让消费者参与共创。其在后台开设了一个"无边界"的创意文案库，消费者可以自主参与产品文案的设计。通过官网、微信公众号或直接扫描瓶身二维码就可进入小程序，上传图片并撰写文案就可得到一瓶专属定制的江小白。如果消费者撰写的文案被选中，还可正式用于生产销售。

2. 封闭空间

封闭的空间形式是通过反应参照来揭示中心主题的途径。曼弗雷德探讨了叙事理解语境中的自上而下（草案或框架驱动）和自下而上（文本数据驱动）两种加工策略之间的互动关系。他认为，草案和框架引导读者理解特定情境、

---

① 弗兰克，等. 现代小说中的空间形式 [M]. 秦林芳，编译. 北京：北京大学出版社，1991.
② 龙迪勇. 空间叙事学：叙事学研究的新领域 [J]. 天津师范大学学报（社会科学版），2008 (6)：54－60.

参与者及事件，但随着叙事世界的展开，文本可能促使读者修改甚至改变其正在使用的理解模式。当出现图式矛盾的情况时，由文化决定的优先规则则会起到关键的控制作用，而最为主要的优先规则之一就是"从文本中读取最大限度的认知回报"①。对于品牌叙事来说，封闭型叙事就是自上而下的脚本式设计和自下而上的自生式参与能够碰撞出品牌事先设定好的所要诉求的价值意义。

三、虚构型叙事和非虚构型叙事

传统的平面、视频广告大多数属于虚构型叙事，一些名人、体育明星广告以非虚构为主体。后来随着社会营销的兴起，解决社会问题和促进社会进步的叙事便多采用非虚构型叙事。在智能技术崛起的当下和未来，互动叙事将立足于虚构和非虚构的结合，让非虚构变得更加生动、不凡，让虚构变得更接近现实。

四、自主型叙事和说明型叙事

自主型叙事指消费者可以从叙事文本中提取逻辑结构，例如视频广告和互动叙事多属于这一类型。说明型叙事指消费者需借助说明文本，结合已有的经验领域才能明白叙事含义，平面广告就是说明型叙事。

五、表征型叙事和模拟型叙事

表征型叙事是对意象的表达，例如平面广告、视频广告等，而模拟型叙事是通过常量和变量参数的组合生成许多不同的事件线路，是数字媒介特有的叙事模式，例如基于大数据的千人千面精准推送广告，以及互动类活动。

六、脚本型叙事和自生型叙事

这一对关系是从生产者角度来说的。脚本型叙事指由品牌方实施的固化铭刻的叙事，例如传统的硬性广告，传播单向，但语义明确。自生型叙事指故事或话语是通过叙述者、参与者的即兴表演或者计算程序适时创造的，互动叙事

---

① 唐伟胜.阅读效果还是心理表征?：修辞叙事学与认知叙事学的分歧与联系［J］.外国文学评论，2008（4）：35-44.

和人工智能广告就属于这类。

七、接收型叙事和参与型叙事

这一对关系是从消费者角度来说的。在接收型叙事中，消费者既不在所呈现的事件里，也不对呈现的事件起积极作用，只是一个接收者。在参与型叙事中消费者参与叙事并完成叙事，其中的参与分为话语层参与和故事层参与。话语层参与例如微博话题讨论、转发，文案创作等；故事层参与例如电脑游戏、角色扮演、互动活动等。

八、确定型叙事和不确定型叙事

故事作为历经变形的世界的意象，往往会追踪一条穿越许多时间点的弧线或旅程。确定型叙事的文本在叙事弧线上规定足够数量的点来投射一个较为确定的脚本。不确定型叙事只规定一个或两个点，由阐释者来想象一个（或多个）虚拟曲线穿过这些坐标。[①] 在传统媒体时代，媒体策略就是在执行确定型叙事，在智能技术和互动沟通时代，不确定型叙事更能获得广泛和有深度的沟通效果。

叙事模式的分类可以让我们掌握各种叙事的功能，同时提醒我们在品牌叙事中要主动进行叙事模式的组合，组合原则就是层次丰富、纵横交错，这是构建故事世界的立体路径。

---

① 瑞安．故事的变身［M］．张新军，译．南京：译林出版社，2014：36.

第六章　品牌叙事的结构

和谐就是一切。

——毕达哥拉斯

本章阐释了品牌叙事的各种结构，目的在于在品牌叙事中协同利用这些结构，形成构筑品牌故事世界的系统合力。

第一节　结构模式类型

叙事学者从不同的角度采取不同的方法，得出了各种各样的叙事结构划分方式，这些结构模式的划分为品牌叙事结构提供了参考。对叙事结构主动驾驭，才能形成品牌故事世界系统合力，而且其间的结构性张力将会让品牌故事世界生动、完整。

一、几种结构模式

法国人类学家兼结构主义者列维-斯特劳斯（C. Levi-Strauss）通过研究神话，发现其间隐藏着某些永恒的"深层结构"，任何特定的神话都可以被浓缩成这些结构，其中的变化因素是一些普遍的文化对立，例如生与死、天堂和人间等，以及处于这些对立之间的象征符号。这些深层结构在不同文化中可以演变出具有不同价值的表层结构。[①] 在品牌叙事中可以根据品牌核心价值观设立一些对立结构，通过正向和反向诉求让消费者更深入地明了品牌内涵。

格雷马斯（Algirdas Julien Greimas）提出与行动相关的三对共六种"行动

---

① LEVI-STRAUSS C. The Structure Study of Myth [C] //Structural Anthropology . New York：Anchor，1955：59.

元"概念：与愿望、探求和目标相对应的主体和客体；与交流相对应的发送者和接收者；与辅助支持或阻碍相对应的帮助者和阻挠者，并将它们归入三种序列结构：契约型结构、完成型结构和离合型结构。① 品牌叙事也可基于主体与客体、发送者与接收者、帮助者和阻挠者这三种结构来构建叙事。

布雷蒙提出叙事的基本序列应由下列三个功能组合而成：表示可能发生变化的功能；表示是否实施这种变化的功能；表示变化是否实现的功能。由这三个功能组成的基本序列互相结合产生复合序列。布雷蒙列举了"首尾接续式""中间包含式"和"左右并连式"等几种常见的复合序列类型。② 这种划分与品牌叙事根据目标分阶段进行是一个道理。

罗兰·巴特则区分了"核心"和"催化"两种功能，核心功能以其依据的行为为故事"打开或结束一个未定局面"，而催化功能表示的行为则只起连接作用。③ 品牌叙事也可以分为开创局面的主力型叙事和连接前后左右叙事的助力型叙事。

热奈特根据叙述行为与被叙述事件之间的关系划分了故事外层、故事层和元故事层。④ 元故事叙述与上一层叙事之间可以是解释关系、主题关系或类比关系，也可以只起一种延迟阻挠上层叙事的作用。⑤ 这种划分对于设计叙事结构也有启示意义。

二、命题与序列模式

托多罗夫认为命题与序列关系有三种类型，即时间关系、空间关系和逻辑关系，这些关系决定了序列的绪构。⑥ 这三种关系类型也是品牌叙事中最常用的结构模式。

---

① SELDEN R. A Reader's Guide to Contemporary Literary Theory [M]. Kentucky：University Press of Kentucky，1986：59.
② 布雷蒙. 叙事可能之逻辑 [C] //张寅德. 叙事学研究. 北京：中国社会科学出版社，1989：154–155.
③ 巴特. 叙事作品结构分析导论 [C] //张寅德. 叙事学研究. 北京：中国社会科学出版社，1989：14–15.
④ RIMMO-KENAN S. A Glance Beyond Doubt：Narration，Representation，Subjectivity [M]. Columbus：Ohio State University Press，1996.
⑤ GENETTE G. Narrative Discourse [M]. Oxford：Blackwell，1980：177–184.
⑥ 胡亚敏. 结构主义叙事学探讨 [J]. 外国文学研究，1987 (1)：77.

为实现营销沟通目标，各叙事事件可按照主题之间的关系和效果的承接在时间上结构叙事；也可按照主题之下不同媒体的应用在空间上结构叙事；为实现主题目标还可用各种适应的逻辑结构叙事。三种结构也可混合应用，众多序列交织，形成复杂的互文性。叙事要根据因果关系、目的与手段、时空接触等进行结构设计。

三、整体模式

宾夕法尼亚大学的语言学教授拉波夫在《城市中的语言》一书中提出了"拉波夫叙事语篇分析模式"，认为一个完整的叙事结构可以包括以下六部分：（1）点题：指叙述者在叙述故事之前对故事的简要概括。（2）指向：是在点题之后，叙述者对事件发生的时间、地点、背景以及人物的描述，对主题的叙述做了铺垫。（3）进展：指故事的发生、发展，此为叙事结构的核心部分。（4）评议：指叙事者或他人对叙述中出现的各种情况的看法和评论，可贯穿在整个语篇之中。（5）结果或结局：指故事的结束，包括故事的结局、人物的下场、目的的实现或失败。（6）回应：指在故事结尾呼应主题的部分，使读者或听众对故事有一个整体了解，并将其从故事中带出。[①]

这一模式适合品牌一次整合叙事。为完成一个主题的叙事，需要一系列叙事事件按照点题、指向、进展、评议、结果、回应的顺序设计叙事结构。这会帮助品牌避免企图通过一个叙事就能实现目标的错误。

四、跨媒介模式

按照跨媒介理论，叙事对想象世界的拓展手段有后传、前传、间传、补传、总传、另传等。品牌叙事也可参照这一思路进行拓展。

想象世界的跨媒介创造和发展主要有三个渠道：首先是文本，即语词和描述；其次是视觉；再次是互动化，指通过视频、电脑、沉浸和数字技术来建造和介入世界。品牌叙事的跨媒介叙事也应分为三个层次，一是文本，平面或视频中的文案可以明确地让消费者认知品牌叙事的核心信息。二是视觉，作为对

---

① LABOV W. Language in the Inner City [M]. Philadelphia：University of Pennsylvania Press，1972.

认知影响最大的感官，视觉一直都是最能感受真实、获取认知和激发联想的，辅以文案，则是最强大的叙事模态。三是交互行为，无论是通过各种技术媒介还是人与人直接的面对面，都可以通过互动获得体验、情感或者意义。这三个跨媒介层次是如今品牌叙事最基本的结构模式，属于必备结构。

五、要素模式

从叙事构成要素来看，人物、事件、背景、时间、空间和因果构成了叙事。这些要素在视频类广告片里呈现得最充分，叙事类的平面广告也能在一个二维平面里展现出由这些要素构成的故事。

许多视频广告都是叙事要素完整的故事，而故事一定要有明确的目的。以香奈儿 No.5 香水的一支广告片为例，六个要素形成一个故事，最终是为了让消费者感受到 "You're the one that I want"（只想拥有你）的诉求。①

六、框架模式

莫妮卡·弗鲁德尼克（Monika Fludernik）在《建构自然叙事学》一书中提出了一个以自然叙事（即口头叙事）为基础的叙事认知模式，认为该模式适用于所有的叙事，包括大大拓展了口头叙事框架的近当代虚构作品。② 在《自然叙事学与认知参数》一文中，弗鲁德尼克总结了先前的观点，并进一步发展了自己的模式。弗鲁德尼克认为叙事的深层结构具有三个认知参数：体验性、可述性和意旨。读者的认知过程是叙事化的过程。这一过程以三个层次的叙事交流为基础：（1）（以现实生活为依据的）基本层次的认知理解框架，譬如读者对什么构成一个行动的理解。（2）五种不同的"视角框架"，即目击、讲述、体验、行动和思考评价，这些框架对叙事材料予以界定。（3）文类和历史框架，譬如"讽刺作品"和"戏剧独白"。③ 品牌叙事可用"视角框架"进行分类，分为目击框架、行动框架、讲述框架和体验框架，这四种框架模式在品牌叙事中各有特点，需要根据叙事需求有机组合应用。

① 视频见：https://v.qq.com/x/page/u08498nxok3.html.
② FLUDERNIK M. Towards a Natural Narratology [M]. London：Routledge, 1996.
③ FLUDERNIK M. Natural Narratology and Cognitive Parameters [C] //David Herman Narrative Theory and the Cognitive Sciences. Stanford：CSLI, 2003：243-267.

（一）目击框架

目击框架就是以第三人称视角进行的客观叙事，也称为摄像式叙事，可以采用全知型叙事，也可以采用其他类型叙事。

2008 年 HBO 公司推出一个活动：先在纽约下东区的一处建筑墙面上投影出一幅公寓楼剖面影像，让人觉得"偷窥"到八户人家的生活现场，各家正上演着出生、死亡、救赎的故事。这些故事也被拍摄制作成短片放到互联网上，人们可以点击追踪每一户的故事。HBO 还找来杰出的音乐家为每一部片子配乐。之后观众还可在网上参与猜测故事走向。这一偷窥视角让观众深度沉浸于故事中。HBO 要告诉大家的是"我们是世界上最会讲故事的"[①]。

（二）行动框架

行动框架指由行为活动的发展推动叙事的发展，叙事开始时并不知道最终的具体结果是什么，但有一个大致的方向，在参与者的共同作用下，最终获得意义。

耐克的 E＋战略将产品与智能应用程序结合，从 2006 年推出至今，经过多次升级，已经从一个简单的记录跑步里程的工具成长为一个全球运动爱好者分享经验、进行挑战、相互鼓励的数字社区。消费者可以掌握运动日期、时间、距离、热量消耗、总运动次数等数据；在跑步中可以听到音乐和朋友的掌声；提供个性化运动指导，根据不同国别、年龄、体质制订合理的运动计划。制订"菜鸟跑者成长计划"，用 10 个不同的主题引导用户养成跑步习惯；建立"数字＋圈子"社区，鼓励用户用耐克＋的账号上传自己的跑步数据和体验与朋友分享，并激励更多人投身于运动。

佳能在澳大利亚推出过一个主题活动"Imagination"（想象力），强调摄影不仅仅取决于器材，最重要是摄影师的想象力。他们找来了六个摄影师和几个小孩子，让孩子们说出想象中的场景，一周以后摄影师们根据这些想象场景交出作业（见图 6－1）。孩子们的想象力让这些摄影师们认识到"当我们长大成人后想象力有了限制，而孩子们的想象力是没有边界的"。这一主题也生动地诠释了"No one see it like you"（每个人的视角都与众不同）这一品牌延伸价值观。

---

① 视频见：https://v.qq.com/x/page/w0538t4vkr1.html。

扫码观看
高清彩图

图 6-1　佳能在澳大利亚推出的主题活动"Imagination"

百事可乐曾在一场夏季音乐节会场上安装动力装置，当粉丝们在台下热情地跳舞时，动力装置就会进行能量转化，为演唱会提供动力。[①]

巴西亨氏食品公司在新冠肺炎疫情期间推出"Making art with Heinz"（与亨氏一起做艺术）社交互动活动，活动主办方首先在图片社交平台 Instagram 上发了一张汉堡模板，让消费者创作"你能想到的最疯狂的汉堡"。被选中的作品则由亨氏请来的厨师制作出来，然后和番茄酱一起快递给创作者。[②]

喜力将 GPS 置于啤酒瓶内，并随意摆放到阿姆斯特丹街头，一旦游客提起

---

① 视频见：https://v.qq.com/x/page/b32393gt30f.html。

② 视频见：https://v.qq.com/x/page/f0976egpl9r.html。

喜力啤酒瓶，瓶子就会指示游客前行，直至"喜力体验工厂"（Heineken experience）找到志同道合的喜力啤酒粉丝由百年前喜力最早的厂房改建的。这一活动创造出的惊喜正是喜力一贯的价值观诉求。[①]

耐克曾在墨西哥的路边放置了一块内置跑步机的广告牌（见图 6 - 2），鼓励路人在跑步机上跑一会儿步，根据跑步机的里程，耐克公司会相应捐一笔钱给儿童基金会。

图 6 - 2　耐克在墨西哥路边放置广告牌，内置跑步机

（三）讲述框架

讲述框架指第一人称叙述或混合叙述，通常为全知叙述。

耐克有一则广告叫《上海没个够》，就是一位专卖比赛和训练用的终点线的老板讲述永不认输的故事。[②]

尊尼获加 2017 年推出一则一镜到底的广告，主角是一个行走的男子讲述自己对于未来一年的展望。[③]

大众新出产的 Amarok 卡车拥有 580 扭矩涡轮增压柴油发动机，因为太过于强大，当请来的大导演激情四射地构思拍摄脚本时，总是被一旁的安全员泼冷水，指出超出了安全范畴。以上述内容为主线的广告就是在通过混合叙述表

---

① 视频见：https://v. qq. com/x/page/v01536nng1w. html。
② 视频见：https://v. qq. com/x/page/v0793xc9axo. html。
③ 视频见：https://v. qq. com/x/page/t0144xkd8pd. html。

现产品的功能。①

（四）体验框架

体验框架可被利用来采用主角的意识来聚焦，让消费者在沉浸体验中感受叙事目的。消费者由于获得了独特的体验，还会将自己的经历和感受转发至社交媒体。在巴西，大众汽车在一则广告中为保龄球加入磁铁，并改装了保龄球场地的地板，当年轻人玩球时，开启电磁场，球就会立马停在半道上。当大家一脸懵的时候，墙上的屏幕显示出广告语"大众汽车紧急制动系统，让你的汽车避免碰撞"②。

体验框架可被利用来根据产品或服务特点打造体验终端。爱彼迎一直致力于打造有话题性的屋子以引起社交网络的讨论。例如在芝加哥即将举办梵高画展之际，爱彼迎便根据梵高的著名画作打造了一间"梵高卧室"③。

有了 VR、AR、MR 技术后，体验框架成为感受产品特点的重要应用。

哈根达斯 2017 年推出一则保护野生蜜蜂的故事片，片中的叙述者采用一只蜜蜂的口吻，观众也可以通过逼真的 VR 视角，身临其境地跟着蜜蜂嗡嗡地飞过花丛（见图 6 - 3）。"帮助蜜蜂"是哈根达斯在大量野生蜜蜂消失的背景下自 2008 年就推出的一项公益活动，在这一主题下，哈根达斯还推出了带有蜜蜂形象的产品、T 恤等（见图 6 - 4）。

图 6 - 3　哈根达斯于 2017 年推出保护野生蜜蜂的故事片

① 视频见：https://v.qq.com/x/page/l0825ykq1z0.html。
② 视频见：https://v.qq.com/x/page/h3279zvty2f.html。
③ 视频见：https://v.qq.com/x/page/r3246x5awfg.html。

图 6-4 哈根达斯推出带有蜜蜂形象的 T 恤

Gucci 为花悦（Bloom）香水系列打造了一款由阿拉伯茉莉、晚香玉、依兰搭配檀香和日晒木材配制的新香。这款名为梦意女士（Profumo di Fiori）的香水既有着热带国度的清新宜人，又有着魔法花园般的神秘深沉。但仅是文字并不能让消费者感受到香味的美好，因此 Gucci 与 Snapchat 联手，借助 AR 技术打造了一座虚拟"梦想花园"。通过手机摄像头，用户能够在有着花朵、灌木丛和喷泉的花园里探索，寻找五种 Bloom 香水。虽然依旧无法闻到气味，但 Gucci 通过营造氛围、解释产品理念，还是让消费者通过身临其境的体验，加深了对这款香水的理解，并以具象化的方式对"想象力、自由和身份"的主题进行了强调。

（五）思考评价框架

思考评价框架指代入观点，对人物、事物或者事件进行评价，推出阐释者的观点。例如路易威登"人生就是一场旅行"的广告片，以及苹果"Think different"的名人广告片就采用了思考评价框架。

第二节　叙事结构的协同

品牌叙事的结构需要多对关系的协同，将事实、情感、感觉、价值进行交错结构。叙事内容要按多对协同关系来结构，主要包括功能与情感协同、沟通与销售协同、生产与消费协同、认知与感官协同、主动与被动协同（见图6-5）此外还有长期与短期的协同、历史与当下的协同等。

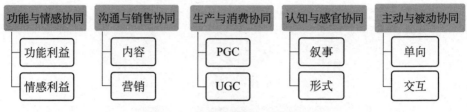

图6-5 品牌叙事的多对协同关系

一、功能与情感协同

品牌叙事不仅要关注情感和价值的诉求，还要兼顾功能的诉求，且情感和功能二者要有关联性，对消费者的认知影响才能相得益彰，形成合力。

二、沟通与销售协同

品牌叙事要具有智能时代最重要的特性——连接物理空间和虚拟空间，根据数字经济的非物质性特征，在虚拟空间中实现商品、资金的流通。例如在VR体验中就可识别商品进行购买。

三、生产与消费协同

生产与消费协同指将消费者纳入生产和内容的创作之中，以共创的方式沟通情感、生产商品。为了激励学生们在家主动学习，针对13~18岁的消费者，汉堡王推出"知识兑换皇堡"活动，每天在社交平台上发布一道题目，可能来自数学、化学、生物、文学等多个学科，在汉堡王App内输入正确答案即可兑换一个免费皇堡，数量有限，送完即止，成功引发广大消费者主动参与，甚至出现App崩溃的情况。

四、认知与感官协同

各种感官内容要统合于共同的叙事文脉，所谓形散而神不散。例如汽车的品牌叙事，过去在线上只能看到各种广告，而在智能虚拟技术下，还可看外观、听发动机轰鸣、触摸柔软的真皮座椅、闻天然的内饰气味、体验超现实驾驶的快感，甚至对产品进行360度的观察，全程体验从橡胶种植园、零件制造车间、玻璃厂家到最终装配工厂的生产细节。但无论是什么感官内容，都要结构于统一的诉求之下。

五、被动与主动协同

作为品牌而言，不仅要有单向表达产品属性及品牌价值观的主观叙事，即 PGC（机构内容生产），还要基于互联网的双向沟通功能设计能令消费者卷入沟通活动的内容，应用社交媒体形成品牌与消费者、消费者与消费者的充分沟通。例如 The North Face 自建了自己的社区 Planet Explore，为消费者提供了发布、组织、参与户外活动的平台。

六、长期与短期的协同

核心价值观是长期永恒的叙事，延伸价值观是短期的叙事，二者要协同。同时，长期的品牌故事世界构筑目标和短期的销售目标也要协同。

七、历史与当下的协同

叙事要立足当下，同时也要勾连历史。任何品牌都有历史，或长或短而已，对于自己的历史要不断更新视角去审视和表达，并与消费者进行沟通。

路易威登推出旅游攻略 App "City Guide"，其中有 30 多个城市的指南，还提供了相应的实体书籍可以购买。路易威登还联合几位插画师推出一系列旅行插画集，每位插画师将自己在旅行地点的所见所感用绘画的方式呈现出来。该品牌还推出名为 "The Art of Packing"（收拾行李的艺术）的项目，结合视频和 App，向消费者科普旅行箱包的打包艺术（见图 6-6）。此类活动立足于当下，同时也蕴含着 LV 生产旅行箱的历史。

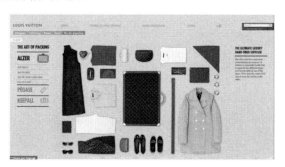

图 6-6　路易威登推出 "The Art of Packing" 项目

　　路易威登还主办过一场讲述 LV 旅行故事的全球巡回展览《飞行、航行、旅行》（*Volez*，*Voguez*，*Voyagez*），每年去往一个城市。这个常设展就是历史叙事的体现。

　　此外各品牌可以采用线上虚拟设展等新技术创新沟通方式，将品牌不断"粗壮"的年轮和其中的意义叙述出来。

第七章　品牌叙事的创新

做第一个吃螃蟹的人。

随着互联网和新媒介技术的发展，围绕品牌叙事的内容和方式涌现出大量别拘一格、丰富多样的创新应用。因为媒介对时间和空间的组合能力远远高于以往任何历史时期，任何富有创造性的事件都能在网络空间快速、广泛地传播，所以品牌叙事也呈现出新技术时代的特性。区别于传统媒体时代文案、平面广告和视频广告的内容创意，数字时代的品牌叙事创新无处不在，产品、沟通、媒介和营销，任何部分都可创造出叙事。

第一节　产品创新

叙事的本源是产品，所以产品自身就应具有叙事诱因，即产品本身就自带故事，为品牌叙事提供与众不同的源头。产品创新可从核心产品创新、附加产品创新两个层次进行。

一、核心产品创新

核心产品指向消费者提供的产品的基本效用和利益，核心产品创新就是创造出新的产品功能，配以创造性的叙事，能够迅速获得市场认知。

喜力啤酒推出了无酒精啤酒，满足了热爱啤酒但还要开车的群体的需求。那么如何让这一新品类短时间内获得认知呢？喜力在巴西公路边开了一家酒吧快闪店，其实是一个 3D 交互式户外广告牌（见图 7-1），路过的司机可以免费向酒保领取一瓶啤酒，貌似疯狂地挑战常识，其实啤酒都是无酒精的。

在新加坡，喜力为有车一族打造了装满啤酒的"司机冰箱"，放置在各停车

扫码观看
高清彩图

图 7-1　喜力啤酒 3D 交互式户外广告牌

场、公园等户外场所，任何一把车钥匙都可打开冰箱门，司机可以随意取用啤酒，享受边开车边喝酒的乐趣，当然，也是无酒精的。①

青岛啤酒推出的 1903 精酿啤酒，以悠久历史为诉求，以国潮风为视觉识别，在品牌叙事中强化了历史支脉的价值（见图 7-2）。

图 7-2　青岛啤酒 1903 精酿啤酒主打国潮风

青岛啤酒还推出了夜猫子啤酒，通过产品线延伸开拓年轻人市场，同时激活品牌。② 2020 年，新版夜猫子啤酒推出，与老佛爷（KARL LAGERFELD）品牌合作，其瓶身延续了夜猫子"深夜系列"的黑色，以老佛爷创始人卡尔·拉格斐（Karl Lagerfeld）和其爱猫的经典图案为主要视觉元素，增添了时尚感

---

① 视频见：https://v.qq.com/x/page/n321408f8bs.html。
② 视频见：https://v.qq.com/x/page/c3011mtochv.html。

和趣味性。同时，青岛啤酒还在上海打造了一间"夜猫子潮晚店"，店内除了特调啤酒和特色小食，更有扭蛋机、盲盒机等各种趣味游戏装置（见图 7-3）。线上则打造了同名微信小程序"夜猫子潮晚店"，并入驻头部时尚博主黎贝卡的社交电商，还在潮流网购社区得物 App 上限量发售夜猫子盲盒。

图 7-3 青岛啤酒与老佛爷联名，推出新版夜猫子啤酒

消费者定制也是核心产品创新的一个支脉。长尾原理揭示了任何非主流的商品都会受到某些消费者的垂爱，而互联网的便利沟通改变了传统生产模式，个性定制产品成为可能，让消费者体会到独享的感觉。

二、附加产品创新

附加产品也叫形式产品，是指产品借以实现的形式，包括品质、式样、特征、商标及包装等。附加产品创新即指这些元素的创新。附加产品创新是品牌在发展中需要经常进行的活动，可以避免消费者产生厌倦，主动激活品牌。例如可口可乐在保持瓶子经典的弧线造型不变的基础上，经常用瓶子创新引起新的叙事。例如昵称瓶、歌词瓶、台词瓶、文身瓶、创意瓶盖和录音瓶盖等。

2021 年可口可乐还推出了由植物基塑料制成的瓶子，其基础是已推出十多年的植物环保瓶。新环保瓶由 100％可回收的 PET 塑料组成，该塑料由 30％的植物基材料和 70％的对苯二甲酸（PTA）制成，对地球环境及自然资源的影响更小。同时可口可乐还在研发纸瓶（见图 7-4），它采用北欧木浆纸制作，100％可以回收；同时，采用可持续墨水或激光雕刻直接打印在瓶身上，既方便，又大大减少了材料用量，还可以设计出各种造型和大小。可口可乐将此作为品牌环保叙事的一部分。

图7-4　可口可乐研发纸瓶

喜力推出的胶囊式生啤机 The SUB（见图7-5），将原本酒吧餐厅才有的巨大生啤机器缩小至可随身携带，内含智能恒温恒压系统将生啤降温至2摄氏度，并提供长达15天的保质期。这一创新又体现了喜力一贯追求惊喜、炫酷和前卫的价值诉求。

图7-5　喜力推出胶囊式生啤机 The SUB

第二节　沟通创新

在互联网世界，人们对朋友、知己、群体等社会关系有了新的看法，连接和分享成为社会大众在互联网上活动的目的。品牌与消费者之间的沟通从大众传播时代的"单向传播"转变为"双向沟通"，体现出互动、共享、共创和陪伴的特征，此外，陪伴也是一种增进与消费者沟通的叙事创新。

一、互动

互动分为普通互动和智能互动。普通互动就是利用物质世界中的传统介质、时空进行互动，应用最多的就是一些植入生活中的创意活动，例如可口可乐的许多创新互动活动，像营销活动"竞争对手的钱包"、扫码对口型唱歌、mini 货柜、5 公斤行李托运签赠送活动、表情符号网址、emoji 户外广告等，都使消费者在参与互动中成为叙事的体验者、主角，在网络扩散中又成为新的叙述者。

在纽约宾夕法尼亚车站，用可口可乐贩卖机每买一瓶可乐都会吐出两瓶，主动分享多余一瓶可乐的人获得了更大的惊喜——一张捷蓝航空的往返机票，机票上写着"博爱者，必有福"。此活动的主题为"Share a Coke，with humanity"（分享可乐，以人性为名）。这一活动使消费者在互动中精准地感受到了可口可乐的核心价值观和延伸价值观。

麦当劳在瑞典推广"Happy meal box"计划，计划的内容是瑞典儿童在享用汉堡包、炸薯条和苹果派之后，就可以把餐盒改造成名为 Happy Goggles 的 VR 护目镜（见图 7-6），尽情体验一款叫做 Slope Stars 的滑雪游戏。"快乐"的核心价值观在消费者自己动手参与制作的 VR 游戏中得以体验和叙述。

图 7-6　麦当劳餐盒变身为 Happy Goggles

和商品互动还能创造仪式感。饮用科罗娜啤酒时要在瓶口放一瓣青柠，乐堡啤酒别出心裁的拉盖设计，农夫山泉"喝前摇一摇"，奥利奥"掰开，扭一扭，舔一舔"，都让商品的使用在增添趣味性的过程中营造出一丝仪式感，而这就是它们与其他品牌的差异之处。

一汽大众为旗下的揽境（Talagon）汽车制作了一款 H5 互动测试小游戏，测试的内容是，如果一大家子人自驾游如何安排座位。测试过程饶有趣味，并能让消费者从中感受该车舒适、空间大等特点，在轻松愉快的气氛中加深了用户记忆。

智能互动就是通过智能技术创造的介质载体，在虚拟时空或虚拟现实混合时空中让消费者获得互动叙事体验。目前的主要应用就是 VR、AR、MR。智能互动的叙事设计要给用户一种自由感，在自下而上的叙事中与设计者自上而下的设计无缝对接，犹如一个自生的故事，使他们的好奇心得到满足、情感得到回报。

二、共享

共享就是消费者分享内容、商品及其优惠以及品牌价值意义的过程。打造社交货币就是一种创造共享的方式。

分享内容，例如可口可乐的密语瓶、姓名瓶、城市瓶、手环瓶，消费者往往会将所拥有的具有趣味点的商品分享到社交媒体。

分享商品及其优惠，例如将有优惠的信息转发给亲朋好友，就能共同获得优惠。

共享品牌价值意义，即在品牌社区中互动交流，进而加深对品牌的认识。

三、共创

消费者内容生产是一种自下而上、自生式的叙事，而传统单向媒体的叙事是自上而下、情节驱动的叙事。所谓共创就是两种叙事对接，形成生动的叙事图景。

可口可乐经常会设计一些社会话题，然后让消费者参与叙事，例如"那个可乐是芬达""不该存在的艺术展""彩虹瓶对同性恋的支持"等活动，就是品牌主动设计与消费者主动参与的叙事共创。

奥利奥推出的定制饼干服务，让消费者去官网在线设计饼干，除了能对奶油颜色进行定制以外，还可以在饼干上写字或者放置个性化图片。这场 DIY 活动还吸引了其他品牌的参与，例如雷克萨斯就用自家轮胎图片定制了一款（奥利奥）曲奇。这些创意"玩法"引起网友们的参与兴趣，掀起了一股"万物皆可奥利奥"的浪潮，在微博♯奥利奥创意新吃法♯超话中积极分享，强化了奥利奥的社交货币角色（见图 7 - 7）。

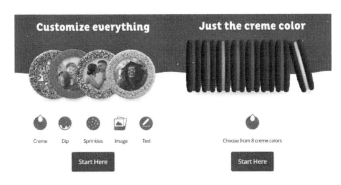

图 7 - 7　奥利奥推出"万物皆可奥利奥"活动

安慕希在哔哩哔哩发起"当燃要造"活动，让 Z 世代青年参与产品共创，不仅引发用户的热情参与，还将产品创意和灵感纳入品牌储备库，并将 20 万脑洞创意基金奖励给评选出的排名前 30UP 主。他们还与稻香村推出月饼酸奶，并且公布"'黑'味够"系列口味酸奶预告图片，包含臭豆腐、陈醋、麻酱、西红柿、韭菜、大蒜、小龙虾、茴香等"黑暗"口味，产品创新奇特大胆，深得年轻人的心。

品牌根据品牌核心价值观或者延伸价值观设计主题及总体结构，消费者参与到叙事结构中，并从中获得了好奇心、参与感、未知感、情感、归属感的满足。

四、陪伴

陪伴就是和消费者一起生活，出现在他们生活的角落里，急其所急，忧其所忧，乐其所乐，为消费者解决问题，而且所用的方法和切入的角度总是给人惊喜。互动式的陪伴要强调人的具身性在场。

过去孩子坐车时总是喜欢望向窗外的风景，但智能终端的出现让现在的孩子们只会盯着屏幕。大众汽车在荷兰开发了一款"Road Tales"有声读物应用程序，该应用可根据用户的位置创建独特的故事，并将普通的路边风景转换为故事中的角色。技术公司先扫描了荷兰所有主要的高速公路，以识别桥梁、风车、树木、加油站等物体并将其转化为故事元素，然后与童书作者合作编写了故事章节，内容就是由沿路的物体所引发的。家长用汽车音响播放故事，并拿走孩子手中的智能设备。故事中的角色还会要求乘客玩家庭游戏，如猜测下一辆车的颜色，或者在进入隧道之前进行倒计时以发射"火箭"，或警告他们在进入桥下之前低头等（见图 7 - 8）。

图 7 - 8 大众汽车开发出"Road Tales"有声读物应用程序

营造趣味也是一种陪伴，属于"乐其所乐"，以一些富有创意的小叙事来博消费者一乐。这在品牌故事世界的构建中也是必不可少的，它既丰富了品牌世界和个性，加深了和消费者的情感，并能成为"病毒"种子被广泛传播分享。例如，把曼妥思泡在可口可乐里面所产生的效果系列视频在网上成为年轻人传播和参与的热点。汉堡王让顾客在排队时学鸡"咯咯叫"就能免 5 美分。雀巢咖啡在早上 5：30 开设了一个晨间电话栏目，让压力山大的印度青年尽情发泄。

美国精制盐品牌（Morton）请来 OK Go 乐队拍了一首名为《一瞬间》的MV，这个 MV 的真实长度只有 4.2 秒，但经过制作以慢动作呈现了 3 分 42 秒的画面，观众可以在欣赏音乐的同时看到各种事物的有趣变化：一页页翻过的相册，一颗颗崩塌的玻璃粒，一抹抹炸开的色彩块，一滴滴砸开的水滴。这是在该品牌"Walk her walk"（走她的路）主题下的一个叙事，而品牌核心价值为"Help brighten the world"（帮助照亮世界）。[①]

大众高尔夫（Golf）汽车请一位口技演员模仿汽车的各种声音——这是每一个人小时候都干过的事——在观众萌生共鸣的时候，让大家登录官网录下自己的

---

① 视频见：https://v.qq.com/x/page/b3242ohbldo.html。

配音，然后网站会制作出相应的视频。这一过程也很好地展示了汽车的性能。①

圣诞节大家都会聚在一起拆礼物，但生病的孩子们只能待在医院里。本田汽车利用增强现实技术为美国加州一家儿童医院的小朋友送去 AR 技术制作的圣诞卡片，除了呈现出魔法情境，还有本田在社交媒体上所征集的来自世界各地的祝福。②

优质的陪伴还能让大家为社会做贡献。例如，高露洁在巴西与万豪酒店合作印制了一批防水的宣传单，上面画了一个小孩捧着杯子，当把宣传单放入酒店洗脸盆后，孩子的杯子会正对着水流下来的位置（见图 7-9）。上面的广告语是：你浪费的水可是他们非常需要的，请节约用水。

图 7-9 高露洁与万豪酒店合作印制的防水宣传单

第三节 媒介创新

媒介创新不仅包括新技术手段带来的创新，还有对普通媒介的创新应用。媒介创新往往和内容创新合为一体，相得益彰。媒介创新还包括终端创新和场景创新。

一、终端创新

（一）普通终端创新

终端创新的逻辑包括创造互动、创造介质载体、开发新用途和构建社群等。

---

① 视频见：https://v.qq.com/x/page/v0160x1cgf2.html。
② 视频见：https://v.qq.com/x/page/s3239i1011x.html。

可口可乐就将可乐瓶作为介质载体与消费者互动，推出过录音瓶盖、自拍瓶盖、幸运行李托运签瓶和歌词瓶。自拍瓶盖可作为自拍架的卡槽（见图7-10），充当自拍杆的可乐瓶身也自然地出现在照片的某一角。对于总是屏蔽网络广告的千禧一代来说，要自然地融入他们的生活，就只有把可口可乐变成他们自拍的一部分。①

图7-10　可口可乐瓶盖可做自拍架的卡槽

可口可乐在"Share a Coke"延伸价值下推出了"Share a Coke and a song"（分享可乐分享歌）歌词瓶活动，瓶身上印了70首广为流传的各种风格的歌曲，而每一句印在瓶身上的歌词都像是可口可乐对消费者的倾心诉说（见图7-11）。同时可口可乐还推出了极为场景化的广告片，让消费者清楚地感受歌词瓶的意义。② 许多明星也在推特上参与"Shake a Coke is back"（摇一摇可乐回来了）的话题帮忙造势。可口可乐还在中国大陆推出了国语歌词瓶，③ 在中国香港地区也推出了粤语歌词瓶。④

可口可乐消费者超过半数的年龄都在45岁以上，为让千禧一代成为新的目标消费者，可口可乐在以色列举办了一场活动，在瓶底部安装了一个内置相机和一个感应器，当人们拿起瓶子喝可乐并且让瓶身呈70度角倾斜时，相机快门就会被自动激活；照片还能同步上传到以色列可口可乐的社交网站账号中。通过产品终端和社交网站的融合，吸引年轻人的关注和参与，可口可乐把品牌"Share happiness"的精神传递给年轻人（见图7-12）。

① 视频见：https://v.qq.com/x/page/l0347n4ax8j.html。
② 视频见：https://v.qq.com/x/page/n0197cexzop.html。
③ 视频见：https://v.qq.com/x/page/d0163muv98n.html。
④ 视频见：https://v.qq.com/x/page/y01977zrwzi.html。

图 7 - 11　可口可乐推出 "Share a Coke and a song" 歌词瓶活动

图 7 - 12　可口可乐巧妙传递 "Share happiness" 的品牌精神

　　2014 年，可口可乐在亚洲发起了一场旧可乐瓶重新利用的创意活动，消费者购买一瓶可口可乐就会得到一个改造瓶盖。公司还为消费者提供现成的改造装置，可以把瓶盖改造成水哑铃、画笔、卷笔刀、吹泡泡罐、洒水枪、洗发水瓶子、婴儿玩具、花洒、夜灯，等等。这次"给予可乐瓶第二次生命"的活动，目的是为了鼓励消费者重新利用并回收塑料制品（见图 7 - 13）。

图7-13 可口可乐在亚洲发起"给予可乐瓶第二次生命"活动

2014年5月,可口可乐在哥伦比亚推出了一款名为"Friendly Twist"(友谊之拧)的创意瓶盖。这种瓶盖一人是无法拧开的,只有找到另外一个拿着相同瓶子的人,将瓶盖顶部对准并朝着相反的方向旋转,才能打开(见图7-14)。此活动的主题为"Open a Coke, open a new friendship"(打开一瓶可乐,开启一份新友情)。[①]

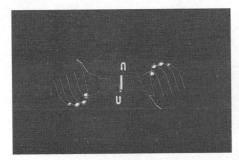

图7-14 可口可乐推出"Open a Coke，open a new friendship"活动

2016年,意大利推出了替你说出节日祝福的可口可乐瓶盖。瓶盖具有30秒的录音功能,按住瓶盖即可录音,转动瓶盖可以播放录音。同时,还推出了分享快乐贩卖机、运动贩卖机、情侣隐形贩卖机等多种贩卖机。还有温暖公交站台、可以喝的广告牌等户外终端。可口可乐2014年还在迪拜推出"hello happiness"(你好,快乐)瓶盖电话亭,为外来务工人员提供给家人打电话的机会。

与消费者的任何接触点都可作为创意终端,商品本身则是最好的媒介。奥利奥做了一款音乐盒,当消费者将饼干放进音乐盒后,它会播放歌曲,每吃一

---

① 视频见:https://v.qq.com/x/page/n0129gbdfto.html。

口奥利奥，音乐盒就会根据饼干的大小自动切歌（见图7-15）。奥利奥还与天猫合作推出匠心独具的DJ台，并制作一系列视频，解锁奥利奥的各种花样玩法。该品牌还推出一组手指舞，以"扭一扭"作为趣味联结点。[①]

图7-15　奥利奥制作的音乐盒

宝路薄荷糖在白雪皑皑的雪地里盖上"大印章"（见图7-16），巧妙地传达了产品诉求。

图7-16　宝路薄荷糖在白雪皑皑的雪地里盖上"大印章"

打造客户端也是终端创新的一种重要方式，除了与消费者沟通，还可构建品牌社区。英国化妆品品牌露诗（LUSH）在官网设计了展示页面，并为每个产品拍摄了其"手工制作"的产品视频，让消费者看到产品的生产过程。此外，环保无盒包装、门店销售中的芳香体验，都成为了感官终端。欧莱雅自建内容工厂，推送产品视频和美妆教程，培养了一大群美妆粉丝。耐克、安德玛等运

---

① 视频见：https://v.qq.com/x/page/h0502mtnevk.html。

动品牌通过 App 为消费者提供免费运动教学内容，成为运动必备工具。

做一本与消费者生活密切相关的指南，也是一种终端创新，例如米其林享誉世界的《米其林指南》、路易威登从 1998 年开始推出的《城市指南》等。

出现在消费者生活的点滴中，和消费者一起生活，是终端创新的钥孔。在中东，很多留胡子的男人为避免尴尬地把胡子弄得一团糟，一般不在公共场合吃冰淇淋。哈根达斯和广告公司则发明了一种胡须围嘴，让有茂密胡须的男士能自由自在吃冰淇淋。在迪拜的哈根达斯商店，围嘴粘贴在店内海报上，有 6 款不同的设计，每一款配有不同的插画，灵感来自不同的文化和时代，包括野人、孔子、法老、亚述人、维京人和萨杜，当顾客有需要时，撕下即可使用（见图 7 - 17）。

扫码观看
高清彩图

图 7 - 17　哈根达斯在中东地区推出胡须围嘴

（二）智能终端创新

随着智能技术的发展，智能终端创新不断涌现。智能终端主要就是利用 AI、VR、AR 等技术开发的终端应用。

奥迪研发了一套自动驾驶模拟器，为用户提供自动驾驶模拟环境，并基于用户体验提升其自动驾驶车辆的技术水平。模拟器为用户模拟了美丽的城市夜景，让用户在使用模拟器时享受自动驾驶车辆的驾乘体验。模拟器同时还可以通过用户行为数据研究人们对自动驾驶车辆内置各功能的相关操作习惯。

德国每周就有 2 500 万人购买彩票，但以老年人为主。而年轻人是根据自身喜好在网上互动的，这和玩乐透的方式很像。于是德国乐透公司推出了一个基于 Apple Watch 的买彩票应用，因为 Apple Watch 可以检测用户的心率、运动数据等，通过这个应用可以在消费者感觉最舒适的那一刻向其推荐最适合的号码。①

喜力啤酒设计出 Ignite 交互式酒瓶，每个啤酒瓶底部都装有一个 3D 打印的电子元件，其中包含 LED 灯、8 – bit 微处理器、加速器、陀螺仪、电池以及无线网络接收器。这个两欧元硬币大小的电路板让酒瓶可以 "随机应变"：当互相碰瓶时，两个啤酒瓶就会同时发光；当举瓶畅饮时，LED 灯则不停地快速闪烁；若将啤酒瓶放下，LED 灯就会逐渐变暗，自动进入睡眠状态；当被拿起时，灯光又会慢慢苏醒。人们甚至可以通过远程控制来操纵啤酒瓶的灯光，使之配合音乐的节拍，在派对中上演一场灯光秀。喜力还在用户参加音乐会进场时分发一瓶喜力啤酒，并附送一个发光器，这个发光器会发出红色和绿色两种颜色。音乐会开始后，在场地大屏幕上会显示两首歌，分别用绿色和红色代表，消费者想播放哪首歌就打开发光器相应的颜色并举起啤酒瓶。摄像头实时记录下场地内的灯光分布情况，并根据多数颜色的灯光来决定播放哪首歌曲。这两个设计连接了人、货、场，让消费者在酒吧、演唱会等娱乐现场获得独特体验的同时，强化其对喜力的情感。

百事可乐在伦敦街头将候车亭进行了 AR 技术改装，让候车的路人在不经意间大吃一惊：外星人入侵地球，或者是下水道伸出来一只怪手抓人。发现是恶搞后，许多路人配合着做出被外星人抓走的害怕表情，被老虎追赶的惊悚神情，被触手拖走的无奈神态等，引发其他路人驻足拍摄视频并上传至社交媒体；AR 屏幕上还不时出现百事可乐的广告语。

宜家家居在 2005 年就推出一款 IKEA Now 应用程序，消费者用手机扫描房间里空荡的角度，放置软件中家具，就可体验家具安放效果（见图 7 – 18）。这款 VR 软件解决了消费者在线购买家居的难题。

在联合 Snap 的 AR 眼镜推出了一些户外 AR 运动场景之后，耐克已经在布

① 视频见：https：//v. qq. com/x/page/n3238kqwswf. html。

图 7 - 18　宜家家居推出"IKEA Now"应用程序

局元宇宙，申请了多项商标，开始制造和销售虚拟品牌运动鞋和服装。

　　奥利奥联合 AR 游戏机推出"奥利奥 AR 游戏机项目"（见图 7 - 19），将品牌核心价值"一起玩"融于 AR 游戏机中。奥利奥的价值已经不局限于吃了，而是将自身作为媒介，构建各种娱乐场景。

图 7 - 19　奥利奥联合 AR 游戏机推出"奥利奥 AR 游戏机项目"

　　2020 年，Snapchat 与 AR 公司 Wannaby 合作，由 Wannaby 提供的技术能够检测并映射用户的脚，以数字方式为其穿上运动鞋，从而在 Snapchat 内实现可购买的运动鞋试穿（见图 7 - 20）。

　　巴黎世家（Balenciaga）做了一款视频游戏，将观众带入一家数字商店、一条街道，然后进入大自然，在整个过程中，观众在游戏里的化身都穿着巴黎世家新推出的系列服装（见图 7 - 21）。

　　哈根达斯推出了一款名为"Hagen - Dazs Concerto Timer"的 App，下载安装这款 AR 实景增强应用后，打开 App 并用摄像头对准哈根达斯冰淇淋杯盖，就会出现音乐家演奏小提琴（见图 7 - 22），等到演奏完毕即可享用。之所

图 7 - 20　Snapchat 与 Wannaby 合作，以数字方式穿运动鞋

图 7 - 21　巴黎世家推出视频游戏试穿新衣

以刻意让消费者等待一会儿，是因为冰淇淋从冰箱里拿出来后，融化两分钟后的口感是最佳的。

图 7 - 22　哈根达斯推出"Hagen-Dazs Concerto Timer"App 应用

（三）虚拟社区创新

创建品牌的虚拟社区除了能与消费者直接沟通外，还能掌握消费者数据，从而更好地满足消费者需求。耐克2006年推出至今并多次升级的E＋战略即是在与消费者直接沟通的基础上获取其相关数据的案例。

喜力啤酒与英国雅酷公司合作，推出了一款名为"球星"的App，球迷们在观看欧冠赛时，可以打开这款应用分享有关比赛的看法，同时又可以与其他人展开有奖竞猜，答案越准确的人得分越高。随着应用的升级，球迷还可与朋友结盟，并互相查看对方的得分情况。高分选手会被奖励勋章，并在个人资料中显示，同时个人以及联盟的得分情况可上传至Facebook。高黏度的社区是消费者参与品牌叙事、进行品牌共创的必备，品牌要在与消费者的共同努力下将其耕耘为忠诚消费者的精神栖息地。

二、场景创新

场景创新指创新利用实体空间，消费者与新空间的互动所生发的意义就是品牌所要诉求的意义。

尊尼获加在苏格兰首府爱丁堡建了一栋八层楼的威士忌体验中心接待私人订制之旅，含有感官品鉴室、屋顶酒吧、私人用餐区和现场演出区域等。粉丝在这里与所喜爱的品牌亲密接触，以及体验品牌所代表的生活方式。

Gucci利用城市建筑创作艺术墙作品，将当时的社会文化和品牌观念融入城市肌理中，有50年前的巴黎学生运动、法国新浪潮主义，还有表达古希腊文明和20世纪70年代流行的自由精神的场景，具有街头感（见图7-23）。"Gucci Art Wall"（古驰艺术墙）成为世界各地的标志景点，人们会关注到艺术墙中Gucci当季的新品和系列元素，然后拍照打卡，通过互联网自发传播。

为消费者活动提供空间则能大大提高消费者卷入度，让消费者在深入感受品牌意义的同时加深与品牌的情感。

耐克和法国潮牌皮加勒合作，在位于巴黎杜佩雷街上两座房子之间建造了一块潮流地标运动场，以其不断更换的设计成为时尚风向标（见图7-24）。

2016年耐克在马尼拉临时搭建了一个科技感十足的"无限体育场"———一条以耐克新品运动鞋为造型的跑道（见图7-25）。跑道可以记录人们第一圈的

扫码观看
高清彩图

图 7 - 23　Gucci 利用城市建筑创作艺术墙作品

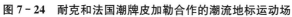

扫码观看
高清彩图

图 7 - 24　耐克和法国潮牌皮加勒合作的潮流地标运动场

跑步速度，并且在第二圈时在沿跑道的屏幕上投影出第一圈的自己，让跑者与其赛跑。

图 7 - 25　耐克在马尼拉推出以新品运动鞋为造型的跑道

第四节　营销创新

营销创新的逻辑，一是数字经济时代各产业边界的消弭，开放、多边、合作、共享成为生产范式，跨界营销、联合营销成为潮流。二是广告已经不仅仅在传播信息，也不仅仅是营销沟通，而要帮助消费者解决问题，急其所急，忧其所忧。社会营销已经不仅仅是企业品牌活动的一个构成领域，而应成为品牌活动的主旨。

一、跨界营销

跨界是利用反差感创造出新意，引起社会关注，并激活品牌，塑造出品牌新的内涵，丰富个性。跨界营销是打破品牌固有边界，迅速获取新顾客、新理念、新个性的有效方法。

2021 年普拉达（Prada）在上海的乌中市集"开"起了菜市场，这其实是为了配合秋冬广告大片发布所做的一次快闪，包裹在蔬果上的印花图案是秋冬季系列的服饰纹路花色（见图 7 - 26）。Prada 从高冷、奢华、昂贵的云端一下传送至烟火气十足、平实无华的街巷。

这是在"Feels like prada"（像普拉达一样）延伸价值下所做的一个活动。Prada"入侵城市生活"，通过在全球一系列跨界营销抵达城市中平凡的生活场所，

扫码观看
高清彩图

图 7 - 26　Prada 在上海开设菜市场推广服饰纹路花色

挖掘品牌新的内涵。除了上海，Prada 在米兰、佛罗伦萨、罗马、巴黎、伦敦、纽约和东京也推出了相应活动。它在米兰还"改造"了一家面包店，长棍面包、羊角面包、披萨饼、各类甜品以及餐巾纸，都变成了 Prada 风格，被三种不同的图案和几何形状重新包装。

"和消费者一起生活"是大牌新的领悟，加强与消费者在生活时空中的接触，是品牌具有鲜活动力的所在，因此 LV、Dior、Tiffany 都开起了咖啡店（见图 7 - 27）。

扫码观看
高清彩图

图 7 - 27　众多品牌开设咖啡店"和消费者一起生活"

爱马仕在成都开了健身房，门店整体呈现了品牌标志性的"爱马仕橙"，内有定制的器械墙、拳击擂台、攀岩墙、沙袋锻炼等运动项目，消费者可以在此体验爱马仕推出的健身课程。爱马仕将其配饰产品充当"运动器械"，打造方巾瑜伽、鞋履 HIIT、手镯天鹅臂、腰带拉伸等定制运动，连杠铃、壶铃都做成品牌造型的"马头"，可谓体验独特（见图 7-28）。

扫码观看
高清彩图

图 7-28 成都爱马仕健身房的"爱马仕橙"和品牌"马头"造型

2021 年 Gucci 发布首个生活方式系列"Gucci Cartoleria"，推出带有品牌标志性元素的文具、旅行套装和家居产品。在米兰设计周举办期间，它还开了一家快闪"文具店"，门店呈现出一个"有魔法"的想象世界，如在天上飞的 Gucci 笔记本、自动下棋的棋盘和摆满家具的微型公寓（见图 7-29）。

扫码观看
高清彩图

图 7-29 Gucci 推出带有品牌标志的快闪"文具店"

跨界营销将品牌的故事世界突然放置于一个未曾有过交集的领域，会产生创新感，同时也能够扩大品牌故事世界的广度，甚至能产生出新的意义。

二、联合营销

联合营销就是两个或多个品牌共同开展营销活动。联合营销的直接效果可能扩大市场，但更重要的还是丰富品牌故事世界。

　　联合营销所产生的新奇、冲突、和谐，构成了品牌的叙事。不同的联合营销能构成新的叙事。

　　品牌之间的联合营销以关联性作为选择核心，通常以是否有消费者关联为考虑要素，另外还有多种思考角度，例如彼此的价值观关联、功能关联、个性关联、使用场景关联等（见图 7 - 30）。品牌之间的这些要素或者一致，或者相关，或者互补，甚至冲突，但只要二者联合能够创出新的故事，叙事逻辑能自洽，则可大胆联合。

图 7 - 30　以多种方式思考品牌间的联合营销

　　来自意大利、已拥有 70 余年历史的"贵价老牌"璞琪（Emilio Pucci），许多年轻人根本没听说过，该品牌通过与潮牌 Supreme 联合营销来吸引新一代目光，扩大目标群体，实现了品牌年轻化。

　　海尔智家食联网与青岛啤酒大牌联合营销，在青岛的海尔智家食联网 001 号店打造了 TSINGTAO1903 社区客厅，以啤酒为载体，将海尔智家食联网"建设一个厨房、服务一个厨房"的理念，和青岛啤酒的品牌价值观结合，为消费者提供互动娱乐体验。

　　迪赛尔和星巴克的联合，则让牛仔装元素与咖啡的结合别有风味（见图 7 - 31）。

三、社会营销

　　在"谋求利益"等运营法则下，很多企业为了寻求差异化，开始在利益驱动模式下注入社会意识，例如环境意识、道德标尺等社会考量。

　　可口可乐就开展了许多关注社会问题并付诸实践的社会营销活动，例如关

图 7 - 31　牛仔装元素与咖啡的结合

注网络暴力问题、设立庇护所、慰问建筑工人、帮助垃圾回收等。

　　每年有成千上万的南亚劳动力离开家乡到迪拜打工,思念亲人的时候只能打电话听听亲人的声音。可口可乐为帮助劳工与家人保持联系,设计了用瓶盖换三分钟通话时间的电话亭。①

　　可口可乐在墨西哥与一家帮助培训盲人和视弱人士的非营利组织合作,推出了盲文瓶,让 100 位组织里的盲人学员体验了"Share a Coke"活动,该活动后来扩大了传播范围,让盲文瓶在全墨西哥境内的可口可乐铺货点都能见到。②作为酒类大牌,喜力啤酒赞助 2016 年 F1 赛车遭到反对,于是将用于 F1 赛事营销的 30%预算拿来宣传"酒后不开车",推出了再现三届 F1 车手总冠军杰基·斯图沃特（Jackie Stewart）职业生涯巅峰时期的广告,结尾处,77 岁的杰基再次拒绝了喜力啤酒。③

---

① 视频见：https://v.qq.com/x/page/e0147g5ohu9.html。
② 视频见：https://v.qq.com/x/page/m0154nlvjlm.html。
③ 视频见：https://v.qq.com/x/page/k1309yyc6z6.html。

虎牌啤酒与麻省理工学院发明实验室 Graviky 合作，在街头收集汽车尾气、工厂废气，经过提纯处理制成安全可用的墨水，然后提供给街头涂鸦艺术家使用。该品牌活动旨在解决污染问题，让城市居民重新享受户外生活，并"释放心中虎"。

耐克认为运动不仅可以让人终身受益，还可连接更广阔的社会议题。因为年轻人被迫远离运动通常是因为歧视、贫穷、自然灾害等，但恰恰运动也可以改善这些社会问题所带来的创伤。耐克与公益组织合作帮助弱势群体，如资助举办关注无家可归之人的"流浪者世界杯"、防治艾滋病的"草根足球"、针对中国农民工子女的"让我玩"计划等，让他们接近运动，接受教育。耐克二十多年来通过对城市空间的开拓，留下许多令人难忘的品牌印记，这些践行被称为"耐克都市主义"（Nike Urbanism）。1999 年至 2004 年间，耐克在柏林改装出多个耐克城市空间：废弃足球场被鼓励重新使用为赛场，国会大厦地下的闲置地铁站空间被用来组织体育活动"地下战"，把原东德体育场遗址改建为耐克公园等。在城市建筑空间引导城市青年的行为、生活、体验成为耐克新的故事世界。除此之外，耐克还参与各种社区活动，例如，仅 2019 年一年，耐克就有在 24 个国家的 5 400 名零售雇员通过"耐克社区大使"项目为当地青年当起了运动教练，并通过大量的运动训练展开活动。耐克员工还集结了当地居民的意见，设计了其在波特兰资助的自行车小镇的自行车款式，让居民的设计想法切实地出现在城市空间之中。这些公益活动还可让耐克员工更了解消费者的需求。2018 年在犯罪率很高的芝加哥耐克将一座废弃的 19 世纪教堂改造成一座篮球训练中心，并命名为"Just do it 总部"，为孩子们提供一个安全的训练场所（见图 7 - 32）。

2016 年，星巴克宣布与非营利组织食物捐赠联合会（Food Donation Connection，FDC）和消除美国饥饿（Feeding America）合作，在美国境内 7 600 家门店捐献当日未售完食物，试图为解决美国的食物浪费和贫困人口的就餐问题贡献一份力量。

三星提出"Reimagine a better planet"（重塑更美好的地球）的口号，从包装盒到产品设计都力图体现环保和可持续发展的理念。产品包装箱打开后，只需稍加利用，就可以为它赋予新生命，成生活中能派上用场的物件，甚至转化为有趣的玩具套装（见图 7 - 33）。

扫码观看
高清彩图

图 7 - 32　耐克将废弃的 19 世纪教堂改造成篮球训练中心

图 7 - 33　三星产品包装箱可以持续利用

　　每年有 7.5 亿个塑料制品被倒入墨西哥周围的海洋，因此墨西哥啤酒品牌科罗娜与环保组织发起了一项"海洋捕塑料比赛"，请来 80 名墨西哥渔民参加，比赛冠军在当天收集了近 370 公斤的塑料，获得了价值 14 800 比索的奖金，相当于在该地区渔民一个月的平均收入。该比赛总共清除了大约 2.9 吨塑料。①

四、事件营销

　　事件营销就是品牌通过组织、利用或者创造具有新闻价值的事件以获得社会的关注。在互联网作为主要沟通方式的今天，有价值的事件营销会快速获得广泛传播。事件营销想要具有新闻价值就需要具备三个要素：意义、接近和创新。意义即要通过叙事传达出品牌的价值观，而这一价值观也是目标群体追求的价值观；接近即事件要与目标消费者或社会大众的兴趣、喜好、态度吻合；创新即叙事不要流于俗套，要做别人没有做过的事。

　　利用一些热点事件进行营销是事件营销的首要方式。在电影《复仇者联盟4》上映之时，可口可乐在巴西推出印有电影中 12 位主角形象的主题瓶，有钢铁侠、黑寡妇、绿巨人、雷神和美国队长等，其中最特别的是把易拉罐的拉环做成了可以别在衣服上的胸针（见图 7-34）。这一系列让粉丝疯狂的可乐只有6 000 罐，分发给了巴西最大院线 Cinemark、《复仇者联盟4》的观众以及一些名人，同时也在院线的网站上出售，很快就被抢光。

图 7-34　可口可乐将易拉罐拉环做成可佩戴胸针

---

① 视频见：https://v.qq.com/x/page/x326lllhe54.html。

制造事件则是另一种创造叙事的方法。韩国旅游局注意到泰国的一位女生去韩国旅游后画下了旅行途中遇到的点点滴滴，因此给她送上了一份特别的礼物：在女生同事的偷偷帮助下，邀请她去观看一场韩国电影，电影开始就是正常的内容，但中间突然出现了女生的画作，原来是韩国旅游局重走了她韩国之旅的路线，并邀请当地人送上祝福语，这让女生又惊喜又感动。最后，韩国旅游局还送给该女生一张重返韩国的机票。①

以温泉多而著名的日本别府市推出了一部城市旅游宣传片，短片中提出一个温泉游乐园构想，游乐园的所有项目里都被加上温泉，例如，边泡温泉边坐旋转木马，边泡温泉边坐云霄飞车……最后市长表示，只要该视频在 Youtube 点击量超过 100 万，就真的会在别府市建造这样的游乐场。②

事件营销对于品牌故事世界的延展是最具潜力的，因为在广度和深度上都能够突破已有的故事世界的常规范畴。最高级的事件营销会在故事世界拓展中让品牌获得影响力。2014 年，黎巴嫩内忧外患，时局动荡，人民恐慌无助。Johnnie Walker 启动 "Keep the flam alive"（让火焰长燃）活动，在社交媒体发布《火光》微电影，并以 "Keep walking Lebanon"（黎巴嫩别停步）为话题，让黎巴嫩人民说出对国家的希望，力挺黎巴嫩重拾信心。希望之火一时间燃遍社交媒体和大街小巷，并引来众多媒体的报道。Johnnie Walker 的故事世界也增添了传奇的一笔。③

五、体育营销

体育营销已经不再像传统媒体时代那样热衷于电视、场地等硬性的广告，而开始从消费者的生活场景入手，通过一些互动行为让消费者加深对品牌的情感，并在互动中与品牌共同完成叙事。百威啤酒是这方面的高手。

在分析了英超联赛和西甲联赛历史上最著名的 4 000 多个进球数据后，百威啤酒发现进球的路径与百威著名的"领结"标志很相似，由此诞生了名为"进球之王"的活动（见图 7 - 35），这使百威啤酒前所未有地成为欧洲最具标志

---

① 视频见：https://v.qq.com/x/page/i3242kxysv9.html。
② 视频见：https://v.qq.com/x/page/r32792qby4k.html。
③ 视频见：https://v.qq.com/x/page/o0190vy7ng9.html。

性的运动历史的一部分。百威把这些历史数据做成一系列图书和海报,幽默地表达了即使之前没有赞助过赛事,但百威啤酒一直以来都在"参加"比赛的内涵。

图 7 - 35 百威啤酒推出"进球之王"活动

2018 世界杯足球赛期间,百威在球队入围决赛圈的国家开展了一场呐喊助威活动。一个类似啤酒杯的互动装置被放置在诸如画廊、集市、沙滩等地方,装置上的广告语提醒大家"加油助威得啤酒",机器会根据用户的呐喊打分,达到一定分数,用户就能免费得到一瓶百威啤酒。而惊喜在于,对于那些真正真正疯狂呐喊的球迷,百威送出的是世界杯球赛门票。

对那些爱看橄榄球比赛的人来说,看着比赛喝着小酒是多么惬意的事情,但难免有时候忘记在家里囤啤酒。于是加拿大百威推出了一款功能超多的冰箱(见图 7 - 36),它会基于现实的比赛时间进行提醒:"亲,比赛要开始了,何不囤点百威啤酒呢?"用户买完啤酒回来放入冰箱后,可以通过手机设定冰箱的温度。如果有人"偷"啤酒,那么冰箱还能进行提醒,主人可以通过 App 透过冰箱喊话:"小偷,不要偷我的啤酒!"冰箱甚至内置了比赛提醒机关,如果有球队进球了,那么冰箱的显示屏还会显示"进球"字样。这个小冰箱售价 499 美元。

在冰球比赛中,球门的后面都会有一个小红灯,当球队进球的时候,红灯

图 7-36　加拿大百威啤酒推出比赛提醒冰箱

就会亮起。于是百威啤酒抓住这一点，开发了一个家庭用百威红灯（见图 7-37），接上 Wifi 后，用户可以设定自己喜欢的球队，每当球队进球时，这个红灯就会开始闪烁，就像在球场上一样。由于加拿大人都太爱看冰球比赛了，结果在一天的时间内，这些单价 149 美元的红灯就销售一空。这一有趣的活动吸引了大量媒体的报道。

图 7-37　加拿大百威啤酒开发出百威红灯

2014 年足球世界杯举办时，百威与福克斯（Fox）体育合作拍摄了系列纪录片"Rise As One"（同舟共济），讲述了来自世界各地的六个特别的足球故事，每集一个故事，时长 30 分钟。影片展示了世界上最盛大、最令人振奋的足球盛事，充满人性光辉、展现了人类的坚韧毅力。作为活动的一部分，百威还发行了带有世界杯奖杯特征的限量版金铝瓶（见图 7 - 38）。此外，还举行了名为"胜利"的扫描啤酒包装赢取包括世界杯门票在内的奖品的活动。

图 7 - 38　世界杯赛期间百威发行限量版金铝瓶

还是在 2014 足球世界杯期间，百威在 Facebook 上面创建了一个应用，叫"Paint your face"（为你画脸谱），用户可以上传自己的照片，然后通过应用在自己脸上涂上所喜爱球队的代表颜色分享出去，还能组成一个个球队联盟（见图 7 - 39）。

扫码观看
高清彩图

图 7 - 39　百威在 Facebook 创建"Paint your face"应用

喜力啤酒发现有 49％的橄榄球迷更倾向于购买赛事官方赞助商的商品，这比网球迷（46％）和足球迷的人数比例（45％）都多，于是开始赞助橄榄球世界杯，并将自己的社交媒体作为营销活动的中心，聘请明星退役球员在比赛中分享一些电视上评球专家们不会说的内容。作为上海网球大师赛创始赞助商之一，喜力 2014 年在温州、温岭、上海三地分别打造了"喜力网球屋"，吸引热情的球迷体验，并在大师赛决赛现场设置了喜力空中包厢和啤酒花园，比赛间隙明星球员会现身其中与球迷近距离接触。

六、文化营销

文化营销指品牌利用社会文化元素与消费者沟通，或者帮助社会文化艺术的发展。例如百事可乐与"妈妈制造"合作，推出刺绣瓶（见图 7-40）、环保袋等周边产品，为潮流文化注入非遗技术。

图 7-40　百事可乐与"妈妈制造"合作，推出刺绣瓶

快手利用自身的平台生态，关注中国众多非物质文化遗产。例如 2020 年 7月 29 日全球老虎日，快手联合 WWF，邀请 30 位快手非遗传承人，创作了 30件以老虎为主题的不同类型的作品，让濒危的非物质文化遗产和濒危的野生动物唤起人们的关注和思考。11 月在哈利·波特系列作品推出 20 周年之际，快手联合华纳兄弟公司直播，邀请众多非遗传承人制作哈利·波特相关人物、道具，以非遗技艺融合魔法世界 IP，给用户带来耳目一新的文化体验。2022 年元宵节打造"江湖奇人闹元宵"活动，邀请 10 余位非遗奇人齐聚直播间，带来舞狮、皮影、川剧、面塑等各类非遗"绝活"，带人们近距离感受非遗文化魅力。

6 月 12 日 "文化和自然遗产日" 快手联合多家品牌，携手不同非遗文化项目的传承人推出主题为 "非遗江湖" 的活动，抖空竹、铜雕、泥咕咕、苗族织锦、剪纸等非遗文化尽显奇人奇士惊艳绝伦的技艺，让更多年轻人了解中国非遗文化的现状与魅力。

芬迪（Fendi）协助修复维纳斯和罗马神庙等文物，通过文化保护的参与，将品牌的核心价值观与厚重的历史文化碰撞，激活和丰富品牌故事世界。

卡地亚（Cartier）早在 1984 年就成立了 "卡地亚基金"，从 1994 年起，这个法国首家由私人企业斥资设立的当代艺术基金会在巴黎的蒙巴那斯建造了一座现代艺术馆，致力于收藏艺术品和推广艺术文化。

文化营销不应只停留在应用文化艺术元素的表层，而应致力于推动文化艺术的发展，这其间需要通过巧妙的模式设计实现资源合作和多方共赢。

社会文化艺术的空间很大，是最富饶的营销创意领域，品牌要善于寻找关键的元素，在助力社会文化艺术发展的同时，延展品牌故事的广度和深度。

七、感官营销

在视觉注意力很拥挤的情况下，其他的感官就具备了开掘空间和提升消费者体验的价值。

（一）听觉营销

利用语音、音乐、音效是常见的营销手法，手法运用的高下就体现在是否能与品牌故事世界融为一体。

2019 年的夏天，马蜂窝邀请了全国 50 位不同职业的旅游爱好者共同进行了一场耗时三个月的旅行实验：在世界各地的网红打卡圣地，记录自己在旅游过程中听到的景点声音。最终有 100 段声音被精选出来，在电梯里随机播放分享给繁忙的都市上班族——当上班族进入陈列着世界各地美景图片的电梯，电话铃就会适时响起，接通后，另一头会传出旅行实验中收集到的旅行声音，包括冰岛坚冰融化的流水声、欧洲古老教堂的钟声、蒙古广袤草原的风声、摩洛哥沙漠中的驼铃声、美国街头酒吧艺人的即兴演奏等，进一步激发人们前往提及的旅游风景地打卡的欲望。

(二) 嗅觉营销

唐恩都乐 (Dunkin' Donuts) 咖啡在韩国首尔做了一场嗅觉营销：当公交车上播放唐恩都乐的广告时，车上安装的具有声音识别功能的雾化器就释放出咖啡香味。疲惫困乏的下班乘客突然闻到浓郁的咖啡香，立刻激发了购买的欲望，下车后就会在公交车站旁边的唐恩都乐门店购买咖啡。这次活动让设在公交站旁边的店面顾客增长了 16％，咖啡销量增长了 29％。

三菱汽车曾在主流报纸上喷洒专属自家新品的"新车味"，两周内 Lancer Evo X 赛车脱销并且拉动集团销售额上涨 16％。

2007 年德国法兰克福国际车展上，每家汽车厂商都在忙着装饰展厅的硬件，试图用各种华丽的视听效果吸引顾客，而宝马则在自己的展厅内放置了旁源型扩香设备并选择宝马设计的香型扩散，很多客人先闻到了香味，然后找到了宝马的展厅，一时间宝马的展厅人头攒动。

嗅觉营销和嗅觉识别是被长期忽视的一种有效建立品牌区分度的手段。一个品牌故事世界如果是有气味的，那一定非同凡响。

(三) 味觉营销

丹麦历史悠久的起司品牌 Castello，在纽约中央车站举办了为期两天的快闪展览，展览名称为"吃艺术"(Eat the art)，这里不是指吃是一件很艺术的事，而是真的让人把艺术放到嘴里吃。六幅关于食物静物的绘画被做成了佳肴，人们可以随时要求服务人员把艺术品拿来品尝，不管是乳酪、面包、水果还是红酒，通通都可以吃来试试（见图 7-41）。展览两天共吸引了50 万参观人次，其中有 4 万人品尝到了 Castello 起司。对比商场平凡的试吃，这种沉浸式试吃不仅引发了消费者参与病毒传播，还能产生独特美好的联想。

雷克萨斯 IS 系列设计了一辆名为 Lexus Sriracha IS 的运动小轿车。Sriracha 是美国流行的一种辣椒酱，来自越南裔商人所创办的公司，不仅出现在各个餐馆，麦当劳、必胜客、汉堡王以及乐事薯片也都推出过该辣酱口味的产品，受喜爱程度可见一斑。雷克萨斯宣称真的把 Sriracha 酱加到了油漆里面，并为了让人一看见车就想到 Sriracha 酱，还在车身前方和轮毂处喷上绿色，与Sriracha 酱的瓶盖颜色一致。车内也有与之呼应的元素，如空调有一档就叫

扫码观看
高清彩图

图 7 - 41　丹麦起司品牌 Castello 举办"吃艺术"展览

"如 Sriracha 酱一般的热",车椅上还有辣酱公司的 logo,并配有一件夹克和一双防"辣"的驾驶手套,车后还塞了 43 瓶辣酱。这一搞笑的大胆设计无疑是为了获得年轻人的关注,所以只生产了一辆。①

(四) 触觉营销

对于抽屉、柜子、床垫之类的家居品,当消费者想要购买的时候,一定想自己拉开抽屉,打开柜门,躺在床垫上试试,感受一下它们的质量,再决定是否购买。宜家的销售理念就在于通过触摸来让消费者参与到营销活动之中,消费者会因为自身的参与而产生偏好。

为了让人们直观理解彩虹糖软糖的绵弹,彩虹糖在抖音平台推出互动小游戏"捏捏软糖脸",当启动游戏将手机对着自己的脸时,屏幕里会出现自己萌萌的软糖脸,还会随机出现各种卡通手,用户在 15 秒之内用卡通手去捏软糖,谁多谁赢,还可参与瓜分游戏福利。整个游戏过程被自动录制,用户可选择是否分享到抖音的话题挑战页面。

触觉营销目前应用得还不广泛,随着智能技术的成熟,戴上触觉手套就能虚拟感受时空分离的物体的真实触感已经不再只是设想,触觉营销的未来可期。

---

① 视频见：https://player.youku.com/embed/XMTgyODcxMzEwMA==。

设计通感体验也颇有新意。尊尼获加为了吸引新一代消费者，开发了 360°的 VR 应用 App。其新推出的 Blue Label 系列拥有六种口味 Fresh、Fruit、Malt、Spice、Wood、Peat，每种口味都很独特，但尤其不能很容易地被年轻人认知。于是尊尼获加打造了这款应用，通过音乐、视频、3D 动画的视听觉体验来让消费者感受酒的特殊味道。

第八章 案 例

只要有叙事，就会产生叙事风格。品牌叙事或多或少会形成品牌的叙事风格，从整体上看就像文学艺术一样存在各种表达流派。这种风格流派的形成源自品牌核心价值观所划出的现实与目标之间的弧线、品牌的个性以及对社会情境的切入角度等。但它们的存在从未被人注意过，这也是因为许多品牌并没有明显的类似文学艺术流派的叙事风格，而形成了流派风格的品牌往往也是在不自觉中实现的，并没有主动追求过这种流派风格。如果能在品牌叙事中有意识地采用某种流派风格，就会让品牌故事世界更有区分度、更不同凡响、更无可替代。

本章择取了一些不自觉形成不同艺术流派叙事风格的品牌案例，在对每个品牌叙事的特征进行具体分析的同时，也从局部到整体地领略每一个品牌故事世界建立的结构、脉络和流派气韵，为品牌建立品牌叙事的系统性战略规划意识提供参考。

案例一：浪漫主义叙事——可口可乐

可口可乐是品牌叙事的典范，其故事世界的形成脉络清晰有序，延伸价值观都扎根于各时期的社会情境；叙事情节映射出各时期的社会文化特征，并对隐藏其间的社会欲望做出回应；叙事模式丰富多样，且都利用了各个时代最前沿的媒介技术。最重要的是，可口可乐在实践中不断思考品牌与消费者及社会的关系，总能在每一个商业发展的转折点上革新理念，立于潮头。

一、可口可乐品牌叙事八芒星轮盘（见图 8-1）

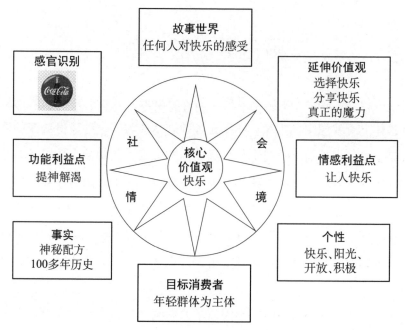

图 8-1　可口可乐品牌叙事八芒星轮盘

二、浪漫主义

　　浪漫主义是从 18 世纪末开始蔓延至整个欧洲的文学艺术思潮，并将欧洲由之前强调结构化、知识性、推理方法的"理性时代"带入以情感和想象力支撑的浪漫主义时代。

　　从浪漫主义开始，文学艺术的认知中心从外部世界转向了人。浪漫主义关注个体的创造性、情感、精神以及人的生活、生命和生存状态，这种关注不仅是现实的，也指向过去和未来。浪漫主义作品通过描述人的心灵，讲述人的欲望，为人争取自由的权利、物质或精神。

　　浪漫主义强调奇特、原始的主题以及无限的渴望和理想，侧重从主观内心世界出发，抒发对理想世界的热烈追求，着重个人情感的表达，形式不受拘束，常运用热情奔放的语言、瑰丽的想象及夸张的手法。丰富的想象力和随性的表达是浪漫主义叙事的特征。

可口可乐在 130 多年的发展中一步步构筑出一个以"快乐"为核心价值观的浪漫主义品牌故事世界，成为最具影响力的世界品牌。

可口可乐的浪漫主义是通过虚构与现实相结合的叙事手法实现的，它通过虚拟和现实时空要素的组合，在"异托邦"的空间中增加故事世界的可能内涵，抒发每一个人来自内心的快乐。可口可乐关注并参与更多人的生活，给不同人以陪伴，从而使得更多受众进入可口可乐的故事世界之中，并共同构建这个世界。与此同时，其浪漫主义手法也给予消费者建构心中世界的多样可能，拓展故事世界的延伸力，在可口可乐浪漫的"异托邦"故事空间中折射的是现实世界里的真情实感。

以下通过梳理可口可乐各个发展阶段的品牌叙事事件来领略可口可乐是如何通过清晰的叙事脉络和独到的叙事理念构建起不可替代的品牌故事世界的。其中重点关注各时期扎根于社会情境的延伸价值观，以及基于这一价值观的叙事方式。

三、1886—1930 年，从功能利益诉求转向感性利益诉求

1886 年可口可乐诞生，"Drink Coca-Cola"（来杯可口可乐）是可口可乐公司最开始使用的广告口号。

可口可乐以独特的口感和功能起家，在创立最初的半个世纪里，因产品独特而罕有竞争者，功能利益是其竞争优势，"提神解渴"是这一时期的诉求点。同时，可口可乐通过阳光活力、色彩丰富的广告画面追求轻松、积极的感性利益。它起初并无明晰的故事世界，但从 20 世纪 20 年代开始，可口可乐开始在广告中以浪漫主义视角关照个体的感受，例如"Enjoy Thirst"（享受渴求）"Refresh Yourself"（唤醒自我）广告语的使用。

20 世纪初可口可乐广告口号如下，从中可以看出这一时期主要体现的是提神解渴的功能诉求，20 世纪 20 年代开始有了感性利益双关的诉求。

1904：Delicious and Refreshing

1905：Coca-Cola Revives and Sustains

1906：The Great National Temperance Beverage

1907：Good to the Last Drop

1917：Three Million a Day

1922：Thirst Knows No Season

1923：Enjoy Thirst

1924：Refresh Yourself

从 20 世纪初，可口可乐就开始利用体育营销。首先是邀请体育明星代言，1907 年可口可乐签下了泰·柯布（Ty Cobb），这位棒球球星表示在比赛间隙中他会喝可口可乐，以此来消除疲惫感。其次是赞助奥运会，1928 年可口可乐赞助阿姆斯特丹奥运会，从此可口可乐和奥运会逐渐成为一对相伴而生的伙伴。可口可乐借助奥运会进行体育营销，用整合营销的方式传播"与民共享"的理念。

可口可乐从诞生开始就注重品牌识别的应用，将产品 logo 大量印刷在各种生活日用品上。1915 年亚历山大·萨米尔森（Alexander Samuelson）设计了可口可乐弧形瓶的原型。1910—1916 年，由于品牌名中的 Coke 一词和可卡因的俗称一样，为了避免不良影响，可口可乐把几乎所有和可乐有交集的物品——药店的墙体、杯子还有托盘等，全部都印上了 Coca-Cola 的标志。

1920 年，美国经济危机爆发，社会大众对未来感到迷茫，可口可乐利用这一社会情境对国民心态进行引导，打造阳光积极的生活，并倡导个人关注内心感受。美式生活场景、端庄貌美的女子是这一时期的主要叙事场景和角色，这为可口可乐打上了深刻的美国文化烙印。

四、1930—2000 年，初步构筑出"快乐"的故事世界

这一时期可口可乐继续深入开拓体育营销，不断创新营销思路，广告风格激情欢快。同时，以带来欢乐为主题的圣诞主题营销初步构筑起"快乐"的故事世界。

（一）体育营销——与顶级赛事合作

1930 年，在乌拉圭举行的第一届世界杯足球赛上，可口可乐以美国队指定用品的"身份"将广告布置在在赛场周围。而从 1950 年起，可口可乐就开始赞助了世界杯赛事，其广告牌也出现在赛场上，成为了第一家在世界杯上做营销的品牌。1974 年可口可乐正式成为国际足联的合作伙伴。

从 1928 年用 1 000 箱可口可乐赞助荷兰阿姆斯特丹奥运会开始，此后每一届奥运会上都可以看到可口可乐的标志。可口可乐制定了全方位出击的营销策略，就是要让可口可乐在奥运期间"无处不在"。

2008 年可口可乐推出"For the fans"（体育谜至上）的营销主题，一心与消费者打成一片。通过全球范围各式各样的奥运抽奖、赠品活动、圣火传递、入场券促销、发行奥运纪念章和纪念瓶等举措，人们亲切、真实地体验到了可口可乐与奥运的魅力。

火炬传递期间，可口可乐联合腾讯公司推出了火炬在线传递活动，争取到火炬在线传递的资格的人将获得"火炬大使"的称号，头像处将出现一枚未点亮的图标，之后就可以向一位好友发送邀请，如果 10 分钟内可以成功邀请其他用户参加活动，其图标将被成功点亮，同时将获取"可口可乐"火炬在线传递活动专属 QQ 皮肤的使用权。这一病毒营销活动影响广泛，传递了"分享快乐"的价值观。

（二）圣诞广告——"北极熊"与"圣诞老人"的符号运用

1922 年，可口可乐早期圣诞主题叙事的主角"北极熊"诞生。1931 年，代表可口可乐的第一个圣诞老人出现，其形象由插画家海顿·珊布设计。

可口可乐 20 世纪就开始在瓶身包装上做节日定制款。1992 年圣诞期间可口可乐推出了节日罐，在罐身上能看到圣诞老人的头像，当年的广告主题是"Take it home for the holidays"（带它回家过节），在广告中出镜的小男孩在商店买了一罐带有圣诞老人包装的可乐，随后圣诞老人驾着麋鹿来到他身边，当然老人手里拿的也是独特包装的同款可乐。

1993 年，可口可乐北极熊形象设计也变得更加完善立体。就在这一年，可口可乐启动了"Always Coca-Cola"项目，同年北极熊第一次正式在可口可乐的一则商业广告《极光》中担任主角。片中，可爱的北极熊一边喝着可口可乐，一边欣赏着北极光勾勒出的奇幻景象。

1994 年，可口可乐让北极熊和圣诞老人两大 IP 同框，在广告中送节日祝福。广告片的故事情节简单但有爱，当圣诞老人递给北极熊可乐时，也传递了品牌"分享"的延伸价值观。

1995 年可口可乐的圣诞广告中，虽然北极熊的生活环境还很"简陋"，整部动画的画面也不是很精良，但是依旧抵挡不住北极熊赢得消费者的欢迎，同时这个大 IP 为可口可乐带来了巨大的品牌溢价。

1995 年可口可乐正式开启 "Holidays are Coming"（假期来了）的圣诞营销主题，满载着免费可口可乐饮料，装扮得颇具圣诞风情的卡车（见图 8 - 2）在英国各个城市间穿梭。人们一旦看到可口可乐的圣诞卡车巡游，心里就会跟产生 "节日来了" 的感觉。

扫码观看
高清彩图

图 8 - 2　满载免费可口可乐饮料的圣诞风情卡车

1996 年，在可口可乐的圣诞节广告片中出现了可口可乐的发光卡车，卡车路过之处人们纷纷为其驻足惊叹，同时分享免费的可口可乐还有一位一开始没有拿到的小男孩在 "魔法" 中收到了免费可乐。在广告中能看得出人们的喜悦之情。

（三）其他

1934 年，可口可乐的自动贩卖机出现在芝加哥。

1941 年，可口可乐第一次在广告上使用 "Coke"。

1945 年，"Coke" 成为可口可乐公司的注册商标。

1950 年，哥伦比亚广播公司播出了可口可乐的第一则电视广告。

1969 年，推出 "It's the real thing"（来真的）为主题的电视广告。

1971 年，"I'd like to buy the world a Coke"（请世界喝杯可口可乐）的电视广告播出，风靡全球。

可以看出，可口可乐乐于尝试最新的媒介技术，并重视品牌识别。从 1995 年起，可口可乐开始将 "快乐" 作为品牌核心价值观，通过广告来构建一个由可口可乐带来快乐的美好的世界，在这个世界里人们相互信任、相互陪伴、懂得感恩并乐于分享，抛开分歧，共同追求幸福。

五、2009 年至今，打造"Open happiness"故事世界

2009 年开始，可口可乐将"Open happiness"作为品牌的延伸价值观，更加清晰地构筑品牌故事世界。

（一）2000—2009 年的探索

这一期间可口可乐做过不少探索，体现为延伸价值观的丰富角度，但同时也显示出零散、故事世界不清晰、效果不佳的特点。

2004 年，推出 240 万罐奥运火炬接力纪念罐，在很多地方销售一空。

2005 年，在圣诞广告《圣诞聚会》（*The Christmas party*）中，北极熊家族和企鹅家族首次相遇，企鹅家族在月光之下开启聚会，吸引北极熊宝宝，两方家族的小宝贝见面时格外友好，热情的企鹅宝宝送给北极熊宝宝一瓶可乐当做见面礼。这一画面格外有爱，传递出品牌"分享"的延伸价值观。[①]

2006 年，继续传达可口可乐"陪伴"的延伸价值观。圣诞老人发现一个女孩在圣诞橱窗前驻足良久，他递给女孩一瓶可乐。接下来圣诞老人在女孩不同的人生阶段（交男友、成立家庭、有了孩子、成为祖母）都会送上一瓶可口可乐，他的陪伴跨越了半个世纪。[②]

2006 年，可口可乐推出"The Coke side of life"（生活中的可乐一面）的延伸价值观，延续快乐、积极的个性。

2008 年，可口可乐的圣诞大片的主题是"I believe in you"（我相信你）。视频一开始圣诞老人在自己家中制作魔法星，随后在天空中投射出星星，这颗星滑过人间为人们带来彼此间的信任和无私分享。广告内容围绕"信任"讲了几个故事，比如恋人们在看到星星后重归于好、球队替补球员开心上场、老爸给儿子车钥匙，等等。

（二）以"Open happiness"修复、重启故事世界

2009 年，可口可乐推出广告语"Open happiness"（开启快乐），并以此为

---

① 视频见：https://b23.tv/V4Elh7x。

② 视频见：https://b23.tv/3r6aRld。

核心价值观，修复过去几年游离的形象，进一步将基因中的"快乐"聚焦"分享"，浓墨重彩地打造可口可乐制造快乐、分享快乐和传递快乐的故事世界。

1. 继续圣诞叙事

通过对可口可乐自 1995 年开始的圣诞广告文本的叙事分析，可以发现几十年来可口可乐的圣诞广告不论故事情节的简单与否，均紧紧围绕品牌核心价值观——"快乐"来叙事，但是并没有将其价值观的传递停留在口感和体验的"快乐"上，而是不断寻找延伸价值，丰富品牌价值体系：2006 年倡导"陪伴"、2008 年倡导"信任"、2013 年倡导"分享善意"、2015 年倡导"感谢那些关心你的身边人"、2018 年倡导"关怀"、2019 年倡导"抛开分歧"。

圣诞发光卡车活动也在持续，但伴随着社交网络的诞生并成为人们日常生活的一部分，又有了不一样的玩法，在社交网站上，人们在分享节日事件的同时加上"Holidays are coming"（假期来啦）的标签，就有机会与发光卡车共度节日。从 2016 年 11 月到 12 月底，这辆挂满彩灯的卡车到访了英国 45 个地点，人们有机会和卡车合照，享受卡车上独特的圣诞氛围，并能聆听圣诞合唱团演唱的曲目。当然，免费可口可乐也将像往年一样持续供应。

2010 年的圣诞广告"Shake it up"描述了一个平安夜，商店里的员工们在麻木地工作着，没人要的流浪狗把自己藏在垃圾桶旁，年轻的男女坐在公园椅子的两端而默不作声。突然，天空中传来咕噜咕噜喝可乐的声音，从而打破了这份宁静，每个好奇的人都望向了天空，原来是圣诞老人偷懒喝可口可乐被发现了。圣诞老人通过水晶球看到人们瞪大的眼睛，于是又开始工作：可口可乐的圣诞车又驶向街头，圣诞老人当起了老司机把世界弄得摇来晃去。员工摔倒在购物车里被拉回了家，流浪狗被甩到年轻的主人身边，公园里那对男女被摇摆晃得贴在一起，那沉默的爱恋之火一触即发。圣诞老人完成了工作松了口气，接下来又可以尽情地喝可口可乐了。①

2011 年，可口可乐推出主题为"Share the magic"的圣诞广告，圣诞老人用他手中的魔法球为人们带来了欢乐和团聚。广告一开始几个从事不同工作的人物在圣诞夜急切地盼望回家与家人团聚，圣诞老人转动魔法球后，可口可乐的发光卡车出动，地面倾斜，人们都回到家人身边。圣诞老人用魔法让人们团

① 视频见：https://v.qq.com/x/page/r0800p3wcqo.html。

聚,可口可乐也自带欢乐的"魔力"。

2012 年,可口可乐开展"超级碗北极熊陪你看球"活动(见图 8-3)。两只北极熊跟用户一起观看比赛,其中脖子上面戴红白围脖的是纽约巨人队的粉丝,戴蓝白围脖的是新英格兰爱国者队的粉丝。用户可通过 Facebook、手机平台与这两只熊一同实时观赛。可口可乐还同时准备了两支一分钟的电视广告,在比赛间歇期会根据场上战况来选择投放哪支广告。

图 8-3 可口可乐推出"超级碗北极熊陪你看球"活动

2013 年,北极熊第一次在可口可乐圣诞季的营销广告中担任主角,同时还有新成员加入——一只急于打开瓶盖的海鸭。2013 年北极熊微电影的推出更是为诞生了近一个世纪的可口可乐北极熊注入了灵魂,使之成为一个拥有鲜活、呆萌、可爱个性的形象。这个由可口可乐亲手打造的代言人打败各路大牌明星出演奥运会、超级碗等赛事的主题广告,均取得不凡的成绩。

2. 开始创新互动叙事

这一时期,可口可乐开始在终端互动发力,将与消费者的互动叙事作为自己创造力的表达,更进一步体现对消费者个体的关注,其浪漫主义色彩在互联网时代更加浓烈。

2010 年可口可乐推出全球"快乐征程 206 活动",送出一组由三个年轻人组成的快乐团队,展开长达一整年的环游世界旅程,向全世界各地的人们传递可口可乐积极乐观的"Open happiness"价值观。

南非足球世界杯主题曲《旗帜飘扬》把可口可乐品牌与年轻消费者的关

注——足球和流行音乐——联系在一起。

可口可乐在 Facebook、Twitter 等社交媒体和其他网站上发布了一则名为《伟大的幸福》（*The Great Happyfication*）的 6 分钟动画短片。

可口可乐又在七个国家投放了高达 3.5 米的"友谊售卖机"，这种售卖机的购买操作面板凭借一个人的力量是无论如何也够不到的，所以需要好朋友一起努力才能以一瓶的价钱得到两瓶可乐，因而传达了朋友间"彼此合作、共享快乐"的延伸价值观。①

可口可乐在葡萄牙足球劲旅本菲卡队的球迷专卖店里故意丢下有竞争球队球票的钱包，观察捡到钱包的本菲卡球迷会不会主动归还，最后的结果是 95% 的人都把钱包归还了，而这些归还钱包的人都将获得一张现场观看球赛的门票。这一创意传达了"友谊与竞争"的延伸价值观。

在 2012 年伦敦奥运会期间，可口可乐推出"随着节拍舞动"全球营销活动，利用青少年对音乐的热情，融合伦敦元素和奥运赛事，拉近青少年与奥运会和体育运动的距离。

同年还推出了"Coca-Cola Presents：Beat TV"电视节目，由劳拉·惠特莫尔（Laura Whitmore）、达伦·麦克马伦（Darren McMullen）和戴夫·拜里（Dave Berry）主持。该节目展现了奥运会对社会的影响，包括对体育明星和著名人士的采访、由国际达人参加的搞笑体育挑战赛以及由部分世界知名的艺人参加的现场音乐演出等。

六、互动叙事创新

2010 年后，可口可乐通过创新接触终端和创新互动沟通方式，让消费者在沟通中感受品牌的核心价值观和各种延伸价值观，丰富品牌故事世界。

（一）继续圣诞主题

2013 年推出动画微电影《北极熊家族的最新故事》，可口可乐广告中的那些可爱的北极熊已经成为可口可乐的重要识别元素。该片表现了在冰天雪地的北极小熊们活泼淘气的形象。

---

① 视频见：https://v.qq.com/x/page/s0163k3al1d.html。

同年，可口可乐在英国推出圣诞广告片，讲述北极熊一家穿越冰川地带欢度新年的故事，传达了吉祥、温暖的感性利益。

2014 年推出圣诞广告《让人开心》（*Make someone Happy*）。在广告中我们看到圣诞老人来到一家屋内送礼物，因口渴在找水途中看到圣诞树上的小瓶可乐装饰，圣诞老人施展魔法将其变为大瓶可乐，然后一饮而尽。

2016 年，可口可乐推出 "Taste the feeling"（品尝感受）的延伸价值观，回归产品本身，强调"畅饮任何一款可口可乐产品所带来的简单快乐，让那一刻变得与众不同"。圣诞广告将倾力打造的圣诞老人形象又一次搬上屏幕。广告中的背景音乐唱出新更换的品牌口号 "Taste the feeling"。同时推出圣诞限量包装"经典原创圣诞老人＋萌萌哒北极熊"，具有纪念意义的瓶身包装俘获了大批品牌粉丝的心。

2017 年的圣诞广告《感谢魔法》（*A Magic Thank You*）讲述了一个普通青年暗恋一位女孩的故事。为了吸引女孩的注意，男生告诉自己暗恋的女生自家的圣诞树有 9 米高。随后正当男生为自己的弥天大谎发愁时，圣诞老人出现了，他感谢了老搭档精灵小子（男生当时扮成了精灵），并递上可乐，顺便帮男生追到了"女神"。

2018 年，北极熊再次回归圣诞广告。本年是北极熊成为可口可乐电视广告明星的 25 周年，可口可乐推出广告片《圣诞节规则》（*Christmas Rules*），展示了北极熊家族聚集在一起享受圣诞大餐的美好情境。

从 2018 年 11 月 9 日开始，经典的圣诞卡车延续着 "Holidays are coming" 的主题，并装饰着 8 772 颗童话般闪耀的圣诞灯泡从格拉斯哥开始在英国 24 个城镇巡回，并在 12 月 16 日的周末到达伦敦克罗伊登（Croydon）最终站。可口可乐圣诞卡车巡游到本年已有 8 年历史，行程近 73 万 7 千英里。

2019 年，可口可乐在圣诞节推出 "A year to share" 广告片回顾这一年人们所关注的争议议题，对比圣诞节的"团聚"和"分享"的精神，号召人们撇开分歧，以圣诞为契机团聚在一起，共同庆祝这一神圣的时刻。

（二）瓶身作为互动叙事媒介

2013 年在中国，可口可乐推出了昵称瓶，汇集了吃货、纯爷们、喵星人、大咖、天然呆、技术男、小萝莉、文艺青年等年轻人喜闻乐见的昵称。不少大

V 在社交媒体上提前展示了可口可乐赠送的定制版昵称瓶，之后可口可乐正式发布了其中 22 款"昵称瓶"的图片。

2015 年，可口可乐为庆祝弧形瓶诞生 100 周年，在全球 100 多个国家开展了长达近一年的系列庆典活动，包括艺术展、主题广告、主题活动、主题歌曲及纪念画册等，展览汇集了众多世界知名的当代艺术家的作品，全面展示可口可乐弧形瓶在流行文化中的不朽地位和其激发的艺术灵感。可口可乐还通过 14 支全新主题广告及数字电影短片来展示弧形瓶的故事。

继"昵称瓶""歌词瓶"后，可口可乐在 2016 年携手优酷共同推出"台词瓶"。作为当时中国最大的视频平台和全球最大的饮料厂商，优酷和可口可乐基于庞大的用户数据，结合用户调查反馈，在《万万没想到》《后会无期》《咱们结婚吧》《唐人街探案》等几十部热门影视作品中共同筛选出 49 句最耳熟能详的台词。

2015 年，可口可乐在圣诞节期间推出了"圣诞瓶"，把可乐瓶身从平面到立体玩出了新高度。这个"圣诞瓶"在短时间内赢得了男女老少消费者的喜爱，纷纷拿来送给家人、朋友。"圣诞瓶"和可口可乐"Open happiness"的品牌精神相一致：开启快乐，分享快乐。在这次活动中，南美洲及东欧、北欧的共 33 个国家均推出了此款产品。

2016 年，可口可乐设计推出了录音瓶盖。这款瓶盖允许用户录入 30 秒声音，录入者按住瓶盖开始录制，而接收人拧开即可听到声音，简单又有惊喜。

2017 年，可口可乐在上海推出"密语瓶"，使之融入年轻人的聊天方式。

同年，可口可乐在北美市场再度投放了一波"姓名瓶"，并将其与"音乐瓶"结合在一起，让可口可乐唱歌。

2018 年，可口可乐在中国推出了第一波 12 款可口可乐"城市罐"（见图 8-4），包括上海潮、成都闲、广州味、北京范、洛阳韵、西安调、杭州媚、大连畅、长沙辣、南京雅、青岛浪、厦门风。

2020 年，可口可乐为武汉专门定制了四个告白系列罐，在携手抗疫的大背景下将多个城市与武汉用"心"相连，期待武汉在"爱"的祝福下越来越好。

（三）自动贩售机作为互动叙事媒介

2014 年，为了庆祝情人节，可口可乐公司推出了一款高级隐形自动贩卖

图 8-4 可口可乐推出"城市罐"

机，并把它安装在路旁，只有情侣经过时它才会现形，并呈现一段浪漫的巨型广告。而且该自动贩卖机还会询问每对情侣的姓名，并将他们的名字印在瓶身上，打造出真正独一无二的情侣饮料。

同年还推出了可口可乐 Mini 货柜。迷你装的可口可乐在飞机旅行中屡见不鲜，但在日常生活中却难觅踪影。可口可乐在德国推出的 Mini 货柜只是正常货柜的三分之一大小，让人感觉似乎进入了小矮人的世界，萌感十足。

瑞典城市乌普萨拉冬季日照时间很短，在这样的环境中，即使是瑞典人多少也会感到有些压抑。乌普萨拉的街头有一个可口可乐公交站台，当感应到有人到来时，便会在黑暗中亮起暖暖的红光，接着广告牌开始播放瑞典夏季草甸美景，音响里传来欢乐的鸟鸣，一朵朵鲜花投影在地上。此广告活动作为圣诞节 "Reasons to believe campaign"（相信抗争的理由）的延续，暗喻可口可乐继续为人们找回生活里的温暖。

（四）消费者共创

可口可乐曾为粉丝送去纪念 T 恤，每件 T 恤都印着不同图像。粉丝在收到 T 恤之后，穿上并登入活动网站拍照。制作公司 Psyop 把粉丝上传的照片一张张拼接起来，制作成短片《可以穿的电影》（*The wearable movie*）。该短片讲述的是一对好基友，想方设法逗乐"嘴唇"的故事。

可口可乐还与英国住宿预订网站 laterooms. com 合作首次推出了圣诞卡车的住宿项目，网友只要在该网站填写报名信息并讲述自己的圣诞节故事，便有机会入住圣诞卡车。卡车内部以代表可口可乐及圣诞节的红白色为主色调，幸运儿除了可以畅饮车内的各类可乐产品，还能收到一份圣诞老人限定版包装可乐。可口可乐卡车至 2017 年圣诞节前已经在英国巡回了七年，走过 397 站，总路程达 73 万英里，相当于环绕地球 29 圈。

可口可乐组织了"人不该有标签"活动，请来了六个完全不同身份和特点的人坐在一起，在黑暗的、看不见对方的餐桌上进行简短的自我介绍，其他人先根据描述来想象即将看到的是怎样的人。等所有人都介绍完之后，灯亮了，人们惊喜地发现自己之前所想象出来其他人的相貌与面前的真实面孔完全不同。

在 2018 年足球世界杯期间，可口可乐作为国际足联（FIFA）官方合作伙伴，特别推出可口可乐"手环瓶"，让消费者把世界杯的狂热和夏天的激情"戴"在手上。31 款可口可乐"手环瓶"分别代表 31 支闯入世界杯决赛的国家队。消费者从瓶身包装上撕下手环戴在手腕上，便可为自己心仪的国家队打 Call，甚至能根据手环找到自己的同类，和他们组成一队——有你才"队"（对）。

（五）创新终端，陪伴消费者

可口可乐改装了超市条形码扫描系统，其他商品被扫描只会发出清一色的"嘀"声，可口可乐却可以欢乐地"噔噔噔噔噔""唱"出旋律，为枯燥的生活带来新鲜的活力和快乐。[①]

在里约热内卢，一个独特的滑板斜坡被安装在弗拉明戈公园，斜坡采用了可口可乐标志上经典的白色条纹。从远处看只是一块极其简约的广告 logo 牌，但是近看，会发现广告牌上的飘带是立体的。这一活动的目的是鼓励青少年发现那些有乐趣的活动，激发他们更积极地生活。

———————————

① 视频见：https://v. qq. com/x/page/m0129sw1y4q. html。

（六）继续脚本型广告的引导

2013 年，可口可乐在"超级碗"比赛上推出了广告《疯狂的追逐》。影片诙谐活泼，讲述了两队人马在沙漠中为了追逐远方的可口可乐而赶路，表现了可乐的魅力。

2015 年在"超级碗"赛场上播出《一起快乐吧》广告，聚焦网络暴力问题，把世界各地婴儿的哼哈声剪辑成了《欢乐颂》。这其实则一个公益广告：每天全球有 650 个婴儿携带 HIV 病毒出生，但可口可乐相信在大家的帮助下，这个数字能够减少到 0。

2015 年可口可乐的圣诞大片《圣诞老人之桥》（*A Bridge for Santa*）讲述了一位单亲父亲为了满足儿子的圣诞心愿和全村人一起把断桥修好的故事。短片中比较现实的一个细节是，小男孩儿已故的母亲曾经答应儿子"带他去大城市见圣诞老人"，小男孩由此坚信，一定是因为通往村庄的桥梁年久失修，圣诞老人的四轮马车才不能够抵达村庄——事实上也确实如此，可口可乐免费向路人派发可乐的圣诞卡车往年只会在大城市停靠。[①]

2016 年在可口可乐的"超级碗"广告中，蚁人大战绿巨人，他俩竟然为了一罐 Mini 可口可乐大打出手。

同年可口可乐还上线了一个风格奇异的视频，与鬼畜有异曲同工之妙，一上线就在 YouTube 获得了超过 50 万的播放量。魔性的点头节奏、乒乒乓乓的击球声和重复的猫叫，加之用人尽皆知的儿歌《老麦克唐纳有个农场》（Old Macdonald had a farm）作为背景音乐，令人难忘。

2019 年，可口可乐在"超级碗"现场推出名为《可乐就是可乐》（*A Coke is a Coke*）的动画短片，颂扬包容多样性的价值观。而这个主题也延续了 2017 年的"Together is Beautiful"（相聚是美好的），不分种族、性别、肤色，甚至是人类或动物，都可以一起享受可口可乐。

同一年，可口可乐还在泰国发布了一则视频广告，主题为"The more open the heart, the closer"（打开心扉，你和你爱的人便会更加亲近）。该创意洞察到生活中三个难以启齿的时刻，包括：和爸爸说出自己真正的志愿、向

---

① 视频见：https://www.bilibili.com/video/av500568881/。

妈妈出柜，以及和女朋友坦白。这些年轻人选择喝可乐为自己打气。终于在鼓起勇气说出自己的真心话后他们发现，其实敞开心扉或许真的会获得对方的理解。

2019 年，可口可乐推出了橙子香草味可乐，并为新口味拍摄了一则夸张又直接的广告。广告场景设定在 20 世纪 70 年代，三辆分别装有橙子、香草冰淇淋和可口可乐的火车在高速公路上上演飙车戏码，并最终发生碰撞，诞生出新口味——橙子香草味可乐。

可口可乐还在 2019 年发布了一组海报，主题为 "Try not to hear this"（努力不要去听这个声音）。这组海报描绘了可口可乐开瓶时的一系列动作，利用"联觉"功能自动唤醒观众的听觉，利用消费者对品牌的记忆自动将形象与特定的声音联系起来，造成听觉上的错觉。

同年推出《可口可乐的魔力》（*Magic of Coke Taste*）广告片。在视频中，一位女士在下着雨的公交车站喝可乐，这种味道把她的记忆带回了海滩、滑雪坡道、电影院及其他享受可乐的美好场景中。

2020 年，可口可乐中国发布抗疫主题广告《一起好起来》，视频由发生在疫情期间的各种感人的真实画面组成，背景音乐是湖北少儿广播合唱团翻唱的《夜空中最亮的星》。

可口可乐与 Anomaly 发布了一部全新的全球短片《大餐》（*The Great Meal*），该短片是在疫情隔离期间远程拍摄的，展示了来自 8 个不同城市的 13 组真实的家人、恋人、室友准备大餐的画面。

（七）社会营销

社会营销是可口可乐近 10 年着重耕耘的领域，因为面临社会对企业社会责任担当的拷问，企业都开始从社会营销角度对社会问题予以关注与帮助。

1. 环保

作为全球可持续发展计划的一部分，可口可乐开展了可乐瓶二次利用活动。在用户购买可口可乐的时候赠送喷头或是一些教程，教用户如何废物利用。

为了鼓励人们回收利用废物，可口可乐发起了一次名为"第二生命"的活动，为人们免费提供 16 种功能不同的"瓶盖"，具体做法是只需将这些"瓶盖"拧到旧可乐瓶子上，就可以把瓶子变成水枪、笔刷、照明灯、转笔刀等工具，名副其实地变废为宝，创意十足。①

在意大利推出"A world without waste"（没有浪费的世界）活动，将可口可乐标志性的条形图案变为箭头标志，指向广告牌附近的垃圾回收箱。

2. 和平

推出"和平贩卖机"活动，希望通过放置在印度和巴基斯坦两个国家的拥有 3D 触摸屏技术的自动售货机，减轻印度和巴基斯坦之间的紧张关系。在活动现场，两个国家的人民可以通过内置在售卖机中的摄像头与 Skype 技术互相看见对方，只要双方齐心协力完成触摸屏上的图案——笑脸、心形甚至一段舞蹈，就会各自获得一听可口可乐，以此希望让两国人民放下仇恨，开心享受"握手言和"的欢乐。

可口可乐还试图让国际米兰和 AC 米兰的球迷握手言和。同一个城市的两支顶级球队球迷往往是"世仇"，在米兰，国际米兰与 AC 米兰每年都"火拼"得不可开交，狂热的球迷们也各自为战，见到对方更是分外眼红。于是一种代表和平主义的可口可乐贩卖机在圣西罗球场亮相了，它们分别放置在球场两侧的入口处，只有这一方按下去，另外一方才会吐出可口可乐，通过贩卖机上的视频和音频连接，能直接与对方球迷对话。

3. 亚文化

2014 年，在有"彩虹之国"之称的南非共和国建国 20 周年之际，可口可乐在约翰内斯堡上空架起了一座"天然"彩虹，以庆祝这个特别的日子。

2018 年可口可乐中国公司的官方微博发布了一组海报，以对爱德华·蒙克的经典名画《呐喊》进行再创作的形式讲述了九位古今中外的名人"不害怕"的故事，对 LGBT 群体表达支持。

在巴西，人们有一种形容同性恋的说法——"那个可乐其实是芬达"，其潜台词就是"那个人看上去是个普通人，但 TA 其实是个同性恋"。在这样的背景下，2018 年可口可乐公司发起了一场打破陈规的活动，大声诉说平权。

在 2018 年的菲律宾第 24 届马尼拉骄傲月上，可口可乐推出一场主题为"Wear Your Pride"（佩戴上你的骄傲）的活动，针对同性恋群体，把标签设计

---

① 视频见：https://www.bilibili.com/video/BV1H341147Rr? from＝search&seid＝101379728124 22352047&spm_id_from＝333.337.0.0。

成了彩虹图案，以表达对同性恋群体的支持与认同。

4. 关爱工人

有很多来自南亚的劳动力在迪拜工作赚钱，他们平均一天只有 6 美元的收入，可打电话给家里却不得不花每分钟 0.91 美元的费用。为了节省每一分钱，这些外来务工人员都不舍得打电话回家。了解到这些劳动工人的情况后，迪拜可口可乐联合扬罗必凯广告公司开发了一款可以用可乐瓶盖当电话费的电话亭装置，把这些电话亭放到工人们生活的地区，每一个可口可乐瓶盖都可以换取三分钟的国际通话。

2014 年，可口可乐在新加坡打造了一项传递快乐的活动"幸福从天而降"。在活动中，各大工地上空飞来无数架装载着红色箱子的遥控飞机，带着可口可乐和写着鼓舞话语的卡片从天而降，以慰问 2 500 名建筑工人，为其鼓舞士气、重振精神并分享快乐。[①]

5. 救助灾民

2016 年 4 月 16 日，厄瓜多尔发生了一场 7.8 级的地震。代理商 Findasense 和可口可乐一起推出了建造"广告牌屋"的活动，拆除了 380 块大型可口可乐户外广告牌，将它们设计成 200 个紧急庇护所，收留了 4 000 多名受灾百姓，直到他们重新找回家人。

6. 其他

11 月 25 日是国际反家庭暴力日，2019 年，可口可乐中国策划了一个特别的"线上艺术展"，用一个本不该存在的展览宣传一个本不该存在的纪念日的方式反对家庭暴力。

（八）创新数字媒介应用

在数字化时代，忘了什么都不能忘带手机，缺了什么都不能缺少流量，对于黏附在微博等社交网络中的年轻群体来说更是如此。在巴西，可口可乐曾推出为年轻人免费提供上网流量的活动，用户首先需要下载一个可口可乐定制的浏览器，当打开浏览器并靠近预先设置在街头的流量灌装机，手机就如同用纸杯接满可乐一样被"注入"20 兆"可乐流量"被可口可乐称为"20 公升幸福"，

---

① 视频见：https://v.youku.com/v_show/id_XNzA5NjI3MTUy.html。

用完还可以"续杯"。

2015年，可口可乐率先在波多黎各展开行动，消费者可以在官网上注册各种带有表情符号的网址，譬如 www. ws（ws＝we smile），注册成功之后，输入此表情符号网站，即可进入可口可乐 Emotic Coke 网站，和朋友们分享你此时的心情。这一创意传达了"幸福可以超越国界"这一延伸价值观。

（九）互动户外广告

2015年，在美国大学生篮球联赛的四强决赛场地——怀特河国家公园，一块宽36英尺、高26英尺的零度可口可乐广告牌平地而起。这块重达1万多公斤的广告牌上安装了一个巨型可口可乐瓶，插着一根1 300多米长的吸管，吸管蜿蜒拼出了"Taste it"（尝尝它）字样。冰凉畅爽的零度可口可乐顺着吸管流到试饮装置里，每个走过的路人都可以打开开关，免费品尝"从天而降"的零度可口可乐。

在2016年超级碗赛场，可口可乐竖起一块可与消费者互动的户外广告牌，主题是"Make it happy"（一起快乐吧!），画面呈现虽简单却很逗趣，是一个满满暖意的微笑的 emoji 表情。当你好奇靠近，对着它做各种表情时，它也会跟着你学，做出相似的 emoji 表情。

（十）中国本土化

可口可乐于2013年在中国推出新春广告《快乐中国造》，邀请13亿中国人提名身边的"快乐创造者"。为此，可口可乐建立了一个网络互动平台供消费者提名并分享他们想要分享的内容。该互动平台被称为"可口可乐圈"①。

可口可乐中国公司为2016年里约夏季奥运会做的广告活动主题为"此刻是金"，旨在通过人文元素传达每个人都能拥有"金时刻"。

（十一）联合营销

可口可乐与太平鸟联名，合作系列首次亮相纽约时装周；与菲诗小铺联名推出六款彩妆产品；与 Rokid 联名，把若琪可口可乐限定款打造成时髦的、有态度的音箱潮牌。

---

① 视频见：https://www. iqiyi. com/v _ 19rrjpdglk. html?list＝19rro5bar2 ♯ curid＝125406500 _ df-badced42ec4981b58dcdf60b6d5b50。

可口可乐联名安踏，跑鞋采用了标志性的红白两种配色（见图8-5），还有经典的可口可乐 logo。其中，"安踏氢跑鞋"款与"可口可乐纤维＋"搭配，"轻盈透气"配上"健康零卡"二者相得益彰。

图8-5 可口可乐联名安踏推出跑鞋

可口可乐联名迪赛尔，合作推出了"合作胶囊"再生系列环保服饰。这款服饰由塑料瓶再生的 PET 与再生棉等材质搭配可口可乐经典标识打造而成。

2019 年是可口可乐重回中国大陆市场 40 周年，GURULAB 携手可口可乐中国，共同回顾了这些年的"可乐大事件"。

七、结 语

可口可乐将"快乐"这一个人类最喜欢的情感和价值观作为自己的核心价值，在充满变化的各个时代努力与消费者形成连接，建立了一个稳定、多彩的品牌故事世界帝国。可口可乐作为一个历史悠久、对全世界深具影响力的经典品牌，其未来对社会发展的帮助和对智能技术的应用值得期待。

案例二：现实主义叙事——耐克

耐克在 20 世纪 80 年代美国经济停滞发展时以"Just do it"口号振臂一呼，引领人们找回拼搏精神，并在之后的发展中和消费者一起磨练这种精神，成为一个时代的旗帜。

一、耐克品牌叙事八芒星轮盘（见图 8-6）

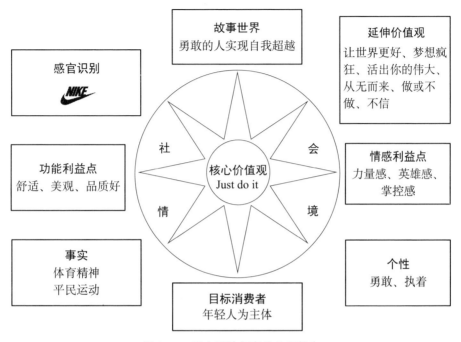

图 8-6 耐克品牌叙事八芒星轮盘

二、现实主义

　　现实主义文学诞生于 19 世纪的英国和法国，其特点是观察描摹真实人物及社会环境，真实客观地再现社会现实。现实主义叙事作为文学和影视创作领域常用手法之一，强调对客观现实的重现和反思，多以上帝视角完成故事的讲述。在现实主义叙事之下，故事本身的价值在于真实性和客观性，而非曲折性和意外性。但是现实主义叙事也不是对现实生活和社会的完全重现，而是对生活素材的选择、提炼和重新组合，并赋予它们新的意义和价值。品牌叙事中的现实主义指通过呈现真实的情境、典型的人物、客观的事件，表达现实生活中的价值取向。

　　虽然现实主义叙事以一种看起来冷静且客观的态度完成叙事，但是实际上创作者的感情和观点已经在潜移默化中植入受众心智之中。这是因为虽然故事是真实的，但是故事主题的策划、主人公的选择，主要场景的安排等都是具有主观色彩的。相对于虚构的故事或直接宣传而言，现实主义叙事因其的真实性，更能贴近受众，同时也会降低受众的防备心，从而获得更好的传播效果。越来越多的品牌在营销中注意到了真实故事的力量，也更加广泛地采用现实主义叙事的手法进行广告创作，借助特定的人物传达品牌的价值观念，并通过持续性的沟通强化消费者心目中的品牌印象。成立于 1972 年的耐克公司在今天仍然是年轻人心目中最受欢迎的运动品牌之一，这样的口碑和成果离不开耐克多年来一致持续不断创新的营销活动，而现实主义叙事则是耐克品牌主要的叙事手法。无论是放大运动明星的竞技故事，还是聚焦普通人的不屈精神，耐克始终围绕着"Just do it"的品牌核心价值观，激励人们勇往直前。

三、耐克的现实主义叙事

耐克品牌叙事主要基于运动明星及普通人的现实，并且关注社会问题，具有强烈的现实关怀色彩。

（一）通过社会营销解决社会问题

耐克的很多营销活动都是在洞察社会现实背景的基础上，借助创意营销活动吸引受众关注社会问题，进而推动社会问题的解决。

2001 年耐克创办了凯西·马丁（Casey Martin）奖。该奖项每年皆颁发予在（不管是身体上的、意志上的、社会上的还是文化上的）逆境中力求进步的运动员。奖项的名字取自凯西·马丁——一位因患腿部的罕见病，与美国最高法院据理力争，最终得以在比赛中使用高尔夫球车的职业高尔夫球手。

2004 年耐克推出"Live strong"（坚强生活）宣传运动，为一位自行车手的基金筹款。该活动以 1 美元出售黄色的橡胶手环，希望启发激励癌症患者坚强地生存，至 2005 年 9 月，已售出超过 5 500 万条。

2011 年耐克推出旨在让世界更美好的"耐克 better world"活动。该活动作为耐克的环保活动之一，其主要形式是由耐克回收旧衣旧鞋重新利用，并在重新制成的鞋上印上"耐克 better world"，呼吁社会大众重视环境问题。

2016 年耐克发布了《时间是宝贵的》（*Time is precious*）广告，该广告中并没有实拍画面，只有黑底白字，机器人的声音作为旁白快速而清晰地细数着那些我们被电子设备绑架时的生活细节。该广告旨在呼吁人们珍视时间，不要过分沉溺于电子设备而忽略日常生活的美好。①

2020 年，新冠肺炎疫情席卷全球，耐克发布短片《哪儿挡得了我们》记录疫情期间全民通过各种方式宅家运动的场景，用乐观的态度强调疫情期间每个人都是队友、在相互扶持和鼓励中战胜疫情的观点。②

（二）设置女性主义议题

除了对社会议题的关注和对运动精神的强调，耐克的现实关怀的重要体现之一还在于对女性弱势地位的关注和对性别平等的追求。耐克连续多年在不同地区推出关注女性价值的营销活动，一方面呼吁女性勇敢追梦，自信而活；另一方面向社会展现女性的价值，推动性别平等的发展。

2015 年春季，耐克推出了"只为更赞"系列营销活动，激励女性积极运动、迎接全新挑战、战胜自我达成目标。这一活动正是洞察到性别不平等现象在运动领域也有所体现，女性在运动领域的空间被挤占和压缩，因此耐克希望这种呼吁式的营销活动能够帮助女性获得更多的权益和空间。2015 年耐克WOMEN 女子运动盛事见证了全球超过 20 万名女性首次挑战半程马拉松、10公里路跑和 NTC（一套由耐克打造的健身课程）盛宴，向社会证明了女性的力量。2016 年耐克为印度女孩们量身打造了一支名为《Da Da Ding》的 MV。2019 年耐克发布两则有关女性的广告，第一则是奥斯卡中播广告《为梦想发疯的人》（*Dream Crazier*），内容取自真实的运动员新闻素材，文案主要指出了大众对女性运动员的偏见，并向"疯狂的女性"致敬。第二则是在妇女节前夕，耐克推出的一则"中国版"广告，仍然是以女性为主题，讲述了一些"没有分寸"的女生不惧偏见的故事。③

（三）写实的广告叙事

除了强烈的社会责任感和现实关切意识，耐克的现实主义叙事的表现还在广告故事的真实客观性上。耐克倾向于用专业化的手段记录真实的故事，借助故事主人公传递耐克的品牌精神和价值。与对社会问题和其背景的关注相比，

---

① 视频见：https://www.bilibili.com/video/av21999053/。
② 视频见：https://www.bilibili.com/video/av201570543/。
③ 视频见：https://www.iqiyi.com/w_19rs2bv13l.html；https://v.qq.com/x/page/f0727ek9lb9.html。

真实故事类的广告更聚焦，更重视故事的逻辑与完整性，同时往往也具有更多的细节描写。而在主人公方面，运动明星和普通人则是耐克选择的主要群体。

2012 年伦敦奥运会，耐克推出营销活动"活出你的伟大"（见图 8-7），广告强调每一个人都可以是运动的主角，伟大的运动员不只在伦敦、在奥运赛场，更在世界各地、在每个人的生活里，而你自己就是其中的一员。不同于其他品牌，耐克将镜头转向了那些因为各种各样的原因与金牌失之交臂的运动员，并指出不是冠军才伟大，即使有遗憾也不能剥夺每个人的伟大。同时期还推出广告片"The jogger"（慢跑者），鼓励人们相信自己的伟大。①

图 8-7　耐克推出营销活动"活出你的伟大"

2015 年耐克发布《看你的》广告，影片以独特的方式挖掘了科比·布莱恩特、艾琳娜·戴勒·多恩、安东尼·戴维斯、凯文·杜兰特、保罗·乔治、凯里·欧文和勒布朗·詹姆斯 7 位最出色的篮球运动员是如何备战赛场的，通过讲述运动健将们赛场背后的故事，吸引观众的兴趣并向大家传达敢于拼搏、不懈努力的运动精神。2016 年耐克推出了三则以穆斯林女性为主角的耐克＋Training Club 系列故事，讲述她们打网球、登山、在健身房锻炼的故事。

2016 年里约奥运会比赛期间耐克用了二十几支"不信极限"短片承包奥运营销，并面向中国市场发布了视频《不必再等四年》。在此次营销活动中耐克有意聚焦普通人，鼓励他们把运动变成一种生活日常。②

2016 年耐克为了致敬科比的退役，让他指挥一支充满欢呼声与嘘声的交响曲，这支交响曲代表的也是世人对科比有好有坏的评价。

2017 年耐克邀请了包括来自突尼斯的奥运会击剑奖牌得主伊内斯·博巴克里（Ines Boubakri）、沙特歌手巴尔凯斯·法蒂（Balqees Fathi）、阿联酋第一位花样滑冰运动员扎赫拉·拉里（Zahra Lari）和约旦拳击手阿里法·比塞索（Arifa Bseiso）在内的杰出女性，展示她们突破自我、打破束缚的励志故事，向中东女性推广运动文化。

2018 年耐克发布"Dream crazy"（疯狂梦想）广告纪念"Just do it"口号提出 30 周年，集中讲述了一系列家喻户晓的运动员以及那些同样应该被认可的运动员的故事，传递出耐克希望利用体育推动世界前进的愿景。该广告片邀请美式足球运动员科林·卡佩尼（Colin Kaepernick）配音，他曾因 2016 年在比赛前唱国歌时下跪抗议对美国黑人和其他种族的压迫以及警察的暴行而饱受争议，而后被禁止参加职业比赛，甚至丢掉了工作。此次耐克邀请其作为代言人，实际上也是借助卡佩尼传递耐克追求平等和反叛个性的品牌价值观。

四、1984—2004 年，以明星为主角，弘扬运动精神

下面通过对耐克 1984 年以来部分广告活动的梳理，来看耐克如何围绕"Just do it"这一核心价值观，以丰富的延伸价值观构建品牌故事世界。

（一）体育明星代言与体育营销

1988 年"Just do it"口号正式诞生。1998 年，耐克在民意调查之后曾一度将"Just do it"的宣传口号改成了"I can"。

1984 年，耐克签约乔丹（Michael Jordan）成为品牌形象代言人，寻找在大型体育竞赛中的曝光机会。

1988 年，耐克代言人博·杰克逊被评为世界上最伟大的运动员。

1996 年，耐克与巴西国家足球队的管理机构巴西足球联合会达成为期 10 年、价值 1 亿美元的赞助协议；后来延长至 2018 年，估计为 1.44 亿美元。

1994 年美国足球世界杯，官方赞助商为阿迪达斯，作为同类竞品的耐克却不放过任何"打擦边球"的机会。在佛罗里达州奥兰多，某场世界杯比赛开始前，耐克把一辆面包车开到赛场上，车里装满了写有耐克口号"Just do it"的帽子。这被视为耐克一次成功的"伏击营销"。

1996 年耐克与高尔夫球手"老虎"伍兹（Tiger Woods）签约，要求他使

用耐克的高尔夫产品。当时伍兹刚由业余转为职业球手。

1996 年，耐克在亚特兰大奥运会的广告惹来争议，当时的宣传口号 "You don't win silver —You lose gold"（你不是赢得银牌，只是失了金牌）引来不少人包括多位前奥运银牌及铜牌得主的猛烈批评。

1998 年法国足球世界杯期间，耐克在巴黎西北部建立了 7 万平方英尺的互动式"耐克公园"。

2003 年，高校篮球新星勒布朗·詹姆斯与耐克签约，他亦成为该年 NBA 最佳新人。

（二）流行文化

自 1986 年起，耐克营销活动的关注点向休闲运动市场扩展。在 Air Max 的电视广告中，耐克使用了披头士乐队的歌曲《革命》（*Revolution*），以反叛革新的风格试图打动青年消费群体。

（三）产品事实

1989 年推出一款专为 Cross-training（交叉训练）而设计的运动鞋，并发布了一系列名为 "Bo knows"（博知道）的纪念性广告，由运动员博·杰克逊（Bo Jackson）任主角。

2000 年推出 Shox 吸震及支持系统，首先由文斯·卡特（Vince Carter）等美国国家篮球队队员在 2000 年悉尼奥运会穿着亮相。

（四）脚本式叙事

1993 年耐克名为《我不是榜样》（*I am not a role model*）、由篮球明星巴克利（Charles Barkley）担任主演的电视广告引发争议。

1995 年推出电视及平面广告计划，名为 "If you let me play"（如果你让我运动），指出年轻女性参与运动的多项益处。

1999 年推出电视广告《清晨以后》（*Morning after*），虽然起初被批评会引发对千禧年的忧虑，但是最终还是赢得 2000 年艾美奖最佳电视广告。其广告内容是一个年轻人在 2000 年 1 月 1 日出外跑步时经过了一个又一个人们在之前想象的 2000 年会发生的意外或事故的场面。

2002 年，耐克的名为 "Move" 的电视广告第二次获得艾美奖。

（五）网络叙事

1996 年耐克 .com 网站建立，开始尝试数字营销。

2004 年耐克在社交媒体上推出"Art of speed"（速度的艺术）等一系列图片，表现运动的速度和张力。

（六）社会营销

2004 年推出"Live strong"（坚强生活）宣传运动，为确诊癌症的自行车手阿姆斯特朗（Lance Armstrong）基金筹款。该活动以 1 美元出售黄色的橡胶手环，希望癌症患者坚强生活。

五、2004—2012 年，为普通人造梦，运动无处不在

这一时期继续应用脚本式广告诠释价值观，并开始应用互联网进行互动叙事。

（一）脚本式广告的引导

2004 年在中国推出"随时随地"系列广告。[①]

2008 年，发布广告视频《足球牛排》（*Soccer steak*），广告中小男孩将足球淋上肉汁，在一只大狗的追逐下，练起了足球，最后影片出现字幕"你准备好了吗"，用有趣大胆的创意鼓励大家积极参与足球运动。

2010 年推出"Write the future"（写给未来）活动，发布一系列视频和平面广告，并找到多位运动明星代言。[②]

2012 年以非官方合作伙伴的身份在伦敦奥运会上做了"活出你的伟大"的创意呈现，再次成功伏击官方赞助商阿迪达斯；并推出广告片《慢跑者》（*The Jogger*），鼓励人们相信自己的伟大。

（二）事实叙事

耐克在 2006 年推出"The Joga Bonito Campaign"（美丽足球运动），创立了网络电视频道 Joga TV，专注于足球视频的分享宣传。

发起小型 3 对 3 足球锦标赛 Joga3 Tournament，在 39 个不同的国家举办，

---

① 视频见：https://v.qq.com/x/page/t0185qwliif.html。

② 视频见：https://www.bilibili.com/video/av837589245。

每个国家有一场总决赛,最终总决赛在巴西举行。

(三)体育营销

耐克在洛杉矶放置了 20 多米长的墨西哥球队队衣复制品,并邀请路人签名祝福。

(四)娱乐营销

2009 年,耐克选择"天体热力兄弟"为代言人,并推出"华语第一嘻哈舞曲天团"的创作专辑,其中主打歌《我的感觉》搜狗突破 20 亿大关。

(五)社会营销

为保护环境,耐克推出了环保材质的鞋子和衣服供粉丝购买,推出了足球史上首款环境友好型球衣,纺织材料来自塑料瓶。

2011 年推出"耐克 better world campaign"环保回收活动,用意为让世界更美好,该口号也是该活动的官网网址。活动期间推出的新款鞋标上都印有"耐克 better world"的解说文案,它们会出现在鞋盒上、鞋标上。

(六)价值共创

耐克曾推出"The Chance"(绿茵征程)活动,在该活动中粉丝根据自己的经验拍摄踢球视频并上传,耐克学院挑选其中百位出彩者,通过竞争,有 8 人成为耐克学院专职球员。

还曾推出"Write the headline"(写标题)活动,粉丝通过 Facebook、Twitter 等社交媒体发布"最好的 50 名足球运动员"的标题,耐克每天挑选 100 条投射在约翰内斯堡的 LED 屏上,被选中的球迷也会收到包含自己所写标题的影片留念。

六、2012—2021 年,深入社会现实,塑造运动文化

耐克在这一时期除了体育明星外,加大了普通人作为叙事主角的比例,并创新一些社区运动空间,渗入平民运动文化。这一时期耐克还强化了女性主义叙事和社会营销,并建立虚拟社区与消费者共创价值。

(一)体育明星叙事

2015 年在 Hypervenom II 足球战靴的广告中,用 360 度全景真实模拟了巴西球星内马尔的第一人称视角,让观众身临其境体验足球场上的惊心动魄。

2015 年推出《看你的》广告片，以独特的方式挖掘了科比·布莱恩特、艾琳娜·戴勒·多恩、安东尼·戴维斯、凯文·杜兰特、保罗·乔治、凯里·欧文和勒布朗·詹姆斯七位最出色的篮球运动员是如何备战赛场的。

2016 年与 Jordan Brand 在洛杉矶举办了一个飞机库发布会，请来了包括凯里·欧文、吉米·巴特勒（Jimmy Butler）在内的征战里约奥运会的梦之队成员到现场与球迷互动。

2016 年欧洲杯开幕期间，耐克发布了由 C 罗主演的全新短片《灵魂互换》，在广告中，C 罗展现了精湛的演技，与一名足球少年因为一次意外的相撞而交换了灵魂，双方各自开启了一段全新的足球经历。

2016 年为了致敬科比的退役，让他指挥了一支充满欢呼声与嘘声的交响曲，这支交响曲代表的也是世人对科比有好有坏的评价。

2016 年推出"Spark brilliance"系列的广告活动，发布全景式广告，带领观众探秘运动员更衣间。

2017 年推出"偏爱娜样"活动，发布李娜系列运动装备，向"坚持自我、充满斗志、永不退却"的李娜精神致敬。通过李娜系列的诞生，耐克希望能激励更多的新一代的年轻女性参与运动，勇敢挑战自我，活成自己"想要的模样"。

2018 年发布《疯狂梦想》（*Dream Crazy*）广告纪念"Just do it"口号诞生 30 周年。《疯狂梦想》集中讲述了一系列家喻户晓的运动员以及那些同样应该被认可的运动员的故事。他们拥有着同样的精神，那就是通过体育的力量来推动世界的进步。

（二）普通人叙事

2015 年上海马拉松，作为赞助商的耐克发布了一系列户外广告《上海拦不住》。

2015 年发布《缺个人》（*Short a guy*）广告大片，以"我们缺个人，你来么"这句话为主题，内容是一个小伙子参与各种各样的体育项目，片中有很多运动巨星参与。全片旨在表达耐克的装备会帮助运动员发挥得更加出色。①

同年发布《你能比 2014 做得更好吗》（*Can you out do* 2014）视频，是专

---

① 视频见：https://v.qq.com/x/page/v0159xn7j69.html。

门为北美地区"耐克＋"网络社区最为活跃的 10 万名用户订制的一分钟版本，通过回顾用户在 2014 年的运动历程激励他们在新的一年里取得更大的突破。

2016 年推出《横空出袭》（*Come out of nowhere*）广告片，致敬那些遭受怀疑却一直坚持的人。镜头里的人都穿着勒布朗·詹姆斯 23 号球衣。

同年推出《时间是宝贵的》（*Time Is Precious*）广告，该广告没有实拍画面，只有黑底白字，旁白用机器人般的声音快速而清晰地细数着那些我们被电子设备绑架的生活细节。

2016 年里约奥运会比赛期间，耐克发布了 20 多条"不信极限"的广告短片，并在中国市场发布了告别此次奥运会的最后一个视频《不必再等四年》，有意聚焦普通人，鼓励他们把运动变成一种生活日常。①

2017 年推出"Breaking2"两小时马拉松计划，耐克为这场比赛限定了诸多条件，最终运动员用时 2 小时 25 秒跑完全程，虽然并未完成计划，但耐克还是为其成绩做了很多宣传。

2017 推出"下个我上"系列广告，激励中国篮球少年挑战自我，其灵感来自谚语"初生牛犊不怕虎"。耐克认为新一代的中国篮球少年已经打破了传统的束缚，更愿意去尝试和直面挑战。

2017 年耐克推出《亲吻我的天空》（*Kiss My Airs*）宣传片。在导演谢宇恩（Yuen Hsieh）的镜头下，这支短片呈现迷茫、无秩序、五光十色的花花世界，正如人们最初对自我的认知，没有方向，没有目的地。

2017 年耐克 Women 春季跑步紧身裤 Zonal Strength 系列推出了一部广告片，担任这部影片创意总监兼主演的是来自英国的创作歌手、舞者、制作人"小本支女孩"（FKA Twigs）〔原名塔利亚·巴内特（Tahliah Barnett）〕。耐克想要通过 FKA Twigs 来扩大人们对"运动员"定义的理解。

2017 年发布广告，表现当面对"Make it or miss it"（做还是不做）的选择时，要不断挑战自己的极限：没有行不行，只有想不想，只需要记住一句话：Just do it!

2018 年六一儿童节开启"别叫我宝贝"儿童节主题活动，挖掘孩子们的运动员特质，鼓励他们大胆参与运动，展示自我，享受运动的乐趣。

---

① 视频见：https://www.iqiyi.com/playlist409681702.html.

2020 年春节即将来临，推出新春主题广告《新年不承让》，讲述了一个姑姑给小女孩发红包的故事。

2020 年发布短片《哪儿挡得了我们》，记录疫情期间全民通过各种方式宅家运动的场景。

（三）女性主义叙事

2015 年春季，耐克推出"只为更赞"系列营销活动，激励女性积极运动、迎接全新挑战、战胜自我、达成目标。

同年拍摄跑步广告《最后一名》（*Last*），旨在吸引热爱跑步运动的女性，传递的理念与"Find your greatness"（发现你的伟大）一脉相承。只要你肯迈出第一步开始跑，你就是一个出色的跑步运动员。

2016 年耐克继续在全球开展一系列独一无二的跑步和健身活动，邀请所有热爱运动的女生挑战自我，体验全球健身社区的无穷活力，"耐克 Women Victory Tour"和"耐克 Women Weeks"系列活动亦包含其中。

推出三支以穆斯林女性为主角的耐克＋Training Club 系列故事，讲述她们打网球、登山、在健身房锻炼的故事。

推出"小黑鞋"系列海报，向那些敢于突破世俗眼光、不懈追求胜利的优秀女运动员致敬，同时推广"耐克 Beautiful x Powerful"系列运动鞋。

同年，耐克还为印度女孩们量身打造了一首名为《Da Da Ding》的 MV。

推出了一部以健身为主题的美剧，名为《大宅女 vs 健身狂》，只为鼓励女性多多锻炼。

2019 年法国女足世界杯来临之际，耐克推出了一支名为《拥抱梦想》（*Dream with us*）的广告片。[①] 后为为了庆祝美国女足夺得该届世界杯冠军，作为赞助商的耐克发布了一则视频广告《永不停歇赢》（*Never Stop Winning*）。这则 60 秒的视频广告以美国队成员及其粉丝的黑白影像为特色，告诉大家这场比赛胜利的意义远远超乎人们想象。

2019 年 3 月 8 日，耐克宣布"Boundless Girls"（撒开脚丫）项目正式启动，并为此拍摄了一部广告短片。短片以女孩们的第一视角提出疑问：我应该

---

① 视频见：https://v.qq.com/x/page/n0870aoftlq. html。

做个什么样的女生？

（四）社会营销

2012 年与 RED 合作，推出了一组 Sportswear 产品，旨在呼吁预防艾滋病。

2015 年开始在中国推广跑步文化，通过一系列活动，强调运动本身并不仅要看重最后的结果，努力超越自己也同样重要。

2018 年与脑瘫运动员签约，并推出视频《跑下去，天自己会亮》。

2019 年发布《借口》广告片，以中国篮球为何缺少人才为问题，告诉大家：行动起来，别找借口！

（五）创新场景空间

2015 年，耐克建设专属健身房，它位于纽约格兰街 45 号，只有收到邀请的特殊人士，比如超模卡莉·克劳斯（Karlie Kloss），才能使用这里的健身设备。

同年，耐克还在伦敦街角开了一家快闪店，展示秋冬季主打的科技保暖系列，并将快闪店命名为"Tech Pack Base"（兵工厂）。

2016 年与里约热内卢进行城市合作，设计并建设了 22 处创意十足的体育场馆。耐克希望在这场"体育复兴"活动中，鼓励更多的当地年轻人重新培养运动的习惯。

耐克还在纽约曼哈顿开了一家叫做 BraHaus 的快闪店，和同样专注运动的品牌店铺 Bandier 合作，为女性消费者提供运动内衣定制服务。

还是在 2016 年，耐克在旧金山湾区开启了"Golden Air"快闪店，它更偏向于让球鞋玩家们玩到一起。该店铺被设计为一个巨大的"鞋盒"，十分大胆新奇。

推出以五大城市为主题的"Air max look of the city pack"（Air Max 都市装造型）系列运动鞋，该系列采用包括 Air Max 1、Air Max 90 等在内的经典款作为蓝本，以充满特色的印花和配色呈现城市主题。

2016 年在马尼拉建造了巨大的智能脚印跑道馆，运用高科技给消费者带来了一次奇妙的跑步体验。[①]

---

① 视频见：https://www.iqiyi.com/v_19rr7djhig.html。

（六）虚拟空间叙事

2015 年为了推广 Jordan 新款球鞋，耐克做了一个有趣的复古像素游戏网站。同年在 Weather channel 上投放原生广告，根据天气来推荐运动装备。

2016 年推出数字游戏互动项目"管你怎么玩，谁都可以"。

（七）事实叙事

2016 年，耐克使用由惠普提供的 3D 打印解决方案，加速旗下采用 3D 打印技术的运动装备的大规模量产。

2017 年为配合 Air Vapormax 跑鞋的发布，耐克开启了探测气球带鞋上天的"平流层之旅"；耐克还为此专门开设了一家店铺——"Sneakeasies"。艺术家阿瓦·尼瑞（Ava Nirui）和亚历克斯·李（Alex Lee）也与耐克合作重新设计了 Air Max 跑鞋。他们还根据经典的 Air Max 广告伪造了一系列被重新设计过的鞋子广告，看起来与 20 世纪 90 年代曾经推出过的广告一样，广告首先发表在"Dazed"杂志上，然后被 sneakerhead 和时尚博客收录。

（八）联合营销

2015 年，耐克宣布与 Marathon Kids 的合作伙伴关系，旨在推动儿童马拉松运动的发展。

2017 年与腾讯 QQ 跨界合作，不仅在品牌层面推出 AIR QQ 潮流形象，更在 QQ 平台产品上打造趣味体验，携手与年轻人一起为 AIR MAX DAY 狂欢。

2017 年与 Apple 合作推出 Apple watch 耐克＋定制手表，并发布了一系列真人秀式广告，广告最后出现"你跑步了吗"的口号，督促大家运动起来。

七、结 语

耐克的品牌叙事之所以具有强烈的感染力和影响力，正是因为耐克在营销沟通过程中真正与社会现实相连接，用现实主义的叙事手法完成了品牌故事世界的构筑。现如今耐克已经成为美国文化符号之一，也成为全球热爱运动的人超越自我的象征。耐克与消费者共同构筑出一个在现实中积极进取的品牌故事世界，二者在其中共同成长。在价值观多元化的今天，耐克需要用维度更丰富的延伸价值观，围绕"Just do it"的核心价值观关照社会。

案例三：女性主义叙事——SK-II

女性主义的崛起让一些女性品牌开始反思一直以来对于女性形象的塑造，并尝试重新寻找与女性消费者沟通的意义界面。SK-II 在品牌发展中也开始从女性主义角度进行品牌叙事。

一、SK-II 品牌叙事八芒星轮盘（见图 8-8）

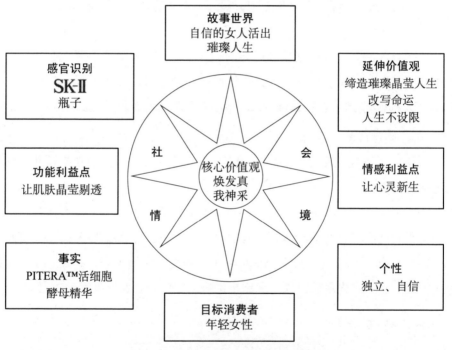

图 8-8　SK-II 品牌叙事八芒星轮盘

二、女性主义

"女性主义"一词最早产生于 17 世纪的英国，有组织的女性主义思潮是在产业资本发展的背景下出现的。[①] 当时的女权主义者揭露了男女不平等的现象，

---

① 贾格尔. 女性主义政治与人的本质 [M]. 孟鑫，译. 北京：高等教育出版社，2009.

并在一定程度上解释了原因，他们主张男女在社会、家庭、教育方面应该享有平等的权利，主张无论男性还是女性都可以自由选择生活角色。五四运动时期其被引进中国，人们把它翻译成"女权"或"女权主义"。后来它的含义被泛化了，渗透到意识形态领域及更学术化的层面，于是被翻译成"女性主义"①。

女性主义作为一种文化批判，与它对立的不是男性群体，更不是一个个具体的男人，而是父权制，它提倡用独特的女性视角重新审视父权制社会的一切现象及一切价值判断，它不愿承认和服从父权社会强加给它的既定的价值体系。不仅如此，女性主义潜藏着巨大的颠覆父权体制的欲望，体现了处于文化弱势和边缘的阵营所常有的心态。女性主义的内核、工具、策略都是解构，即解构男性中心文化、男性话语，同时力图树立女性视角和女性意识，改变男性中心文化支配一切的局面，形成一种新的、与之抗衡的女性文化。②

SK-II 在品牌发展中，逐渐从常规的女性性感满足叙事转向女性主义叙事。

三、"缔造璀璨的晶莹人生"

有 40 多年历史的 SK-II 致力于为全球爱美女性缔造晶莹剔透的美肌奇迹。一次偶然的机会，研究者发现满脸皱纹的酿酒工人双手的皮肤格外细嫩、柔滑，原因是他们的双手会长时间浸润在发酵的清酒中。PITERA™成分由此诞生，成为 SK-II 的核心竞争元素。

2010—2014 年，SK-II 在品牌延伸价值观"缔造璀璨的晶莹人生"下展开品牌叙事，通过社会营销、文化营销传达品牌的情感利益，通过现实实验和娱乐互动传达品牌的功能利益。

（一）情感利益叙事

2010 年，SK-II 推出"晶莹人生"公益项目，为生活在亚洲发展中地区的女性提供干净安全的饮用水，使她们的生活环境得到改善，让更多女性坚守美丽的信念。在云南，他们帮助当地妇女对受污染和有杂质的水进行家庭净化，轻松享用到"健康水"。代言人汤唯探访当地希望小学和村户，帮小朋友一起打水，再用 SK-II 捐助的 PUR 净水袋来净化无法直接饮用的污水。

① 杨联芬. 新文化运动与"女性主义"之诞生［J］. 文艺研究，2019（5）：51-59.
② 陈虹. 中国当代文学：女性主义·女性写作·女性本文［J］. 文艺评论，1995（4）：42-47.

2013 年与"稀捍行动"跨界合作，希望让更多人正视资源循环，共享肌肤与自然的和谐之美。

SK-II 还与汤唯合作拍摄了一部名为《热情成就一切改变》（*Passion Changes Everything*）的短片。片中汤唯诠释了演员和自身两种不同身份所带来的生活感悟：不论是演戏还是生活，坚持不懈的热情和专注都能让充盈的人生更加丰富多彩。活动邀请粉丝分享热情宣言，赢取"神仙水"。

2014 年 SK-II 在其诞生 35 周年之际，携手青年艺术家黄博志推出四款"限量版神仙水"，以四种花植展示 SK-II 的精神：郁金香充满热情与活力，小苍兰洋溢优雅与高贵，绣球花绽放温柔与感性，柏树散发智慧与力量。2015 年双方继续合作推出代表挚爱的玫瑰花包装设计，向勇于改变的女性献礼。玫瑰带刺的坚韧品格和粉嫩的浪漫柔情，正如在各领域绽放风华的现代女性，既具有大女人的智慧优雅，又不失小女人的精致浪漫。SK-II 之后又推出了以"改变之翼"为灵感的节日限量版神仙水，有红色蝴蝶、粉色蝴蝶和蓝色蜂鸟三个图案，分别代表着勇敢、鼓励和坚持。包装设计紧扣品牌延伸价值观展开，与同期推出的广告片《呵护自己的礼物》《感谢挚友的礼物》《送给挚爱的礼物》互相呼应。

（二）功能利益叙事

SK-II 与四位时尚摄影师合作呈现神仙水唯美大片，诉求 PITERA™ "纯净、新生、奇迹、珍贵"的内涵，并举办限量设计版神仙水展览，开幕第一天请到日本专家现场展示神奇 PITERA 的制造过程。

在中国主要城市开展"年轻 10 年，时空穿梭之旅"大型巡展活动，旨在为广大用户带来全新的年轻美肌体验，邀请众多明星/达人/专家参与分享美颜心得，并推出"年轻 10 年"豪华产品套装。

推出"挑战高清 20cm"的互动活动，邀请消费者晒出自己的美丽瞬间，上传呈现自信满满样子的个人照至微博。

针对城市气候不同肌肤状况也不同的特点，SK-II 在成都、武汉、杭州、广州、北京、上海、西安、南京、沈阳、昆明 10 大城市专柜设置了专业美肌测试仪 Magic Ring。消费者可以前往专柜免费体验五维测试，从精准的数据中了解肌肤问题以及肌肤年龄，并获得专业的护肤建议。在通过数据整合了解每个城市的女性肌肤状况之后，SK-II 推出了城市美肌排名，消费者也可以参与投票选出自己心目中的美肌之城。

早在 1999 年，SK-II 就首次发起了亚洲肌肤命运研究，通过调查分析亚洲女性肌肤在 10 年间的变化，成功验证了 PITERA™ 的神奇抗衰老力量。在 10 年间，SK-II 邀请 141 位 SK-II 忠实用户共同参与研究，记录每一年的变化，并公布她们逆转肌龄的对比试验。同时，SK-II 首次邀请非 SK-II 用户作为实验对象，分别观察她们在使用 SK-II 产品 2 个月和 8 个月之后的肌肤状况，并公布试验结果，发现两相对比之下试验对象的肌肤有很大改善。"肌肤命运研究"的独特之处在于其并非一项短期研究，而是一次真人临床试验。研究证明肌龄取决于紧致度、细滑度、光泽度、白皙度、抗皱度五大美肌维度，而 PITERA™ 能提升五大美肌维度，令肌肤晶莹剔透。SK-II 认为，越早使用神仙水，就能越长久锁住年轻肌肤，肌肤的未来就掌握在自己手中，并发布了与汤唯合作拍摄的广告《现在开始，改写肌肤命运》。为配合推广 SK-II 大红瓶、小红瓶、神仙水等产品，提出了"探索肌肤命运、掌握肌肤命运、逆转肌肤命运"三个方向的诉求。

2014 年 SK-II 用微博不断更新倪妮在日本的 PITERA™ 发现之旅，并发布汇总视频《倪妮发现之旅完整版》，邀请粉丝观看视频，参与问答，评论转发，赢取奖品。

第一站：到达有着两百多年历史的神户酒心馆，通过年老酿酒师少女般的手，发现传说中的神奇酵母 PITERA™。

第二站：到达神秘的琵琶湖，参观全球 SK-II 唯一水源。

第三站：到达 SK-II 研发中心，在科学家的陪同下，倪妮作为特别的客人参观了这里的实验室。

第四站：和日本神仙水用户共享下午茶，倪妮化身美丽"记者"，和大家交流神仙水的使用体验。

这一营销活动旨在通过事实展现、消费者参与强化品牌的功能利益和事实支持，并且这些功能利益诉求的主题与品牌价值观相呼应。

四、"改写命运"

从 2015 年开始，SK-II 以"改写命运"作为延伸价值观，转向女性主义叙事。

(一) 系列短片构建"改写命运"的故事世界

日本芭蕾舞者仓永美沙在初登美国舞台时，因亚洲人的身形局限备受挫折，但她通过努力，化娇小为灵活，将弱势化为优势，最终成为波士顿芭蕾舞团首位亚裔舞者。SK-II 拍摄了仓永美沙用炙热的灵魂与坚毅的勇气改写命运的故事，激励年轻女性从改写肌肤命运开始，去追逐令人欣羡的精彩人生。[①]

根据 SK-II 统计，超过三分之二的女性相信命运是天生注定的，并将自己的命运交给运气；高达 72% 女性认为自己没有追求梦想的勇气。SK-II 推出汤唯改写命运的短片，诠释了"真正决定命运的，不是运气，而是选择"的观点。SK-II 在此基础上，又推出了一系列主题广告片，以改写命运为主旨，展现了各行各业名人的人生体验：

从万众瞩目的女主角到回归平淡生活的全职妈妈，演员孙莉遵从内心，勇于选择自己的生活状态，收获幸福。

霍建华无论扮演何种角色，始终保持认真与坚持的态度。改写命运对于霍建华而言，不光是人生的转折，更是服从内心、活在当下、直面挑战的人生态度。

独立女性胡蓉蓉拥有哈佛商学院 MBA 学位，是长物志的创始人、eBay 大中华区首席战略官、独立天使投资人。她勇于选择重新开始，寻找新的方向，从成就自我到助力别人。

影后凯特·布兰切特（Cate Blanchett）认为，越是积极地迎接挑战，人生就会愈发丰富充盈。她战胜了世俗的期望和局限，成就人生另外一个角色——悉尼戏剧公司的联合艺术指导及首席执行官。改变命运，从不言迟。

此外，SK-II 还邀请 10 位不同领域的女性拍摄视频，诉说 10 个改写命运的故事。她们的人生历程是改写命运的真实记录，更是鼓舞女性倾听内心、勇敢追求梦想的典范。

《她最后去了相亲角》短片大胆直面当下中国适婚女性中最为敏感和普遍的

---

① 视频见：https://v.qq.com/x/page/f019349bp37.html。

痛点——"相亲"和"剩女"这一社会议题,从"婚姻情感压力"切入女性权利和价值问题,凸显独立女性思想。该短片引发现象级热议,获得戛纳创意节玻璃狮金奖及公关类金奖。

2018 年 SK-II 与全球著名记者凯蒂·柯丽克(Katie Couric)合作,推出全新系列《人生轴线》纪录片,通过采访四位来自不同国家的独立女性,深入探索女性面临的婚姻压力以及社会期望这一颇具争议的话题,并以此鼓励全球女性冲破束缚,勇敢追寻自己的梦想,掌握并改写命运

SK-II 于 2016 年 6 月在全球多个城市同时举办了"重拾梦想"系列活动,鼓励女性改写命运,将孩子们的梦想宣言展示于各城市最显眼的地标位置,唤起大人们心中沉睡的儿时梦想,以童真提醒成年人的梦想依然可能实现。

这些短片在诉求情感的同时,还不忘诉求 SK-II 可以改变肌肤命运的功能利益。

(二)消费者参与互动,共构"改写命运"的故事世界

推出汤唯改写命运短片时,SK-II 邀请消费者投票,选出是"什么影响我未来命运的发展",分享自己心目中改写命运的力量。短片中经典英文台词在知乎日报上引发热议,SK-II 邀请粉丝选择最喜欢的英文台词,转发并写下独属于自己的最美翻译。

在日本东京设置了 SK-II Future X 未来体验店,店里设置了可以互动的 Art of You 数字艺术墙,探寻肌肤五大维度奥秘的 PITERA 实验室,一键解锁"肌密"的肌肤扫描站,互动式臻享未来购物新体验的智能零售柜台。

(三)功能利益叙事

SK-II 首度联袂《国家地理》杂志,邀请包括倪妮等四位精英女性探寻"荒野"环境,接受以高清摄像机镜头检验她们的肌肤能否在 SK-II 神仙水的呵护下抵御极端环境的挑战。"你能抵达的,比想象更远;看得见的极致,并非你的极限"。

在安沙波列哥沙漠,全球时尚博主琪亚拉·法拉格尼(Chiara Ferragni)直面镜头,探索♯觅美无界♯,化身飘逸的沙漠玫瑰,肌肤在阳光下耀绽魅力神采,皆因她将 SK-II 神仙水加入日常与即时护理中。

宇博@gogoboi 携手明星及时尚博主一同抵达魔鬼城,突破自我极限,自信

直面镜头，在极端环境中经受严峻考验，惊叹大自然的鬼斧神工。直面镜头的一刻，他们呈现完美蜕变的状态，源自 SK-II 成就肌肤晶莹剔透的诚挚初心。

2018 年推出"Bare skin project"（我行我素）活动，携手六位女星——汤唯、倪妮、春夏、科洛·莫瑞兹、有村架纯、松冈茉优拍摄裸肌大片，将肌肤自然之美呈现给消费者。还发布了每一位女星的拍摄幕后微纪录片。活动传达了两层含义：一是通过无底妆强化产品优势，聚焦女性护肤本质；二是表达"传递女性自信能量"的延伸价值观。

汤唯和格莱美创作歌手"传奇哥"约翰·传奇（John Legend）等名人相聚日本，开启探索 PITERA 神秘力量的护肤真人秀第二季。约翰·传奇还为 SK-II 神仙水创作和演唱了歌曲"Oh，PITERA!"。

功能利益叙事以女性精英为主角，辅于专业男性，紧扣突破真我的品牌核心价值观内涵。

五、"人生不设限"

在"改写命运"之后，SK-II 以"人生不设限"的延伸价值观进一步推进女性主义叙事。

女性会将 30 岁设为告别年轻的界限，SK-II 认为，30 岁是个新的开始，不意味着"贬值"，战胜年龄的关键在于自我内心的觉醒，年龄不是衡量人生的标尺。

世俗对女性年龄的看法，就好比产品，自带"保质期"：童年的奥数班、青年的入学考试、毕业后的工作，再到 30 岁的相亲、结婚、生孩子。聚焦亚洲女性面临的社会问题，SK-II 推出《人生不设限》短片，记录了三个国家女性成长过程中对年龄的认知和变化。

在《奇葩说》开启辩论话题"女性应该惧怕 30 岁的到来"。辩论本身就是一种包容意见多元化的交流方式，表达观点的过程本身也是启发观者思考的过程，并能鼓励每个人勇敢表现自我的初衷。

SK-II 携手《时尚芭莎》杂志，特邀蒋欣、黄菡谈论年龄与人生的关系。蒋欣和黄菡认为："任何一个年龄段，都要遵从自己内心真正的需要。"SK-II 也认为，你的人生时间表应该由你自己决定，别让时间捆绑你的人生。

六、感官叙事

SK-II 每年推出限量版神仙水，通过艺术家的包装设计诠释品牌的理念。

2020 年新冠肺炎疫情期间推出"同气连枝，共盼春来"主题，限定版神仙水命名为"春日娃娃"，让产品推荐与疫情公益并行，获得了良好的口碑。

图 8 – 9　SK-II 在 2020 年疫情期间推出限量版"春日娃娃"神仙水

2021 年推出波普艺术大师安迪·沃霍尔（Andy Wowhol）联名款圣诞礼盒，以其"一切皆美"的美学理念为灵感，通过色彩和色块的碰撞，呈现出强烈的视觉冲击感（见图 8 – 10）。此次主题是"真实"，真实是所有一切存在的前提，跳脱出程式化的审美标准，尊重和欣赏每个人与生俱来的魅力，抛开滤镜，相信自己真实独特的美。新包装设计上还印有安迪·沃霍尔的三句美学名言：一切皆美；我从没见过哪个人是不美的；每个人都有美的一面。此次活动属于"美无止境"的延伸价值观系列，通过流行文化与 Z 世代进一步拉近距离。

图 8-10　SK-II 在 2021 年推出的安迪·沃霍尔联名款新包装

七、目标消费者年轻化

2017 年 SK-II 邀请窦靖童作为护肤精华露全新形象代言人，在推出改变、命运、决定为主题的三款涂鸦宣言瓶的同时，推出广告口号 "Be the person you decide to be"（生而由我），致敬年轻。

同时通过限量版包装设计建立与年轻群体的联系。

八、公益活动

2020 年新冠肺炎疫情期间，SK-II 通过中国妇女发展基金会捐出首批物资——价值两百万元的呼吸机及防护服。作为全球支持行动的一部分，SK-II 在整个纽约时代广场亮起"同心抗疫，共克时艰。We stand together"的巨幅标语，向所有抗疫奋战的人传递鼓励与希望。它还通过中国妇女发展基金会向抗疫医护人员及援鄂医疗队捐出价值 300 万的护肤产品，帮助她们呵护肌肤。

九、结语

SK-II 女性主义叙事在情节设计、叙事模式和叙事结构等方面有明显的模板化倾向。这种规律性、程式化的叙事设计对于 SK-II 而言降低了风险，但也限制了更开阔和灵动的女性主义表达。SK-II 广告中不断强调的"新时代女性""勇于改变的女性"等角色特征，反而窄化了女性主义内涵，从某种角度来说，为女性群体套上了新的枷锁。因此，从一定程度而言，同质化的女性主义广告表达也让 SK-II 难以关注更深层、更多样的女性议题。从目前品牌发展来看，女性主义广告并不是 SK-II 广告的全部内容，其他类型的品牌叙事在突出功能利益的同时也会引起一定的外貌和性别焦虑，这种可能存在的矛盾和冲突也会削弱 SK-II 所传递的"鼓励女性勇敢改变、致敬女性"的价值观。

案例四：自然主义叙事——无印良品

无印良品（MUJI）的出现是对商业文化的反思和再利用，历经 30 多年的发展，已经成为简约、自然的符号，并在自然主义修炼的道路上不断前行。

一、无印良品品牌叙事八芒星轮盘（见图 8 - 11）

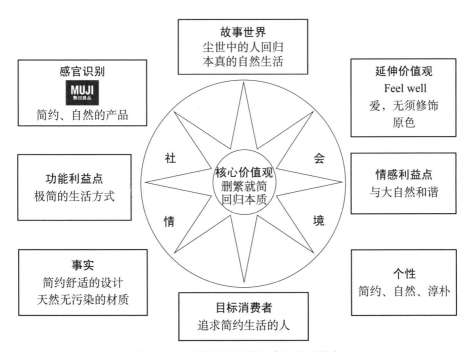

图 8 - 11　无印良品品牌叙事八芒星轮盘

二、自然主义

自然主义兴起于 19 世纪末 20 初的法国，之后扩散至欧洲一些国家。自然主义将自然科学引入文学领域中，认为人类的行动、性格、感情都是由遗传、社会环境、身体的精神状态所决定的。自然主义排斥浪漫主义的过分想象、夸张、抒情等表达方式，追求绝对的客观性，推崇单纯的对自然的描写，并经常试图用自然规律解释人类及人类社会。品牌叙事中的自然主义可以被定义为：用客观、自然的叙事手法构建品牌故事世界。MUJI 无印良品可谓自然主义品牌叙事的经典代表。

20 世纪 80 年代末，日本的经济大国地位经历了从巅峰到衰落的过程。此前受美国影响，日本推崇大量消费、品牌消费等观念。但此种生活方式与日本自古以来推崇的"自然、简单"的生活理念恰恰相反，因此出现了一批反思欧美文化与生活方式的日本人。

1988 年，在西友百货将无印良品剥离的前一年，无印良品的核心团队联合编撰出版了一本名为《无印之书》的书。这本书以"自然""无名""简约""全球性"为主题，集合了行业专家与工作者的不同见解。此书并未出现任何无印良品的商品，但像写真集一般介绍了世界各地的生活方式。此书传递出的"自然""无名""简约""全球性"构成了无印良品的品牌核心理念。

1989 年无印良品从西友百货中分离出去，开始独立发展历程。无印良品简洁、环保、亲近自然的生活风格取代了过去的美式大 logo 与夸张的设计，它也因此走入人们的视线中。

三、简约、素雅的感官识别

旧任无印良品艺术总监的原研哉在《设计中的设计》里提到无印良品的理念：节制、让步以及超然的理性，不是"这个好"，而是"这样就好"。

在时尚炫目的商业潮流之中，无印良品在色彩的选择与制作中充分考虑了人的舒适感需求，注重人与环境之间的和谐关系，推崇素雅的形象，这反而引发了社会的关注，使其脱颖而出。

无印良品主要应用日本传统色彩。佐竹昭广在《古代日语的色名性格》一文中提到，日本的色名最早起源于白、青、赤、黑四种颜色。而在日本，其传统审美观念的重要特征之一是崇尚单色和自然色，在整体的色彩体系当中，白色、米色、黑色、褐色等自然原色在无印良品的视觉形象中被广泛使用，其色彩纯净内敛，拒绝张扬，且使人心情舒缓平和。无印良品所营造出来的整体氛围减少了消费者在购物过程中因为过于明亮的色彩而导致的视觉疲劳，同时增强了品牌自身的亲和力，使消费者在浏览的过程中便能够获取到品牌特性与文化。

无印良品的简约风格是其品牌感官的核心，正如创始人、日本设计大师原研哉所说的那样："我的设计概念是删除多余的东西，不需要多余的东西让设计变得复杂。"在造型设计上，无印良品的包装没有任何艺术的夸张与渲染，透明的包装使得物品可以直接呈现在消费者眼前，而产品的色彩多是材料本色，形式上则削繁就简。在装饰设计上，无印良品的包装以"无"为主，即设计中淡化一切色彩的装饰，也无须复杂多变的设计图案，更没有柔美细腻的装饰线条，这种几近于"无"的形式追求的是禅宗中的"空寂"思想，意图让人们感悟出其中所蕴含的真诚与优雅。

四、自然主义与极简主义相融的功能利益

经济发展对环境的破坏使得社会大众的自然环保意识开始觉醒，崇尚健康的生活方式成为人们追求的新型时尚。与复杂繁华的包装相比，人们更偏爱简洁素雅的产品包装。这使得始终遵循简单耐用原则的无印良品获得了更多的关注，在其包装上多用环保无漂白的原色纸张，而产品本身也多是与自然紧密联系的天然材料。并且，无论是棉、麻、布抑或是金属制品，保持本色成为无印良品显著的特色。

无印良品认为创造出的新物件应与大自然相和谐，因此无印良品在选材、设计、制作上都充分体现了天然、环保原则。例如家具，不增添额外的加工、突出自身材质的美感、让材质特性为产品功能服务，始终是其生产理念。在服装制作上追求环保与舒适的面料，致力于还原材料的天然状态与自然体验。把沐浴露或洗发水装进方形肥皂中，当里面的沐浴露用完后，方形肥皂能继续使用，直到完全消失，不会留下任何残留（见图 8 - 12）。这在最大限度上做到了

环保，减少了肥皂的浪费。

图 8 - 12　无印良品肥皂

在遵循自然理念的同时，无印良品还以极简的设计风格从冗繁的市场中脱颖而出，清新脱俗。极简并不意味着单纯的简化，相反，它是丰富的统一，是复杂的升华。原研哉曾在《设计中的设计》一书中说道："设计不只是为了让顾客得到更好的视觉享受，而是为了更好地设计一种生活方式，传达一种追求简单舒适的生活理念，同时减少不必要的浪费。""少即是多"作为极简主义风格的凝练概括，在无印良品的设计中打破了传统设计的局限，并改变了人们传统上对于极简风格的认识：极简并不是冷淡和不亲近的，相反，极简是更加舒适与贴近生活。

例如，无印良品充分考虑用户使用场景，在汤勺内部加入计量刻度，使得在精确烹饪的场景中，用户无须再借助计量勺而可以直接判断调料的多少。将计量勺的功能融入普通汤勺中，显露了无印良品惯有的实用与极简风格。

土豆压泥器作为厨房烹饪者的常用厨具之一，通常以圆形网状的造型出现，但圆形网状容易出现土豆泥嵌入镂空孔等问题，不仅增加清洗难度，同时也不易于用户长时间连续制作美食。在洞察了用户使用中的痛点后，无印良品削繁就简，将原本的网状设计改为波浪形设计，在简化复杂设计的同时，不仅能够缩小土豆受力面以达到省力的效果，同时使之更便于清洗。

不同于传统水杯的复杂外观与包装，无印良品推出的最新款水杯融合了自然主义与极简主义双重叙事,采用了低污染可循环使用的 PET 环保材质,以减少塑料垃圾的产生,且瓶身为透明设计,以"水"字为装饰,在醒目的同时让用户能够立刻知晓产品的属性与特征。并且,水瓶的造型摒弃了传统圆柱体,改为更便于携带的扁平形状,瓶盖设计为防滑磨砂材质,降低了因为湿滑而导致不易拧开等问题的出现。

同时,无印良品为了将"减塑"计划进行到底,还为日本 460 家商店安装饮水机,顾客用自己的水瓶就能免费装水。这样"大费周章"地推出喝水计划,旨在鼓励大家在口渴时能重复使用自己的瓶子去喝水,以达到每人每天至少能减少一个空瓶子的目的(见图 8-13)。通过社会营销,让自然与极简的叙事更具穿透力。

图 8-13 无印良品为"减塑"推出喝水计划

无印良品还在 4 月 22 日世界地球日当天,将旗下产品的塑料瓶子全部换成铝罐,这不仅因为铝罐具有遮光性强、防潮等功能,而且可循环再利用,在日本的回收率高达 98%,在表达自然环保理念的同时提高了产品的设计美感。

五、自然主义与极简主义相融的场景沟通

无印良品认为自己是连接生活者与生产者的桥梁,不将顾客简单归属于"消费者",而是将他们称为"生活者",用生活场景叙事成为无印良品的一个重要沟通手段,公寓、酒店、餐厅、商场、菜市场、书店都成为品牌叙事的载体,

在这些空间中，无印良品将简约、便利、舒适、环保的理念通过整体设计和细节刻画直观地传达出来。

上海宝龙公寓设有 MUJI 便利店、员工宿舍、公共生活空间和酒店，其内部装潢基本以原木色的 MUJI 家具为主。

2018 年无印良品全球第一家酒店在深圳开业。①

MUJI HOTEL 是一个展示用户生活形态的无印良品大本营，其设计理念紧贴人们的生活方式。酒店内部除了拥有结构紧实、功能丰富的客房以外，还有餐厅、沙龙、咖啡馆等就餐空间，同时增加了图书馆、会客厅、体育馆、展览馆等多种文化空间，以满足消费者的多元需求。

在功能布局上，无印良品遵循实用为主、空间开放与共享的设计理念，公共空间更多使用开放式格局，使得整个空间的完整性与流动性得到保证。客房的走廊采用与墙体一致的材质，使得视觉效果上二者融为一体，其不加修饰、浑然天成的自然美学中流露出 MUJI 所一直信奉的禅宗思想。而客房空间中则尊重建筑的结构与生活需求，房间内部没有冗余装饰，而是以原木为代表的家具组合，界面分割则多以水平与垂直为主，充分体现了极简的设计思想。

在材料的使用中，麻、棉、木、石等传统自然素材被广泛采用，一些拆迁中可循环利用的废旧材料也被重新收集组合，使得整个空间中充斥着原始的野性之美。而色彩的使用则多以黑、白、灰、木色为主，突出自身恬淡的风格，鲜艳的色彩基本被杜绝使用，为酒店奠定了自然朴素、祥和静谧的基调（见图 8-14）。

2020 年无印良品咖啡餐厅在深圳宝安机场开业，主打咖啡、茶点等简餐，秉承"素之食"的理念，以"面"为主轴，提供特色的限定主食与小食，并且将机场餐厅的外观设计融入自然元素，整体沿用无印良品的极简与冷淡风格，将原木作为设计的主体材料，使人恍如置身于森林之中。

MUJI BOOKS 是无印良品的一个服务板块，其本质并非一个独立书店，而是"生活商品与书店的综合体"（见图 8-15）。虽然 MUJI BOOKS 在店中有着固定的位置，但是书籍本身并未与店中其他商品完全区隔开，而是根据不同的主题散布在商品周边，如货架上、碗碟旁乃至于收银台的背景墙上。并且 MU-

---

① 视频见：https://v.qq.com/x/page/g0537vebhcf.html。

图 8 - 14   MUJI HOTEL 凸显自然朴素的基调

JI BOOKS拒绝设立畅销书柜台，也不像其他书店一样按文学、生物、教育等书籍分类，而是将书籍分为"衣、食、住、行、育、乐"，每一本书都将无印良品所信奉的极简、环保、美好的生活方式再度做了诠释。

图 8 - 15   MUJI BOOKS 是生活商品与书店的综合体

在卖场设置"自然出色"主题互动幕墙。凝胶墨水笔作为无印良品文具区内的人气商品，以多彩的线条和流畅的书写体验得到了消费者的认可。互动墙以凝胶墨水笔"基础款"为主要材料，使每支笔头成为一个像素发光点，用户能够利用装置进行现场互动,在屏幕上点亮属于自己的个性化印记。这种极简风格的设计与材料的极简堆砌,使其在还原材料本身特性的同时,诉求品牌自然环保的理念。

2020 年无印良品推出的 MUJI marché(菜市场)生鲜计划,其首家中国驻店选址于在上海瑞虹天地。与传统生鲜市场不同,无印良品将自身的"自然主义"落实到服务与设计中,不仅整个装饰风格都围绕着极简自然展开,同时还提供现场加工和用餐服务,让消费者亲自参加食材的料理。

相比于大众日常生活中菜市场嘈杂喧闹的环境和凌乱的商品摆放,无印良品的菜市场奉行一种"反菜市场文化",一切商品都整齐地罗列在货架上(见图8-16)。此次活动在于大胆探索买菜行为的年轻化与品牌化,以拓展目标市场。对于"Z世代"的消费者而言,菜市场并不一定只是买菜的地方,它的应用场景可以更加多元,例如网红打卡地、美食节、diy厨房等。其消费需求已经从单一的物品改变为"购买需求+社交需求+餐饮需求+饮食需求"。

图 8-16 无印良品菜市场

无印良品认为,现代城市人与食品生产者的距离越来越远,人们每天都在消费,却不理解产地生产者们的辛劳,因此开设了生鲜卖场,希望能够缩短生产者与消费者之间的距离。

无印良品于 2021 年 2 月在日本银座 MUJI 画廊举办"动词之森"展览,展品是 15 根 60 厘米粗的纸管,每个纸管上都一对一地展现了一个动词与一件无印良品的展品(见图8-17)。透过纸管上的树洞窗口,人们可以观看产品的设计点。而穿过动词森林则能看到无印良品 40 年的历史年表。

图 8 - 17　无印良品"动词之森"展览

本次选出的动词都来源于无印良品在 2020 年 9 月发布的《MUJI IS 無印良品アーカイブ》(无印良品档案),作者从 7 000 个商品中挑选出 460 件,从每个产品存在的"动词"出发,来探索物品设计之时创造者的灵感与想法。最终,有 15 个动词被用来概括物品被需要的原因——省略、活用、不装饰、学习、询问、接受、总结、安排、靠近、注意、委托、重复、比赛、化妆、尝试,同时也表达了无印良品一贯的设计理念,即商品设计需要与商品本身的价值特性相一致,一切设计都应当在自然的基础上进行。

六、多角度的延伸价值观

无印良品通过多角度的延伸价值观不断丰富核心价值观,构建起简约而不简单的故事世界。

(一)简约出世

1980 年无印良品发布了第一张海报广告,主题为"无道理的便宜"(见图 8 - 18)。广告印在一张牛皮纸上,风格简洁明了,一经刊出就吸引了大量消费者关注。

(二)自然主义内涵的积淀

1981—1988 年,无印良品继续延续简约风格,以象征性的表现手法直截了当地告知

图 8 - 18　无印良品发布的第一张海报

用户，产品的本来面目胜过一切色彩与装饰（见图 8-19）。

1981年：爱无须修饰

1981年：鲑鱼就是一整条

1983年：自然、当然、无印

1984年：原色

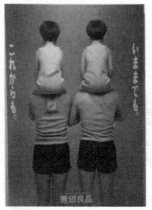
1986年：至今为止，从今开始

1988年：地球大

图 8-19　1981—1988 年无印良品海报

（三）挖掘自然与民生的关系

在极简主义的设计和自然主义的内涵深入人心之后，进入 20 世纪 90 年代，无印良品开始深入挖掘自然与民生的关系，拓展了故事世界，勾画了一种自然的生活方式，再度抓住人心。图 8-20 是 1989—1999 年的海报。

（四）强化"自然生活"的故事世界

进入 2000 年后，无印良品的风格开始受到欧美民众的喜爱，其海报也在融合了欧美元素后进一步完善（见图 8-21）。

1990年：早餐从田中来

1990年：棉质生活

1991年：成熟——时光的味道

1989年：由水而生

1990年：来自早餐田

1992年：到处看得见，却到处没有的东西

1995年：良品大赏作品集

1995年：与家人一起消磨时光

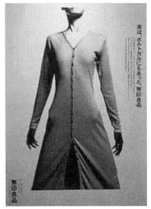

1994年：葡萄牙也有无印良品

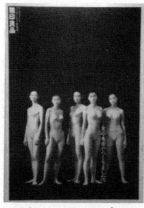
1996年：以女人的心声制造

1996年：就是这个简单的模样

1997年：交给空气就解决了

1997年：小朋友的无印良品

1998年：努力的素材

1998年：暖和计划

1997年：素质

1998年：最接近大自然的食物

1999年：MUJI第一次推出婴儿产品线

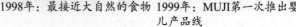
图 8-20　无印良品 1989—1999 年海报

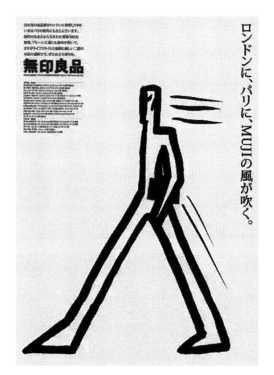

图 8-21 MUJI 风刮到了巴黎和伦敦

2002 年起，推出"地平线"系列海报（见图 8-22），渺小的人与宏大的自然融为一体，具象展示了无印良品"自然生活"的故事世界，看似无言，却潜藏着广阔的美。

扫码观看
高清大图

图 8-22　无印良品"地平线"系列海报

　　自 2002 年后 MUJI 每年都用自身的思考向公众传达一个清晰的主题，如"家""茶屋""自然而然地发生""家的谈话""匠心和劳动""像水一样"等（见图 8-23）。"匠心和劳动"的海报画面虽然无任何文字，却让人感受到匠人的专注和工艺的精细，传达品牌的事实支持。同时 MUJI 还推出一则广告片，通过晾晒衣服的自然飘逸意象，让人感受棉麻布料的自然之美。① "像水一样"传达的意思是，当世界笼罩在经济危机的低迷气氛中时，我们应该像水一样，放宽心，慢慢前行不慌张。

———————————————————

　　① 视频见：https://v.qq.com/x/page/g0625toj3o3.html。

2004年：家

2005年：茶屋

扫码观看
高清大图

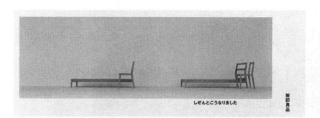

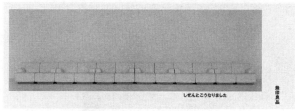

2006年：自然而然地发生

2007年：家的谈话

扫码观看
高清彩图

2008年：匠心和劳动

2009年：像水一样

2012年：人类、温暖

2014年：自然、当然、无印

2015年：地球之色

图 8 - 23　自 2002 年后 MUJI 每年都推出主题海报

　　2008—2020 年，新村则人为 MUJI 露营地设计的海报，一直贯穿自然主义的风格（见图 8 - 24）。

　　无印良品从 2013 年开始推出"MUJI to GO"旅游系列。2016 年的广告片以一男一女两个日本青年在中国旅游为背景，在旅途中展现了无印良品各种物件的功能与简约风格，云淡风轻的影像和音乐与物件融为一体。①

---

　　①　以下是 2013—2017 年的这一系列广告：https://v. qq. com/x/page/k0158d20y6i. html；https://v. qq. com/x/page/d0158teimdo. html；https://v. qq. com/x/page/g01605bqqt6. html；https://v. qq. com/x/page/j0312q9y7he. html；https://v. qq. com/x/page/j0527yd14h1. html。

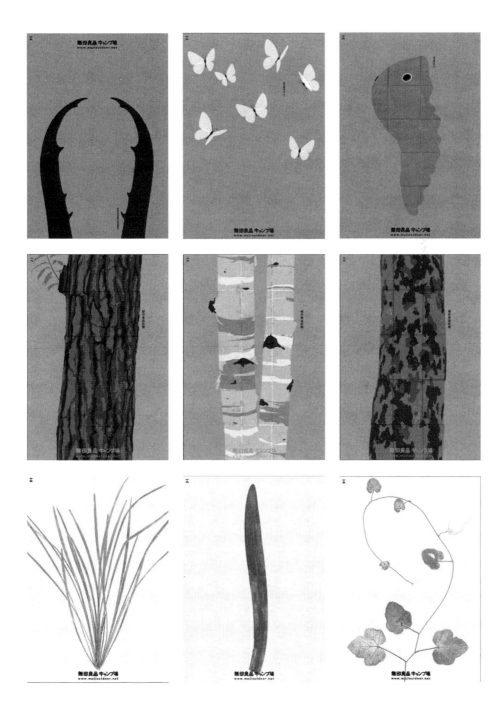

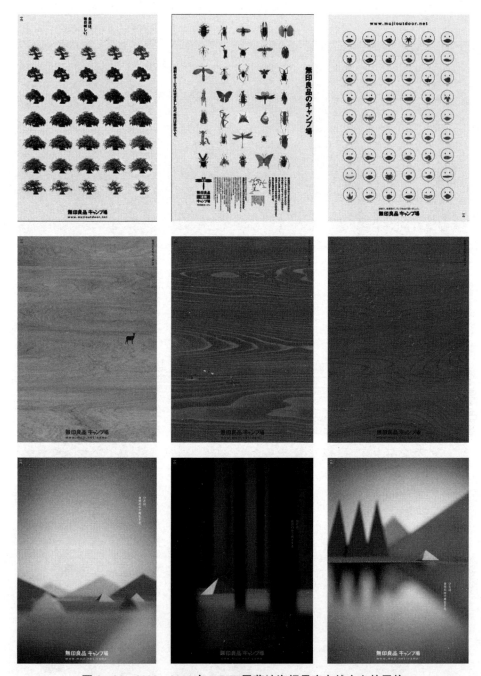

图 8 - 24　2008—2020 年 MUJI 露营地海报贯穿自然主义的风格

　　无印良品还推出"随时随地都能帮助您入眠"的手机 App "MUJI to Sleep"，将森林、篝火、山川、海洋、瀑布和鸟鸣六种大自然声音带到用户耳边，特别适用于飞机或是巴士等难以入眠的场所。①

七、拓展故事世界

无印良品还一直致力于从深度和广度上拓展故事世界。

（一）不断深化的品牌核心价值观

2020 年，在诞生 40 周年之际，无印良品推出以扫除为内容的广告片《舒适，缘何而来》，由五支时长一分钟的短片组成：奈良长谷寺，僧人正认真擦拭地板，这也是一项每日修行；伊朗河边，村民们正聚在一起清洗地毯，为迎接新年做准备；山东街头，清洁工正用略显夸张的设备清扫街道；天津高楼，工人垂挂在吊绳上擦洗玻璃，这是现代建筑与传统劳动的碰撞；日本寺庙，僧侣细心地擦拭大佛雕像，这是内心对信仰的虔诚敬意；某间教室，孩子们齐心在做班级大扫除，这是可贵的素质培养和珍贵的少年回忆。此外，还有一些细微的清扫：音乐家清洁琴弦，摄影者清理镜头，军人刷去靴子边上的泥土，从清澈的池水中捡起一片落叶……②

除视频以外，无印良品还出版了一本同主题照片集——《扫除》（Cleaning），希望通过这些平凡但美好的静谧日常来唤起用户对生活的感悟（见图 8 - 25）。照片集通过一系列从混乱清整至有序的活动，让人感受到内心的平和。无印良品认为，看似普遍的日常清洁活动中，或许潜藏着超越文明与文化的人类本质。而如同海浪冲刷后留下的沙滩波纹一般，清除多余的琐碎物质、保留自然的生活气息，使两者达到平衡适度，才是"清扫"的意义，也是无印良品在40 年的成长中逐渐深入、不断发问所推至的延伸价值观，深化了"删繁就简，回归本质"的品牌核心价值观。

（二）跨界合作造车

无印良品不限于在常规领域进行叙事，还将叙事空间跨越至汽车领域，让故事世界具有了全新的张力。

2019 年，无印良品与芬兰自动驾驶公司 Sensible 4 合作设计了一款名为"Gacha"的自动驾驶公共汽车（见图 8 - 26）。无印良品主要为车型提供设计，

---

① 视频见：https://v.qq.com/x/page/y0156j2zlud.html。
② 视频见：https://v.qq.com/x/page/u3201cgdz9w.html。

图 8 - 25　无印良品推出照片集《扫除》

而 Sensible 4 则提供相应的自动驾驶技术。该公交车的最显著优势即在于能 24
小时不间断地为当地公共机关服务，这能解决部分高龄化地区的出行难题。

图 8 - 26　无印良品与芬兰自动驾驶公司合作设计的自动驾驶公共汽车

该款巴士的名字来源于日本的商店和购物中心常见的日本玩具雕像。由无
印良品操刀的内外设计延续了品牌一贯的极简风格，巴士外观形似玩具太空舱，
方正高耸的外型和极力向边角延伸的四个车轮，都是为车内空间的极大化做的
铺垫。巴士车身长 4.5 米，车内所乘载的乘客数量最多为 16 人，共 10 个座位、
6 个站位。

在自动驾驶技术方面，Sensible 4 公司为解决芬兰冬季大雾积雪较为常见等

问题，采用了四轮驱动系统，并且专门在芬兰最北端的城市拉普兰进行了多项测试，以确保 Gacha 的定位、导航和障碍物认知等功能在极端条件下仍能够正常使用。

而这已经不是无印良品第一次涉足汽车行业。早在 2001 年，无印良品便与日产合作生产了 1 000 辆名为 Muji Car 的汽车（见图 8 - 27），该车的设计风格有着明显的无印良品极简的特色。无印良品不仅将该车所有标志和品牌都进行了移除，同时也拒绝给保险杠上色，后座座椅采用 PVC 材质，整体车身只有白色可供选择。

图 8 - 27　无印良品与日产合作生产名为 Muji Car 的汽车

八、结 语

"MUJI 风"已成为自然极简生活方式的代称，但也涌现了一批模仿者。而且无印良品在极简、自然的道路上已经走了很久，难免让人产生审美疲劳。如同"扫除"延伸价值观的发掘，无印良品需要在丰饶的社会土壤中富有创新性地去挖掘深刻和鲜活的延伸价值观，不断激活品牌故事世界。

案例五：象征主义叙事——Supreme

Supreme 以街头滑板这一亚文化作为土壤，成为年轻群体热爱的潮牌，这与其通过解构构建象征意义的手法密不可分。

一、Supreme 品牌叙事八芒星轮盘（见图 8-28）

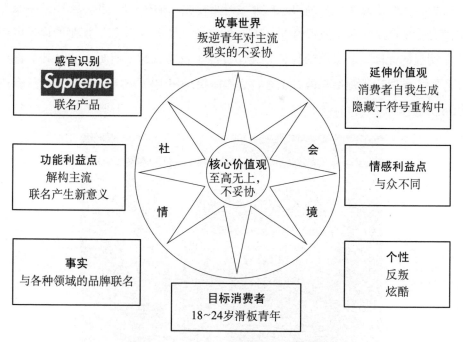

图 8-28　Supreme 品牌叙事八芒星轮盘

二、象征主义

象征主义是 19 世纪末在法国等几个西方国家率先出现的一种文学艺术思潮。象征主义注重抒写个人情感，但却不同于浪漫主义，它描写的是不可捉摸的隐秘内心，表现的是隐藏在事物背后的东西，较为含蓄、隐晦。象征主义不追求读者完全理解其内容，而是体会其中的深意。象征主义不描写现实，而是以一种象征的手法在真实与虚幻之间建立某种神秘的联系。

象征主义品牌叙事指运用大量暗示、比喻和象征的手法来构建叙事情境和人物。Supreme 的品牌发展就是其 logo 作为象征符号被用各种方式嫁接的历程，品牌故事世界的意义也隐藏在这些新关联所产生的叙事意义之中。

三、"反叛"的象征符号

20世纪90年代的美国加州已经是滑板天堂，而在美国东海岸的纽约，滑板还是"亡命之徒"式的地下文化，滑板店接连倒闭，举步维艰。直到1994年，Supreme的开业给纽约的滑板文化带来了一线转机。这个起始于叛逆与反社会的街头品牌，怀着"至高无上，不妥协"的理念，对"酷"的追求十分执着。一开始Supreme是小众的，独属于一些具有叛逆、不妥协精神的街头人，产品以纽约刚刚兴起的滑板运动为主轴，吸引了不少城中有名的滑板好手和街头艺术家聚集到Supreme的店面。

渐渐地，Surpeme成为代表纽约街头文化特别是滑板文化的潮流品牌。现在的年轻人热爱消费但也追求叛逆，总爱抱着一种反商业的态度去购物，Supreme的品牌理念刚好契合了这种需求，Supreme也成为"反叛"的象征符号，一块印有它logo的砖（见图8-29）能被炒到上千美金。

图8-29 印有Supreme品牌logo的砖

在2017年被美国私募股权投资巨头The Carlyle Group以5亿美元的价格收购一半股权的三年后，Supreme再次出人意料地完成"超级翻倍"，以21亿美元被VF集团收购。收购虽让一众粉丝大喊"街头已死"，但其品牌依然保持"足够的自我"。2021年，Supreme与反对政府和致力于记录纽约文化冲突的两位艺术家联合推出作品，证明其"至高无上，不妥协"的核心价值观依旧不变。

Supreme通过各种眼花缭乱、没有逻辑的品牌联合营销，产生出或隐晦、或暗示、或象征的各种含义，成为年轻一代解构一切的象征符号。

四、通过联合营销增殖象征意义

通过品牌联名、艺术家联名推出新品，是 Supreme 的主要叙事方式（见图 8‑30）。Supreme 在联合营销中打出口号"万物皆可 Supreme"，与各种家具、器具甚至是零食、玩具联名，而这种看似混乱、和谁都联名的奇葩方式充满了新奇感，同时也形成了一种叙事特点：一方面，Supreme 同时用每周推出一个重磅联名的方式维持消费者的新鲜感。这周设计师联名，下周石头岛联名，甚至还有与诸如奥利奥、高露洁等"奇奇怪怪"的联名。这些联名单品时刻吸引着众多消费者前来尝鲜，非常规的合作也给 Supreme 带来名气。另一方面，这种产品创新和万物皆可联名的做法，也体现了其不妥协于常规的品牌价值观。

图 8 - 30 Supreme 通过品牌联名、艺术家联名推出新品

Supreme 与 Dub 合作制作了视觉极其夸张的 20 英寸的铝制轮毂；与 Hästens Maranga 合作生产特大号床垫，内含 27 层马毛，让"信徒"们充分享受生活和睡眠，其价格不菲；在 2017 年万圣节，它与 LV 联合推出了魔幻单品"棺材"。除上述品牌外，Supreme 的合作品牌和文化符号还有 Skittles 彩虹糖、机动战士高达、RIMOWA 旅行箱、Audubon 鸟哨、Instax 相纸、Timberland、耐克、Lacoste（鳄鱼）、劳力士、TNF、Yohji（山本耀司）、AF1、Leica（莱卡）、Rawlings（罗林斯）等。

Supreme 的 logo 和其主题红色作为象征符号在与其他品牌的联合营销中不断激活自己的意义，也在与其他品牌的意义碰撞中丰富着自身的故事世界。

不仅如此，有趣的一点还在于 Supreme 赋予经典新的意象，甚至像是在给年轻一代充当"历史老师"。品牌之间的连接点就是消费者，通过这种连接或者实现了不同品牌的消费者重合，或者彼此扩大目标消费者。老一代经典品牌或者产品通过与 Supreme 的联名合作可以得到新一代市场的关注。另外，任何品牌的文化都会遭遇瓶颈，这时就需要新的迎合时代的延伸价值观来激活其核心价值观。Supreme 通过与经典品牌或者产品的联名，把经典所代表的价值和文化转换成 Supreme 的延伸价值观传达出去，从而激活自己的核心价值观。

五、用稀缺性制造反叛的价值属性

Supreme 在网站设计、销售、型录发布等方面都力图制造稀缺感，这也是其反叛个性的一种表现。

Supreme 每一季新品发布会都会引发购买者排长队抢购，场面火爆。该品牌还故意在购买需求极速增长时既限量又限渠道，这种始终保持克制，不愿过度曝光品牌的做法也营造了神秘色彩。从 Supreme 官网设计的极简风格（见图 8-31）、型录发布对新品信息的紧紧把控到店面稀少却仍严格选址都能让购买者产生稀缺感。

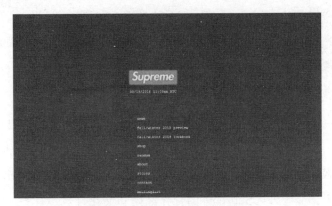

图 8-31　Supreme 极简风格官网

区别于常见的"饥饿营销"，Supreme 的产品售完后就几乎不会再补库存了，这也造就了其产品的稀缺性，形成了购买者由买不到带来的更想买和买更多的购物心态。

六、社交网络讨论和明星在社交网络的展现

数据显示，Supreme 官网约 99.8％的流量属于自然流量，付费流量仅占不到 0.1％。自然流量中社交媒体流量仅占 1.67％，这意味着大量访问者是通过直接访问或搜索抵达的 Supreme 官网，而且访问者主要来自 Supreme 粉丝圈、潮牌讨论网站。其中最大的粉丝圈 FB 群组 Supreme Talk 有近 10 万＋粉丝，其内容是以讨论 Supreme 新品和二手交易为主，日均更贴 130＋。

有业界人士指出，当一个物品被群体性、大量地讨论分享时，就会激发群体性的购买欲望。另外，作为小众的街头品牌，Surpeme 20 年来热度丝毫不减，也源于近年来社交媒体所形成的明星效应，如坎耶·维斯特（Kanye West）、蕾哈娜（Rihanna）和贾斯汀·比伯（Justin Bieber）等明星身穿 Supreme 的照片在网上不断流传，明星所涵盖的社交媒体影响力和粉丝数量无疑给品牌带来更多的讨论量和关注度。

七、用户参与卖货的营销共创

由于 Supreme 产品的稀缺性以及讨论热度，使其货物严重供不应求，导致二手市场上的 Supreme 产品价格不断提升，消费者看到有利可图，从而刺激更多的一手购买和二手转卖行为，图 8-32 为 Wealth simple 网站的 Supreme 的投资图：每年通过买卖 Supreme 可赚取 1 万美金，如将之再用于 Supreme 产品的买卖，35 年后即可成为百万富翁。

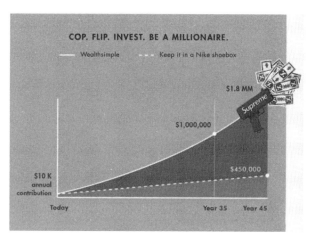

图 8-32　Wealth simple 网站的 Supreme 投资图

卖家在为自己转卖的 Supreme 二手产品做营销时，也在为 Supreme 增加品牌知名度，而随着品牌知名度的提升，更多的买家涌入，卖家因需求的增长而有更高的定价权和收入，再次刺激消费者从买家转变为卖家。Supreme 为维护这个生态圈的生长，在保持产品的稀缺性的前提下定期上新，而即使产品在二手市场被炒到高出原价很多倍，Supreme 新品却没有涨价。这个生态圈的持续发展扩大了 Supreme 的市场规模。

八、服装成为最重要的媒介

Supreme 极其热衷于从 20 世纪 70—90 年代的电影中汲取灵感，将电影中的经典画面以印花的形式展现在各类单品中，借用电影的镜头和台词来传达品牌的理念和"恶趣味"。而且 Supreme 挑选的电影大部分是犯罪惊悚类题材，从中能够看出其"至高无上，不妥协"的核心价值观。例如 1991 年上映、获得第 64 届奥斯卡奖的《沉默的羔羊》，Supreme 就运用其电影海报中"地狱蝴蝶"的形象作为图案，如果仔细留意蝴蝶躯干，你会发现其实是由几个裸女拼成的骷髅图案。

作为一代功夫传奇、好莱坞最耀眼的明星、一个现代社会的文化符号，李小龙所代表的精神也被 Supreme 借以表达个性。2013 年秋冬系列 Supreme 就特别以李小龙为灵感，将这位传奇人物在《龙争虎斗》《精武门》《死亡游戏》等电影中的珍贵剧照融入 T 恤、卫衣、夹克等美式经典风格的服饰单品中，以纪念其逝世 40 周年（见图 8 - 33）。

图 8 - 33　Supreme 将李小龙珍贵剧照融入单品设计

除了每个季度都有联名产品外，Supreme 的产品更时常以社会热点事件或者政治讽刺为题设计产品。

Supreme 将服装从保暖、合身、舒适的功能性生活用品转变成了承载思想和文化内涵的介质载体，每一组作品都映射着社会文化的一角，引发年轻一代追捧。

九、消费者对品牌象征意义的解构和演化

随着互联网和社交媒体的推广，Supreme 慢慢地从一个"小众"的街头品牌成为一个带有"潮牌"标签的"烂大街"品牌。当 Supreme 火到中国的时候，爱它和讨厌它各自形成一股潮流。它醒目的 logo 和超高的辨识度、喜庆的配色，很容易被人们拿来调侃。在国人对 Supreme 的解构中，抖音名为♯万物皆可 Supreme♯的一系列作品尤其火爆。

十、结 语

Supreme "永不妥协"的象征意义与消费者的狂热密不可分，与各种品牌联名所产生的新意义是消费者自我生成的，因此体现了"符号就是意义，意义就是符号"的特征。目前 Supreme 的品牌价值观空间跨度虽然很大，但在深度上对价值观的开拓却显得不足。如果能在"永不妥协"的精神下带领年轻消费者对社会发展有所贡献，则能让品牌故事世界更加厚重，让象征意义更远大。

案例六：印象主义叙事——野兽派花店

互联网带来的去中心化释放了每一个个体的表达欲望，在虚拟空间中用文本、图像讲出自己的故事已不是新鲜事。同时，价值共创也成为品牌存活的方法论，商品定制早已是企业生产变革的指向。如果能让每个人的故事与商品产生联系会发生什么？野兽派花店基于这样的社会情境，走出了探索的一步。

一、野兽派花店品牌叙事八芒星轮盘（见图 8 - 34）

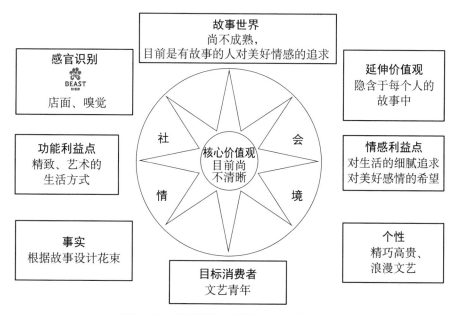

图 8 - 34 野兽派花店品牌叙事八芒星轮盘

二、印象主义

印象主义最初指 19 世纪后半期始于法国的绘画流派，以后逐渐被用来描述美学观点相近的艺术流派。1874 年，被法国学院派剥夺了在官方沙龙展览权利的年轻画家们举办了自己的画展，这些画家不满学院派的教条和浪漫主义思想，试图摆脱学院派的偏见，按照一种革新的方式创作出自己的作品。他们努力去重新定义人类的感知和艺术的象征，反对千篇一律的复制再现。

印象主义画家们以一种感性印象代替古典主义学院派艺术对形象的精雕细琢，摆脱了自文艺复兴以来形成的理性、科学、严谨的艺术语言，把对客观对象的感觉和印象作为主观感受的主体，呈现对象在光线下的色彩，感受真相，"直观自然"，追求色彩的自主性和主体性，这种创新的观察方法更新了整个艺术感觉。印象主义最突出的特点就是坚持一种感性现实而不是一种概念上的现实。"印象派画家不是要画一棵树，而是要画出这棵树所产生的效果。"

野兽派花店的产品价值在艺术审美之外更多的是产品带来的情感利益。得益于情感的创新表达，野兽派花店品牌的用户黏性高于其他品牌，品牌的情感价值成为无法复制的强大壁垒。野兽派目前想表达的品牌核心价值观是"追求美而有趣的生活"。与传统的订花模式不同，在野兽派花店订花，只须说明花的用意即可，这就是野兽派花店用心为顾客量身打造的"会讲故事的花"。这其中，有幸福的人祝自己结婚周年快乐的、有求婚的、有祝父母健康的、有纠结于暗恋自己的男同事的……在日复一日的寻常生活中，阅读微博上 140 字的离奇情节，也成为粉丝们的一种调节剂。

这样一种品牌故事构建方式和印象主义不谋而合。印象主义中的印象表达的是一个意义对象，体现的是主客体之间的意义与价值关系，这种意义与价值具有认识性的因素，情感性则构成了它的核心。印象主义把主观态度放到第一位，认为一些看似细微的、概略的印象聚合在一起构成的整体，比那些正式且具有代表性细节集合的再现更能触及人心。

三、由消费者构建故事世界

传统简单的花店生意会有如此新鲜的生命力，关键之处在于野兽派的内容策略——挖掘和讲授产品故事。野兽派花店拥有自己不可替代的核心产品，而这个产品不仅仅是花，还是花的故事（见图 8-35）。每束花背后都有一个故事，追求的就是浪漫煽情。野兽派花店倾听客人的故事，然后将故事转化成花束，花因被赋予丰满的故事而耐人寻味。印象主义认为现实是接受者在意识中记录的印象，是观察者对观察客体的主观反映，作品是基于主观经验和印象的传达而得以形成的，因而这些故事符合印象主义的叙事，即不再采用直线脉络叙事，而是以间断的、不规则的发展表达一个主题。

野兽派花店 ⓥ
2013-10-28 来自 微博 weibo.com
顾客说："她要调走了。从来都是普通同事关系，里听她老唠着找不到好男人,我没有勇气哪怕约单独吃午饭（我比她矮一点）。希望能有放很久的花在她新公司上班第一天送到。她能猜到是我吗？"...全部用永生花制成瓶花,我们帮你在卡片上署名？芦荟的花语是：自尊又自卑的爱.

野兽派花店 ⓥ
2013-5-23 11:30 来自 微博 weibo.com
顾客DEDE发来微信："怎么办,27岁的花痴午爱上了19岁的嫩草。更可怕的是他也爱上我了。从没有过的简单快乐。我们会有结果么？想送花给他,什么花合适呢？"...恋爱何必求结果？尽情快乐就好,即便他不会是你生命中最后一个男人...送朵巨型永生玫瑰吧,他是你生命中最不寻常的花,当采则采.

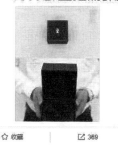

☆ 收藏 | ↗ 369 | 💬 567 | 👍 107

图 8-35 野兽派花店擅长讲述花的故事

印象主义式的场景叙述手法将不同的场景片段穿插叙述，给人缺少主题的感觉，事件相互间似乎缺少关联，是"瞬间的印象、丰富的色彩和零碎的片段，如同画布上的即刻性笔触，相互叠加，共同表现主体的印象"。这种印象使表层显示出深度，以片段暗示出整体，通过一种有意味的形式达到一种超越印象之外的有机结构和主题核心。这种印象片段的描写能在主体流动的意识中展现作者自身的审美标准，通过透彻的洞察力与充沛的情感赋予作品以个人的价值信仰。

这样独具一格的产品故事化定制，让花不再仅仅只是一件商品，而是用户自有情感的一种表达。顾客在收到花的一刹那，收到的不仅是一束花，更是一个故事，一种情感的传达，而她自己则是这个故事、这种情感的主角。这种体验是传统的花店所无法给予的，野兽派却做到了。品牌开放性叙事让每一位送花人和收花人都成为品牌故事的创造者和诠释者，一个个微缩、概略的故事构成了品牌故事世界，而这个故事世界又如同印象派的画作，一笔笔构成了主体的印象感觉。

四、印象主义的美感

除了故事讲述，图片精美也是野兽派花店的一大特点，相比于为了配图而配图，盲目搜索甚至盗图的某些企业微博，野兽派花店在配图上的投入绝非一般，该品牌的大部分图片都来源于原创摄影，并且有"模特"辅助展示产品，可以说每一张配图都是一幅印象主义风格的平面摄影作品。野兽派售出的鲜花不仅具有独特的美感，为自身增添了一层精致、讲究的品牌形象，同时也契合了印象主义对美的追求。

"莫奈花园"是野兽派花店的镇店之作。曾有位顾客 Y 先生定花，希望能表现出莫奈名作《睡莲》的意境，可是当时并没有合适的花材进行创作，Y 先生回信说，"美值得等待"，此后就不再催促。数月之后，店主兼花艺师 Amber想起日本直岛的地中美术馆（Chichu Museum）藏有《睡莲》，美术馆按照《睡莲》选择了 150 种植物，建成莫奈花园，Amber 由此获得灵感，终觅得适合的花材做成"莫奈花园"。"它是向 Y 先生的致敬之作，是所有对美心存执念的普通人心中的秘密花园"，Amber 说，"Y 先生特地寄来名贵红酒表示感谢，我亦感激他激发了灵感。"

五、延展故事世界

野兽派不仅在企业微博账号中叙述买花人的故事，同时送花员、设计师也成为故事主角。为了促进情感诉求，野兽派的老板娘还特别开设了情感专栏，聆听用户自己的故事，使野兽派的微博更加成为文艺爱好者聚合的平台。一般来讲，野兽派花店在新浪微博上发布的内容以"实体店近况"和"故事"为主，有的是顾客带来的故事，有的则是新制花束的花语类故事；此外则有对本店产品的详细介绍，还有和明星好友的互动类信息。其语言风格亲切、诚恳、风趣，每条微博几乎都配以图片，一般都能获得很高的转发量和评论量。

在 2019 年情人节，野兽派发布了一部《爱与花朵，不该被辜负》的短片，这是野兽派首次携手易烊千玺，让他扮演法国作家埃克苏佩里笔下的小王子，降落在 B612 星球上，遇到了玫瑰，并在情人节化身花店学徒，与法国花艺大师 Tortu 先生一起创作花束。他们收到了一个特别的情人节订单，从而听说了一个有关爱与遗憾的故事。易烊千玺和 Tortu 先生以故事为灵感为客人创作了一束花，融合着"爱、对不起、回忆和希望"。这束花也承载着一份美好的愿望：希望 2019 年所有人都能幸福，希望所有的爱与花朵都不被辜负。

上面这则关于品牌的宣传片也符合印象主义的叙事，印象主义者以独特的方式感受和介入生活，他们直观自然，以敏锐的感觉去观察生活的真实面貌，在现实生活环境中去寻找有真情实感的"典型瞬间"。他们关注的不是客体本身，而是客体在主体主观感受中形成的印象，把生动、本真、原初的体验呈现出来，确保客体自身的丰富性与多样性，使事物本身如其所是地呈现出来。

2021 年，野兽派在其品牌诞生 10 周年之际，推出《野兽的花》MV，重现当年真实的订花故事，"想要订花，拿故事来换"的品牌缘起依旧很有生命力。[①]

六、品牌延伸

作为国内新一代的线上花店，野兽派已经成为国内顶端花店的代表，其自身也逐渐成长为一个艺术品牌，并将经营领域延伸至家居产品，以弥补花卉低频消费的不足，从"卖花"向"贩卖生活方式"的版图扩张。

---

① 视频见：https://v.qq.com/x/page/o00413mrvvk.html。

野兽派对线下家居体验店的拓展始于 2015 年，其第一座家居专门店在上海浦东开业，并于 2018 年推出旗下新概念家居品牌 T-B-H，即 the beast home（最好的家）的字母缩写，将艺术家居生活"主题化"的产品和品牌管理向更成熟的模式整合。

2019 年，野兽派联合英国维多利亚与阿尔伯特博物馆（V&A），推出全新家居系列——"摩登时代"，产品包括散香器、香氛、装饰画、马克杯与地毯等。

2021 年年初，野兽派推出 BEAST x 哈利波特系列，首波产品包括床品、家居服，以及魔法斗篷、磨毛棉刺绣床品、海德薇圣诞花环、针织盖毯等。之后 T-B-H 野兽派家居则带来了哈利·波特神奇魔药香氛系列，包含"福灵剂""爱情魔药""魔法石"等三个子系列，让哈利波特粉大呼过瘾。

七、结语

野兽派以开放型叙事的方式创立了一个印象主义的品牌，具有数字时代互动叙事的特征，对于品牌创新具有启示意义。开放自生型叙事无须品牌设定脚本式的品牌延伸价值观，每一则消费者故事隐含的意义就是主题。

但是野兽派和众多品牌一样，并没从消费者叙事碎片中萃取、创立深刻的品牌核心价值观，所以品牌故事世界也确实停留于"印象"，并无内核。印象主义也需要确定的品牌核心价值观作为中流砥柱，才能让品牌故事世界有远大的方向感。如果野兽派能从消费者故事中萃取有洞见的核心意义以创作核心价值观，并基于明晰的价值观深化与消费者的互动叙事，则品牌故事世界才能恒定、深入，同时协同消费者自生式叙事与品牌脚本式叙事，让品牌故事世界更清晰、丰满。

案例七：荒诞主义叙事——富士相机

后现代社会涌现出各种社会问题和人性问题，富士相机剑走偏锋，基于后现代社会情境深刻反思，以荒诞主义手法构建出一个透视表象的故事世界。

一、富士相机品牌叙事八芒星轮盘（见图 8-36）

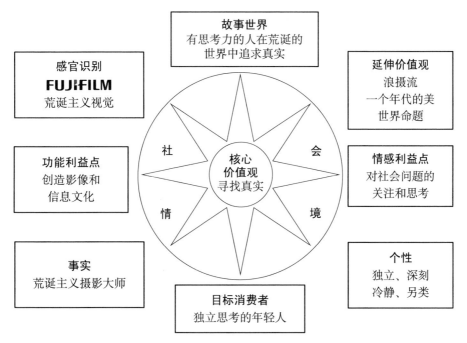

图 8-36 富士相机品牌叙事八芒星轮盘

二、荒诞主义

荒诞主义盛行于 20 世纪中期，是后现代主义文学的重要流派之一。"荒诞"一词最初来自拉丁语 Surdus（聋的），原本是用来描写音乐的不和谐，后引申为人与人之间的不能沟通或人与环境之间的根本失调。荒诞主义叙事多用离奇的故事讽刺社会现实，以荒诞的手法揭示社会生活的荒诞。荒诞主义关注人生和人所生存的世界，对于人类社会的关注和表达更具有普遍性、整体性、精神性和前瞻性。"荒诞"作为艺术手段最突出的特点是整体荒诞而细节真实。荒诞主义品牌叙事具有极强的现实性，通过常人难以理解的文字、画面或色彩来揭示现实的荒谬和不合理，以此来影响人们的观念，改变社会。

相机的出现弥补了文字的单薄，而彩色相机的出现又弥补了黑白照片的单调。富士相机在功能上强调对现实和信息的记录与重现，这种保存无论是对相机所有者还是对整个时代而言都有重要的意义。但是不同于其他相机的品牌叙事风格,富士将相机的信息意义延伸至世界议题和社会现实维度,用荒诞的美学风格记录现实,融入品牌对现实的观察以及对人和社会的关注,用荒诞主义风格构建了一个透视社会的故事世界。

三、现代主义时期

从 2011 年开始,日本富士相机在香港推广年度重头产品富士 X100,致敬日本摄影大师森山大道和荒木经惟,打出富士"浪摄流"概念,其内涵为"摄影师流浪于城市之中,永远不知道下一秒会在哪里在何时按动快门"。其第一部广告片是《浪摄流地下版》,之后陆续推出"浪摄流"概念系列广告片(见图 8 - 37),如《牛奶的黑》《初衷》《穿 Fuji 的女人》等,致敬世界级摄影大师。[①]

图 8 - 37 富士相机陆续推出"浪摄流"概念系列广告片

森山大道拍了 40 年照片,只拍一个场景——城市街头。他把自己比喻为城市里的流浪狗,徘徊于肮脏、混乱、黑暗的城市角落。他的镜头毫无章法,粗颗粒、高反差、凌乱,甚至没有对焦,模糊到变形,但却是当时战后日本的真实写照,各种焦虑、不安、压抑、自负的情绪堆积在每个普通日本人民身上。

森山大道出于本能灵敏地捕捉着一切,抓住这些"决定性瞬间",成为不可复刻的经典。漏光、局部放大、划痕、斑点、晃动、倾斜、焦点缺失充斥于森山大道的作品,这种反摄影美学的"障碍式"影像正是森山大道对于社会的反抗,荒诞但给人以强烈冲击。

---

① 视频见:https://v.qq.com/x/page/v0512s93lx9.html。

《浪摄流地下版》中有 15 秒是献给奇异怪诞的情色摄影大师荒木经惟的，他的作品一直围绕着两个主题轮回复始——生死与情欲。妻子阳子的离世给了荒木经惟对人世生死更为深刻的感受。

2011 年富士同期推出广告片《牛奶的黑》，透过内外不一的强烈对比，带出摄影不是追求表面的美的观念——放弃表面化的摄影观，才会重新看见更多。

《牛奶的黑》把女摄影师比作一只在城市里到处游历的黑猫，"花的朝开夕凋教我迷惑"这一台词影射了日本当代炙手可热的女摄影师蜷川实花。蜷川实花一生以拍摄花和金鱼出名，"迷幻的色彩仿佛带点毒性"，真实与虚幻、高饱和度的色彩对比、生命的炙热浓烈，都是她镜头里万物的写照。

2012 年，富士推出《初衷》广告片献给日本现代主义前卫摄影师植田正治，影片以植田正治"沙丘"系列作品为蓝本，以植田正治的故乡——鸟取县的鸟取沙丘为拍摄地，影片中人和人之间有着各种联系，人们在联系中展现最真实的一面。

植田正治一生没有离开过自己的故乡，其创作始于人物摄影，终于人物摄影，将普通生活、超现实主义和极简主义糅合在作品当中，追求纯粹至上的摄影体验。他说："拍照是一件单纯而快乐的事，在观景镜前，我什么都不是。每次按下快门，都要找回摄影的'初衷'。"植田正治的初衷也正是每个摄影爱好者的初衷。

《初衷》的平面广告来自香港摄影师沈平林（Jimmy Ming Shum），他曾放弃过摄影，2004 年在东京偶遇荒木经惟和细江英公，受到他们鼓励重拾摄影梦。沈平林同样提倡"Straight Photography"（直接摄影），与富士这组《初衷》（见图 8-38）的理念不谋而合。

同年，富士相机推出 XF-1 机型，配合推出《穿 Fuji 的女人》广告片，把镜头对准处于各种状态中的女性，每一个章用一个场景表述，每一个场景之间隐含着一条故事线，短短的镜头当中体现出女生爱恋的各种生命过程。

参与拍摄平面作品的摄影师豆小姐（Miss Bean）介绍《穿 Fuji 的女人》想要表达的情绪——"诉说女性凭主观经验去认识世界，把孤立又个人的非理性意识活动，作为最真实的存在"。相比男性而言，女性对这个世界更多的是主观感知。《穿 Fuji 的女人》包括九章：离去、等待、烟草、不伦、白日梦、内衣、

图 8 - 38 富士相机平面广告《初衷》

依恋、噩梦和忘却。

2013 年的浪摄流广告《想法》和《FUJI POP》较为简单，不再为摄影找原因，节奏轻快明亮，只用镜头记录恋爱的美好。

2014 年，《美与逝》致敬文学泰斗川端康成，大雪、艺妓、物哀、虚无，种种物像可见于川端康成作品《伊豆舞女》《雪国》《古都》等。川端康成拿下诺贝尔文学奖后选择吞煤气自杀，未留下只字片语。生命厚重的美丽与逝去时的悄无声息，是大师一生的主题。

四、荒诞主义时期

2016—2018 年，富士推出全新的"世界命题"系列，抛开以往所有观念束缚，对人类社会本质进行追问。这一系列短片包括"偶像、神经、美丑、欺凌、失格、贫穷、遗弃、反核"八个命题，用压抑的色调和设问式文案，不断向世界发问，让人重新思考这个光怪陆离的人类社会。[①] 极端的美学效果、深刻内涵的文案对白，每一个命题的发问都充满了荒诞主义"比真实还要真实"的犀利。其文案如下：

---

① 视频见：https://v.qq.com/x/page/v0729pl201h.html。

《神经》

"世界好像疯了?"人问。

"因为四处都是疯子。"医者说。

"因为现在的人只相信疯子。"人说。

《贫穷》

"你认识贫穷吗?"

"在电视上看过,是遥不可及的东西。"

"讨厌。你有想过,有一天会贫穷吗?"

"很遗憾。根据世界的逻辑只会富者愈富。"

"也有一句话,叫富不过三代。"

《失格》

"请支持我!"议员说。

"你有资格当议员吗?"人问。

"绝对有。"议员答。

"你有资格当人吗?"人问。

"应该没有。"议员答。

《美丑》

"整容是想变得美丽?"

"我只想变得不丑陋。"

"不再被批判"

"世界生病了吗?"

"美丽,本来就是病态。"

《遗弃》

"真可怜,你被主人遗弃了么?"人问。

"人不是吗?"猫答。

"生命的本质就是孤独，如同被遗弃一样。"猫说。

"我们都是可怜的人类。"人说。

《欺凌》

"怎样算欺凌？"

"十人欺负一人是欺凌。一百人欺负一人也是。"

"那么一万人呢？"

"是正义啊。"

"真奇怪。"

《核先生》

"对不起！"核先生说。

"核先生……"人答。

"我是善意的，只是失控了。"核先生说。

"你根本不需要和我道歉。"人答。

"我才是要向地球道歉。"

2016年FUJIFILM X-A2广告《荒废的女人》由一组平面广告组成，出自一直合作的香港摄影师豆小姐之手。它延续《穿Fuji的女人》概念，表现女性与这个世界既亲密又疏离的情绪。

2018年"世界命题"最新系列主题"神经"致敬日本摄影大师寺山修司，表达了人在"极端疯狂"的状态下才能接近本质的观点。

五、结语

在数码相机一味强调技术、功能的当下，以胶片机闻名的富士相机用自己的摄影美学和荒诞主义哲学构建了一个探索生命真谛的品牌故事世界，成为独一无二的品牌。但其目前的荒诞风格过于局限于日本本土文化，在其他国家则没有延续，损害了品牌的一致性。富士应该根据各国特点去创新当地化的荒诞视角，用"形散神不散"构建这一独树一帜的犀利、深邃的品牌故事世界。

案例八：从浪漫主义叙事到现实主义叙事——维多利亚的秘密

在女权主义崛起和审美多元化的社会文化转向背景下，诸多曾经的"物化"女性的审美取向遭到了社会的抵抗，维多利亚的秘密（简称"维密"）作为典型的代表一代女性审美和审美女性的品牌，首当其冲地受到了冲击，不得不在社会变革中寻找新的方向。

一、维多利亚的秘密品牌叙事八芒星轮盘（见图 8-39）

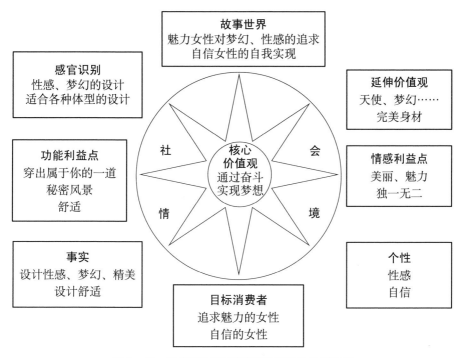

图 8-39 维多利亚的秘密品牌叙事八芒星轮盘

二、浪漫主义

浪漫主义叙事在反映现实生活时，会超脱出现实的固有形态和日常生活的套路。相较于现实主义，浪漫主义偏重于对主观热情和美好想象的抒发，其叙事中的想象往往是超出现实的，描写往往是夸张的，其塑造的形象往往是奔放的。

维多利亚的秘密（Victoria's Secret）于 1977 年在旧金山创立，毕业于斯坦福经济学院的罗伊·雷蒙德（Roy Raymond）创立品牌的初衷是"专为男士给自己心爱之人挑选内衣的店"。1982 年，维密出售给 The Limited 公司，新东家将目标消费者调整为女性，门店也打造成一个美国人都向往的全英式风格的"女性天堂"，告别了以前暗黑和深红的色调，改用镀金的灯具；店内放着古典音乐，装点着花卉，弥漫着古典香氛，蕾丝内衣整齐地挂在暖色调的射灯下。这个品牌总部的地址——玛格丽特街 10 号——也是被创造出来的。模特也换了风格，变得活泼、大气、性感。

品牌最初立意是怀念维多利亚女王时代的特色装束，让女性都拥有像维多利亚女王一样高贵的独特的女性魅力，这一叙事情境为消费者提供了遐想，为产品神秘感和高贵感的塑造提供了空间。维多利亚的秘密宣称为女性提供"性感、有内涵以及永远年轻"（sexy，sophisticated，and forever young）的生活方式，历经 40 多年的发展，维密确实成了性感、梦幻、时尚的标志。

三、维密秀成为品牌叙事主体空间

维密秀成为维密崛起路上的重要基石。1995 年情人节前夕，维密在纽约举办了第一场大型时装内衣秀，绚丽夺目的妆扮、性感的身姿引爆了时尚圈，成为世界各地的头条新闻，从此维密秀作为一年一度的盛事延续下来。

维密总是很擅长发掘女性最憧憬的美梦，并通过现场元素的设置满足她们的幻想，使梦境成真。维密秀现场极尽奢华和精美的会场设置将品牌所倡导的梦幻、时尚与性感主题凸显得淋漓尽致。在这些元素中，最具代表性的是天使翅膀、Fantasy Br、施华洛世奇秀服等。

1996 年开始，维密推出了它的招牌"Fantasy Bra"梦幻天价内衣，内衣周身镶满了钻石，奢华性感，自此，Fantasy Bra 成为维密的传统项目，每一年度的大秀前夕人们都会猜测当年的天价内衣将花落谁家，这也是维密天使的梦想。维密翅膀是另一个象征超模地位的妆扮，且为维密添加了梦幻这一叙事元素。

1999 年在超级橄榄球赛期间播出的维密秀直播创下了收视纪录，吸引了 15 亿观众。

2000 年，维密秀在法国戛纳电影节期间举行，为抗艾滋病慈善机构筹集资金，筹款高达 35 亿美元。

2001 年，维密秀首次在 ABC 电视台播出，吸引了无数观众，同时也受到了知识分子的批评，美国联邦通讯局接到众多观众的投诉。

2004 年，维密一改年度时装秀的方式，在纽约、迈阿密、拉斯维加斯和洛杉矶四大城市举行天使全美巡演。

2005 年的维密秀开场主题令很多消费者印象深刻：所有模特被装在一个圣诞盒子里，当盒子缓缓打开，所有模特妆扮成"圣诞老人的性感帮手"随之出现。通过与人们心中美好的代名词"圣诞老人"进行结合，当年的品牌叙事成功地体现出梦幻与浪漫色彩。

时装秀至此已发展成为一场繁华盛事：精美梦幻的内衣、灵动的音乐以及各种绚丽的主题背景。模特穿戴的巨型天使翅膀，以及其他不同形式、不同大小的蝴蝶、孔雀或魔鬼等翅膀，已成为维密的标志。维密秀更是众多名星和艺人云集的盛会。

2015 年，价值超过 200 万美元的 Fantasy Bra 作为"烟火"主题的一部分展现在大家眼前，超模莉莉背后的翅膀也幻化成一束束的烟火，格外绚烂；2018 年 Swarovski 特制水晶秀服在"苍穹天使"闭场主题中出现，它使用超过12 万 5 千颗人造水晶精心制作，重达 12 公斤，形似"海胆"，其梦幻程度令人印象深刻。[①]

通过对维密秀从 2014—2018 年的大秀主题进行统计，可以发现其高频词语有金色、梦幻、粉红、天使、精灵、风情、迷幻、烟火、蝴蝶、奇缘、美人、罗曼史、传奇等，这些主题准确诠释了当年主打产品的特点，并塑造出故事世界中的各种功能利益和感性利益：维密带给你性感、美好、自信、健康和阳光（见表 8 - 1）。

近年来的维密秀的举办城市为纽约、洛杉矶、戛纳、巴黎、伦敦和上海，维密将这些具有文化、时尚、浪漫气息的城市作为叙事空间，为品牌故事世界提供了一个关联大环境。

---

① 视频见：https://v.qq.com/x/page/z0013u16jmi.html。

表 8 - 1   维密秀 2014—2018 年大秀主题统计

	2014 年	2015 年	2016 年	2017 年	2018 年
主题风格	Gilded Angels (金色天使)	BohoPsychedelic (迷幻波西)	The Road Ahead (前路奇缘)	Nomadic Adventure (游牧之旅)	Glam Royal (乡村英伦)
	Fairy Tale (梦幻精灵)	Exotic Butterfly (风情蝴蝶)	Mountain Romance (山地浪漫)	Punk Angel (朋克天使)	Golden Angels (金色天使)
	Exotic Traveler (异国行者)	Pink USA (粉红美国)	Pink Nation (粉红国度)	Goddesses (女神)	Downtown Angels (运动女孩)
	Dream Girl (梦幻女孩)	Portrait of an Angel (天使画像)	Secret Angel (秘密女郎)	Winter's Tale (冬境传奇)	Floral Fantasy (繁花似锦)
	Angel Ball (暗夜天使)	Ice Angels (冰雪天使)	Dark Angel (暗黑天使)	Porcelain Angels (青瓷佳丽)	Flights of Fantasy (梦幻战士)
	University of pink (粉红大学)	Fireworks (烟火)	Bright Night Angel (皓夜美人)	Millennial Nation (千禧国度)	Pink (粉红女郎)
举办城市	英国伦敦	美国纽约	法国巴黎	中国上海	美国纽约
模特组成	白种人、黄种人、黑种人	白种人、黄种人、黑种人	白种人、黄种人、黑种人	白种人、黄种人、黑种人	白种人、黄种人、黑种人

四、维密天使成为叙事主角

在维多利亚的秘密时尚秀当中，除去主题策划、明星效应等重要的环节和因素外，舞台上的维密天使是品牌的灵魂，是品牌故事的创造者、叙述者和传播者。

除了舞台表演外，维密天使还会讲述自己的故事。维密秀还展示了维密天使们的日常生活：平时刻苦的训练、奋斗的历程以及选拔的过程等。维密给这些女孩们制定了严格的层层选拔机制，她们通过重重考验戴上维密专属翅膀，最终站在维密大秀的舞台上时，就成了一个实现梦想的成功者（见图 8 - 40）。秀场的大屏幕上，通过面试的女孩儿开心地说着"太棒了""简直像做梦一样""这是我的梦想"等激动的话语，当观众在为这些女孩的成功高兴时，也就已经认同了维密所宣传的品牌故事及其想要传递的品牌核心价值观——奋斗和梦想。

维密在选拔模特的时候会极力打造一种"灰姑娘模式"。"灰姑娘的故事"是传统童话故事逻辑的缩影。早期的维密天使多来自巴西等欠发达国家，她们

图 8-40 "维多利亚的秘密"打造维密天使

凭借自身的不断努力站上维密的 T 台，成功实现梦想。①

维密在天使选拔的过程中不仅会选择不同人种的模特，更会有意凸显女孩们的自身经历，以构建品牌的故事世界。2018 年佩戴天价文胸的天使艾尔莎·霍斯卡（Elsa Hosk），曾是职业篮球运动员；超模温妮·哈洛（Winnie Harlow），是一名白癜风患者；坚持 19 年登上维秘舞台的阿德里亚娜·利马（Adriana Lima），从 18 岁便怀揣走秀梦想踏上 T 台，见证了维密最鼎盛的时代。通过叙事主角的设置，维密超模自身的经历构建了品牌的故事世界的一个部分——通过奋斗实现梦想。

五、社会文化的转向重塑品牌故事世界

近年来，在女权主义盛行和审美多元化的社会文化转向背景下，维密"精致、美丽、性感"的品牌叙事与百花齐放、尊重个体差异的文化越发格格不入，苛刻、不容出错的性感和美被追求自我价值的年轻女性抛弃。女性主义者认为，维密物化女性，将女性作为男性凝视的客体，女性应该拒绝被物化、被凝视。女性们认为维密的叙事既无法反映最真实的自己，也无法向全世界的年轻女性们传递关于美的定义。世界上没有多少女性的身材能像维密超模那样，她们可能是世界上最具有视觉吸引力的女性，但每个人都有独一无二的美丽。

---

① 视频见：https://v.qq.com/x/page/d0153uj72jo.html。

2014 年，维密曾发布过一则平面广告，10 名身材火辣的模特身穿内衣一字排开，画面中是一行醒目的标语——"the perfect body"（完美身材）。此举在西方引起了轩然大波，在英国有超过 1 600 万人在网上参与对维密的联名抵制，Twitter 上的话题♯iamperfect 也火了，网友们纷纷用"高矮胖瘦皆是完美身材"来回击维密。

在变化的文化大潮前，维密决定从核心开始接受转变，成为"世界领先的女性主义倡导者"。

2021 年维密与全球女性癌症基金合作，承诺每年提供至少 500 万美元的资金，资助推进女性癌症治疗和研究项目及科研人才培养，以改善和解决癌症防治过程中存在的种族和性别不平等问题，并启动为所有女性改善癌症诊疗条件的创新。这也是维密品牌叙事转向的一个表征。

六、结语

在维密的品牌故事中并没有明晰的核心价值观诉求，这也是维密在社会文化转向的浪潮中无法站立的原因——缺乏哲学层面的根基，就无法在变幻的文化暗潮中屹立不倒。"通过奋斗实现梦想"是其最适合作为核心价值观的一个内涵，维密可以在平权时代继续以此作为核心价值观构筑品牌故事世界，只是主角应从原来单一的性感模特转变为各种真实且多样的美丽女性，而非对原有美丽、时尚、梦幻的故事世界进行彻底"革命"。要知道维密天使的美也是女性自身所认可的美，过度的"政治正确"不仅会丢弃品牌多年来积淀的品牌资产，还会失去个性，成为众多标榜"平权"品牌中的平庸一员。

案例九：理想主义叙事——爱彼迎

互联网技术催生了共享经济，网络中的个体将自己个性化的住房提供出来短租，使得抛弃传统的旅游住宿模式成为可能，解决了出游时短时效与高归属感之间的矛盾。爱彼迎（Airbnb）利用深植社区的模式打造有归属感的短期租赁，打破了以往陌生环境的隔阂桎梏，为消费者提供了生活化的住宿体验。

一、爱彼迎品牌叙事八芒星轮盘（见图8-41）

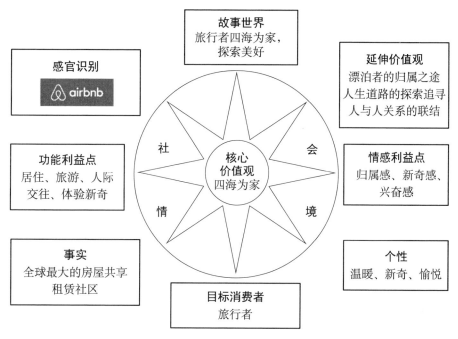

图8-41 爱彼迎品牌叙事八芒星轮盘

二、理想主义

理想主义即不满足于现实，进而追求理想的一种主义。理想主义的首要原则是真实，无论故事情节还是人物形象都要经得起社会现实与事理逻辑的检验，这就要求必须把赋予理想气息的情节尤其是人物放在真实而具体的社会环境中进行建构。① 理想主义以人物和叙事满足了人们的精神需要。

爱彼迎是全球最大的旅行房屋共享租赁社区，正式成立于2008年，在191个国家、65 000个城市为旅行者们提供独特的入住选择，不管是公寓、别墅、城堡还是树屋，现已有400万名房东在全球各个国家、地区接待房客超过10亿人次，被称为"住房中的E-Bay"。

爱彼迎是全球化时代和共享经济时代的一个具有"乌托邦"虚拟图景的现

---

① 苏奎. 理想、理想化、理想主义与改革文学［J］. 兰州学刊，2015（9）：16.

实产物，其"Belong Anywhere"（家在四方）的品牌核心价值应和及升华了这个"理想国"的崭新意义，具有理想主义色彩。

三、体验"四海为家"的浪漫

爱彼迎通过脚本叙事和互动叙事，与消费者和房东这两个平台角色共建其理想主义世界。

（一）事实叙事

长期以来，爱彼迎更多的是在 Google 搜索引擎上打简短的文字广告，与竞争者相比，其内容极力突出廉价、实惠的优势。

在品牌再造后，爱彼迎广告投放的重心朝 Facebook、Instagram 等社交媒体上倾斜，方向也从单纯的产品广告转向故事世界的塑造，创作了系列表现异域城市中普通人故事的广告片，诉说爱彼迎是漂泊者的归属之路。这些广告片具有强烈的感情色彩，往往讲一个异域城市里普通人的小故事，或者有趣的地方性冷知识，加上精美的视觉效果，靠动人的内容引起受众的好奇心和共情，满足情感利益的诉求。

（二）脚本叙事——打造特色房屋

爱彼迎根据世界各地的特征，会不失时机地打造一些独特的屋子，满足入住者的幻想，并激起了网络围观者的向往（见图 8-42）。例如在日本札幌雪节期间打造了雪屋；在澳大利亚和宜家联合营销，让被选中的三个家庭在宜家住宿田园风、城市生活风和现代优雅风的主题房间，还有弦乐团奏响小夜曲、小狗跳到床上的叫醒服务和在床上享用美味早餐的惊喜；在挪威改造了奥斯陆最高的滑雪跳台，让幸运用户免费入住。看了爱彼迎的这些特色房屋，不禁让人内心涌出"世界很大，我想出去看一看"的浪漫追求。[①]

（三）以消费者为叙事对象——"少数亦有归属"

给消费者归属感是爱彼迎的使命。为了能让用户感觉他们可以"四海为家"，必须为他们在世界任何角落都打造出"家"的感觉。谁都值得拥有一个美

---

① 视频见：https://v.qq.com/x/page/r01737xzb3h.html；https://v.qq.com/x/page/x3320ejl9ay.html；https://v.qq.com/x/page/j01514s7e73.html。

图 8 - 42　爱彼迎在世界各地打造特色房屋

好的"家"，以真正帮助人们"belong anywhere"——不仅仅是像旧金山、伦敦和巴黎这样的大城市，而且还要在一些可能只有极少数人听说过爱彼迎、人口较少的国家（例如玻利维亚和尼泊尔）实现这一愿景（见图 8 - 43）。

图 8 - 43　爱彼迎帮助人们"belong anywhere"

（四）以房东为叙事对象——打破疏离的坚冰

通常房东都担心租户会不爱惜房间，爱彼迎针对房东的担忧推出了一支广告片，温暖地展示了租户和房子和谐相处的细节，比起讲述出租房屋能赚钱显得更为高尚。①

（五）互动叙事

罗马尼亚布朗城堡（见图 8-44）是传说中最著名的吸血鬼伯爵的古堡，在万圣节当天，爱彼迎邀请了吸血鬼小说《德古拉》作者的曾侄孙到布朗城堡一起过万圣节。此番跨界营销充分体现了"居住"的含义——租的房子不是冷冰冰的，还可以充满人情味。

图 8-44　罗马尼亚布朗城堡

四、延展理想主义故事世界

爱彼迎深入挖掘品牌能为消费者解决什么问题，通过基于延伸价值观的叙事创新来拓展故事世界。

（一）建立人与人之间的信任

网络世界中的新一代对他人越来越缺少信任。爱彼迎将房东乔装成旅途中在当地遇到的朋友，他们带游客旅游、消除地域陌生感，引导这些异乡人尽快地融入当地社会，并鼓励用户分享自己旅行途中的所见所闻，帮助大家消除信任危机，相信"家在四方"的理念。用户在自生式叙事中催生出对品牌的情感，并加深了对品牌价值观的体会。

---

① 视频见：https://v.qq.com/x/page/c3313myuggv.html。

（二）人生探索的故事之旅

在中国，2019年爱彼迎冠名赞助综艺《奇遇人生2》（见图8-45）。该综艺被贴上了很多标签：纪录片式综艺、金句制造机、2018爆款综艺……其采用"纪录片＋综艺真人秀"深度结合的形式，通过对嘉宾过往的了解，为嘉宾定制独特的人生探索之旅。这样的综艺定位似乎是为爱彼迎量身定做的，因此赞助《奇遇人生2》之后，其品牌知名度直线上升。[①]

图8-45 爱彼迎冠名赞助综艺《奇遇人生2》

（三）表明"平权"态度

爱彼迎对于种族问题、同性恋权利问题、文化差异问题等不会刻意回避，而是敢于发声。在面对种族歧视话题时，爱彼迎表示无论是谁、来自哪里、有何信仰，都值得拥有一个美好的住所，并要求房东在使用该平台前承诺不会对他人抱有歧视态度，否则就要被取消账户。

（四）体验不可思议的联结

爱彼迎以"住"为核心，尝试与一切发生关系。在进入中国市场后，针对热爱篮球运动的年轻人，爱彼迎与耐克合作"Kyrie之家"，将篮球巨星凯里·欧文（Kyrie Irving）在美国的"家"原封不动地搬来了北京（见图8-46）并放在平台上出租，而幸运的房客还可以与欧文一起打球。

2016年，爱彼迎在上海东方明珠塔上搭出一间屋子，并请来了超模刘雯做房东。随后，爱彼迎还推出"奇屋一夜"活动，邀请彭于晏做房东，让用户入

---

① 视频见：https://v.qq.com/x/cover/mzc00200nxh9941/f00320867a8.html。

图 8-46　爱彼迎与耐克合作，在北京建立"Kyrie 之家"

住"彭于晏的秘密基地"，和他一起骑车、吃饭，这一明星参与的叙事无疑获得了大量粉丝的卷入。

（五）明星的民宿体验

爱彼迎在 2019 年年初推出了针对千禧一代群体的"48 小时够你玩"营销活动。马思纯在 Vlog 上邀请旅行者在重庆、武汉、广州等地住进爱彼迎的民宿，跟着当地的房东和体验达人在 48 小时内过一个不一样的周末。在活动的广告片中，邀请千禧一代熟悉的明星，包括请"吃货"王大陆到重庆体验火锅，喜欢运动的李现在杭州茶园的房源里面喝茶、跟房东学做馄饨，马思纯则住进了由日本设计师青山周平设计的房子，还与设计师房东进行了交流。

（六）体验非物质文化遗产

爱彼迎"体验匠心"非物质文化遗产旅游示范项目与北京、广东广州、四川成都、贵州省黔东南州四个城市合作，让用户和当地非遗匠人一起体验包括景泰蓝制作技艺、箜篌艺术、便宜坊焖炉烤鸭、都一处烧麦制作、北京面人、毛猴制作技艺等在内的非物质文化遗产代表性项目。

（七）跨越时空的艺术之旅

新冠肺炎疫情期间，爱彼迎携手世界各地艺术家在线上分享才华（见图 8-47），用户可以和居住在马德里的作曲家一起编一曲弗朗明戈，抑或是与古筝老师一起学习中国传统的音乐艺术，跨越时空，彼此连接。

图 8 - 47　新冠肺炎疫情期间，爱彼迎携手世界各地艺术家做线上分享

五、结语

　　几年前如果有人提议出行时住在陌生人家里，相信大多数人的第一反应都是拒绝的。爱彼迎不仅转变了人们对该行为的传统印象，还让这种旅行方式成为流行趋势。爱彼迎已经和消费者共同拥有了一个"乌托邦"式的温暖美好的故事世界，其在未来应该从理想主义的角度深入挖掘和刻画"四海为家"的丰富内涵，让自己的故事世界更添豪情壮志和浪漫主义色彩。

后 记

当你认真地读到这里，你已经深刻地理解"品牌就是品牌故事世界"的含义了，也掌握了构筑品牌故事世界的框架和思维，如果再注入创新精神，那么你对于如何创造和培育出一个成功的品牌已经了然于胸。当然，品牌的成长还需要精细管理和适时而变。

数字技术的出现，使得品牌与消费者通过互动叙事共同构筑故事世界成为基本模式，颠覆了过去企业、媒体、广告公司作为行为主体的单向"品牌形象"构筑模式。品牌在与消费者互动叙事的过程中，共创出哲学价值、功能价值、情感价值，建立起彼此共有的品牌故事世界。也即，品牌故事世界是品牌在与消费者的营销沟通互动中共同构建的心理模型，这是认知叙事学给予我们的最大启示和提醒，要从构建消费者大脑中的认知模式这一终点来思考我们该如何与消费者进行沟通，以及品牌自身该如何生长。

品牌叙事原理不仅适用于商品或服务品牌，而且适用于任何主体与目标对象的战略沟通，例如主体为城市、主体为国家。以国家形象对外传播为例，这一说法本身就具有局限性，容易陷入主体单向形象构筑的思维中。国家与世界的沟通应是国家与世界人民基于某种共同的价值观念，通过互动叙事构建彼此共有的故事世界的过程，在共创哲学价值的同时，共创功能价值和情感价值，而这些都源于国家丰饶的社会经济文化与世界文明的交融，并将事实作为坚固的支撑，个性作为迷人的风采，在世界的动态变化中不断聚焦新的价值点，共创延伸价值观。如果只是一味地表达国家自身的优秀卓越，忽略与世界文明的交融，则不可能建构起与世界人民共享的情态结构，让彼此在其间成长。

在智能技术经济范式之下，生产业、零售业、传媒业、互联网业等广告产业的关联产业生态发生了演化，呈现出几组融合关系：数字空间和物理空间的融合，平台和终端的融合，生产和消费的融合，营销和传播的融合，生产、沟通、销售的融合。交融虚拟和现实的品牌叙事将在更广阔的时空中以更丰富的方式为社会发展、人类生活创造不期而遇的美好。

图书在版编目（CIP）数据

品牌叙事 / 王菲著 . -- 北京：中国人民大学出版社，2022.6

（新闻传播学文库）

ISBN 978-7-300-30747-3

Ⅰ. ①品… Ⅱ. ①王… Ⅲ. ①品牌营销-研究-中国 Ⅳ. ①F279.23

中国版本图书馆 CIP 数据核字（2022）第 104061 号

新闻传播学文库

品牌叙事

王菲　著

Pinpai Xushi

出版发行	中国人民大学出版社				
社　　址	北京中关村大街 31 号		**邮政编码**	100080	
电　　话	010 - 62511242（总编室）		010 - 62511770（质管部）		
	010 - 82501766（邮购部）		010 - 62514148（门市部）		
	010 - 62515195（发行公司）		010 - 62515275（盗版举报）		
网　　址	http://www.crup.com.cn				
经　　销	新华书店				
印　　刷	北京昌联印刷有限公司				
规　　格	170 mm×240 mm　16 开本		**版　　次**	2022 年 6 月第 1 版	
印　　张	22.25 插页 2		**印　　次**	2022 年 6 月第 1 次印刷	
字　　数	343 000		**定　　价**	79.90 元	

版权所有　　侵权必究　　印装差错　　负责调换